船舶概论

张德孝　主编
姜俐侠　主审

化学工业出版社
·北京·

内 容 提 要

本书是根据高等职业教育教学大纲的要求编写的。全书内容包括：船舶的起源、发展及海洋概况；船舶的分类及各类船舶的特点和应用；船型参数与航行性能、船体基本结构、船舶动力装置、船舶辅助设备与管路系统、船舶设备、船舶电力系统、船舶设计与建造工艺。对船舶上用到的主要机电设备，从组成到原理均做了较为全面的概述。

本书根据船舶工业最新造船国家标准和现代区域造船模式、结合高等职业教育人才培养目标及教学特点组织编写，教材中选用了大量的当代造船方面的新技术、新成果和新工艺。

本书在每章末配有思考与练习题，书后附有答案，便于读者学习与复习。

本书可作为高等职业院校船舶类专业的全日制教材，中等职业学校的同类专业亦可选用，还可用作修、造船厂工作人员的学习材料。

图书在版编目（CIP）数据

船舶概论/张德孝主编．—北京：化学工业出版社，
2010.9（2020.1重印）
ISBN 978-7-122-09159-8

Ⅰ．船… Ⅱ．张… Ⅲ．船舶-概论 Ⅳ．U66

中国版本图书馆 CIP 数据核字（2010）第 137928 号

责任编辑：刘 哲　　　　　　　　　　　　装帧设计：张 辉
责任校对：陈 静

出版发行：化学工业出版社（北京市东城区青年湖南街 13 号　邮政编码 100011）
印　　装：北京虎彩文化传播有限公司
787mm×1092mm　1/16　印张 13½　字数 342 千字　2020 年 1 月北京第 1 版第 4 次印刷

购书咨询：010-64518888　　　　　　　　　　售后服务：010-64518899
网　　址：http://www.cip.com.cn

凡购买本书，如有缺损质量问题，本社销售中心负责调换。

定　价：28.00 元　　　　　　　　　　　　　　　　　　版权所有　违者必究

前 言

船舶概论是船舶类专业的一门重要专业课，通过对海洋工程领域知识的学习，为船舶建造工作培养施工人员和工艺人员。本书可以用作高职高专船舶类专业的全日制教材，也可以用作船舶相关专业学生的选修教材。本书也非常适合关心船舶建造知识的广大读者阅读。

本书介绍了船舶的起源、发展及海洋概况；概述了客运船舶、运输船舶、渔业船舶、港务工作船、特种船舶、军用船舶的特点和应用；讲述了船型参数与航行性能、船体基本结构、船舶动力装置、船舶辅助设备与管路系统、船舶设备、船舶电力系统、船舶设计与建造工艺等方面的基本知识。对船舶上用到的主要机电设备，从组成到原理均做出了较为全面的概述。

本书是在严格执行国际电工委员会及中国船舶标准化技术委员会关于船舶建造方面的有关规定或规范的前提下进行编写的。

我国的造船事业正在朝着由造船大国迈向造船强国的方向前进，船舶建造向着大载重、高航速及高度自动化方向发展。现代造船模式是指以统筹优化理论为指导，应用成组技术原理，以中间产品为导向，按区域组织生产，壳、舾、涂作业在空间上分道、时间上有序，实现设计、生产、管理一体化，均衡、连续、优质、高效地总装造船。目前，国内正在大力推行壳、舾、涂一体化区域造船法，来替代传统的造船模式。为适应国际造船市场的需要，我国从2007年起修订了船舶设计阶段的分类方法和内涵。

在教材的编写过程中，编者深入了解并结合了我国造船行业新的动态和新的造船模式，本着实用性、实时性、通俗性的原则，对所参考的有关船舶建造、规范、工艺、检验等方面的内容进行了精心的提炼和加工，并以船舶建造的实际顺序为主线组织本书中各知识模块。其中也汲取了有关教材、讲义、课件及网页中的精华，在此对提供素材的作者表示衷心的感谢。

本书在每章末配有思考与练习题，书后附有答案，便于读者学习与复习。

本书由张德孝担任主编，由姜俐侠主审。其中第一章、第二章由曹会元编写，第三章、第四章、第九章由郎丽香编写，第五章、第六章、第七章、第八章由张德孝编写并统稿。

由于编者水平有限，经验不足，书中难免会存在疏漏、不足之处，诚挚希望广大读者批评指正。

编　者

2010 年 5 月 28 日

目 录

第一章　绪论 …………………………… 1
　第一节　舟船的起源与古代、近代的造船业 ………………………………… 1
　第二节　现代与当代造船工业 ………… 6
　第三节　海洋概述 ……………………… 8
　思考与练习 ……………………………… 10

第二章　船舶分类 ………………………… 12
　第一节　船舶分类方法 ………………… 12
　第二节　运输船 ………………………… 13
　第三节　渔业船 ………………………… 19
　第四节　工程船 ………………………… 22
　第五节　港务工作船 …………………… 32
　第六节　特种船舶 ……………………… 33
　第七节　军用船舶 ……………………… 38
　思考与练习 ……………………………… 48

第三章　船型参数与航行性能 …………… 50
　第一节　船体型线图 …………………… 50
　第二节　船舶尺度参数与船舶外形 …… 52
　第三节　船舶浮性 ……………………… 56
　第四节　船舶稳性 ……………………… 57
　第五节　船舶抗沉性 …………………… 59
　第六节　船舶快速性 …………………… 61
　第七节　船舶操纵性 …………………… 63
　第八节　船舶耐波性 …………………… 65
　思考与练习 ……………………………… 68

第四章　船体基本结构 …………………… 70
　第一节　全船构造概述 ………………… 70
　第二节　船体强度 ……………………… 71
　第三节　船舶外板与甲板结构 ………… 73
　第四节　船舶首、尾端结构 …………… 77
　第五节　舱壁及上层建筑结构 ………… 80
　思考与练习 ……………………………… 82

第五章　船舶动力装置概述与推进装置 ………………………………… 84
　第一节　船舶动力装置概述 …………… 84
　第二节　船舶柴油机 …………………… 86

　第三节　蒸汽轮机、燃气轮机和核动力装置 ………………………………… 92
　第四节　船舶推进器 …………………… 96
　第五节　船舶轴系及传动装置 ………… 100
　思考与练习 ……………………………… 103

第六章　船舶辅助设备与管路系统 ……… 105
　第一节　船舶辅助设备 ………………… 105
　第二节　船舶管路系统 ………………… 110
　思考与练习 ……………………………… 114

第七章　船舶设备 ………………………… 115
　第一节　舵设备 ………………………… 115
　第二节　锚泊设备 ……………………… 119
　第三节　系泊设备 ……………………… 125
　第四节　起货设备 ……………………… 129
　第五节　救生设备 ……………………… 131
　第六节　船舶导航仪器和设备 ………… 136
　思考与练习 ……………………………… 143

第八章　船舶电力系统 …………………… 145
　第一节　船舶电力系统概述 …………… 145
　第二节　船舶电站、电力网及电力系统的保护 ………………………………… 147
　第三节　甲板机械的电力拖动与电气控制 ………………………………… 152
　第四节　舵机的电力拖动与自动控制 … 159
　第五节　船舶电力推进 ………………… 162
　第六节　船舶照明系统 ………………… 163
　第七节　船舶通信系统 ………………… 170
　思考与练习 ……………………………… 175

第九章　船舶设计与建造工艺 …………… 177
　第一节　船舶设计 ……………………… 177
　第二节　现代造船模式与生产准备 …… 180
　第三节　船舶建造工艺 ………………… 183
　思考与练习 ……………………………… 191

思考与练习解答 …………………………… 192
参考文献 …………………………………… 209

第一章
绪 论

第一节 舟船的起源与古代、近代的造船业

一、舟船的起源

船舶是人类发展史上伟大的发明之一。人类的祖先在与水打交道的实践中,逐步认识了水的浮力特性,开始有意识地利用木头、竹筒和葫芦等天然浮体渡水过河,于是这些木头和竹筒便成为人类祖先最早使用的浮具。随着人类生存发展的需要和技术的进步,古代舟船的发展经过了原始渡水工具、筏、独木舟、帆船、木板船等多个阶段。在世界范围内,至少在7000~8000年前就出现了舟船,埃及、希腊、罗马和中国是世界造船与航海的发源地。

1. 原始渡水工具

公元前750年,亚述人(今伊拉克的摩苏尔地区)捕鱼和作战时用充气的皮囊做浮游的辅助工具,这在出土的渡河浮雕上得到了证明,如图1-1所示。宋代《武经总要》中说:"浮囊者,以浑脱羊皮吹气令满,系其空,束于腋,以人浮以渡。"书中给出用牛、羊皮制作的浮具如图1-2所示。

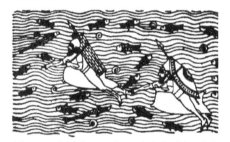

图1-1 公元前750年亚述人的渡河浮雕

图1-2 中国古人的皮制浮具

2. 筏

筏是继早期浮具之后出现最早的一种水上交通运输工具,将单根的木头或竹子并排连接在一起,大大增加了载重量。筏有木筏、竹筏和皮筏等。《淮南子·物原》一书中有"燧人氏以匏(葫芦)济水,伏羲氏始乘桴(筏)"。燧人氏生活在相当于山顶洞人的氏族公社开始的时代,伏羲氏生活在相当于半坡氏族的母系氏族繁荣的时代,距今6000~7000年前。古代的筏如图1-3所示。

3. 独木舟

独木舟是将粗大的整根树干内部掏空而制成的另一种古代船舶。独木舟出现于筏之后,与筏相比,乘坐独木舟可以避免身体浸泡在水中所带来的不适。另外,在漂浮原理方面,独木舟已体现了利用船体结构排水增大浮力的概念。被誉为世界上最早的独木舟——"中华第一舟"和造船作坊于2002年11月在浙江省杭州市萧山区跨湖桥新石器时代遗址被发掘出土,距今已有7600~7700年。它是一条长5.3m、宽0.53m、深0.2m近乎完整的独木舟。独木舟如图1-4所示。

图 1-3 古代的筏

图 1-4 古代的独木舟复原图

4. 帆船

帆船有单桅、单桅多帆、双桅多帆和多桅多帆船。帆有多种不同形式，同一艘船上的帆有不同的用途。船上的帆可以升降，根据风力大小调节帆的面积可改变船的航向和航速。公元前 1000 多年前，埃及女王就曾用帆船去远征。腓尼基人（今黎巴嫩和叙利亚沿海）于公元前 1100～800 年，发明了世界上最早的以帆作主动力的商帆船，属带有单桅帆的划桨船，有风时可驶帆以代替桨手。后来演变成双桅帆船。帆取代桨成了船舶推进的主动力，这是航海帆船的一大进步，1914 年在黎巴嫩西顿古港出土的大理石石棺上刻有此图，如图 1-5 所示。

5. 木板船

木板船起源于奴隶社会，是最早介入战争的船舶类型。木锯出现以后，人们拥有了加工木板的能力，开始逐步转向制造木板船。初期的木板船只是由很少几块木板制成的简单木板船，通过加装横梁、增强船体结构强度，逐步发展为由多块木板组成的较大的木板船，而且船体越来越大，结构也越来越复杂，成为后来人们漂洋过海、广泛使用的大型木质船舶。1973 年湖北江陵西汉墓出土的木板船模型如图 1-6 所示。

图 1-5 世界最早的商帆船

图 1-6 西汉木板船

二、古代的造船业

古代的船舶主要是木板船，主要是依靠人力、畜力和风力，利用篙、桨、橹、风帆和明轮等来推动船舶前进。

1. 中国古代的造船业

中国用木板造船大概起于商代。造船业有三大发展时期：秦汉、唐宋和元明。其发展特点是船体不断增大、结构更加合理、数量不断增多、工艺越来越先进。总体领先于世界各国。

秦始皇在统一中国南方的战争中曾组织过一支能运输 50 万石粮食的大船队。统一中国后，他又几次乘船沿海巡视各地。秦朝徐福奉秦始皇命东渡日本船队如图 1-7 所示。

图1-7 秦朝徐福东渡日本

图1-8 汉代楼船

汉代的木船已根据不同用途分为客船、运输船和渔船等若干种类。战船中最有名的楼船高10余丈，分数层，船上设备已有纤绳、橹、帆、楫等。汉代楼船（斗舰）如图1-8所示。

隋代造过长54.6m、宽13.6m、高12m的大龙舟，船上建有4层楼，"饰以丹粉，装以金碧珠翠，雕镂奇丽"，中间两层有120个房间。隋炀帝的大龙舟如图1-9所示。

唐代的造船技术在当时称得上居于世界领先地位。最突出的是在造船工艺上已广泛使用了榫接钉合的木工艺和水密隔舱等先进技术。榫接钉合法比起用铁钉的造船法，船舶要坚固得多。水密隔舱增强了船的抗沉力。1973年，江苏如皋县出土了一艘唐朝单桅运输木船，排水量约33~35t，船长约18m，应是在江河中行驶的快速运输船。全船分为九个舱，舱房间设有隔舱板，是迄今所见最早的水密舱船，如图1-10所示。唐代长江口一带流行有浅吃水型平底沙船，运行平稳而安全。

图1-9 隋炀帝的大龙舟

图1-10 带有水密隔舱的唐朝单桅运输木船

宋元时期，许多地方设有官造船场，明、温、吉、赣等州年造船都在二三百艘以上，吉州造船曾达到年产1300艘。宋代出使高丽（朝鲜）的"神舟"，载重在1500t以上。徐兢出使的神舟如图1-11所示。船体两侧下削，有龙骨贯穿首尾，船底呈V字形，便于破浪行驶。船内采用密封隔舱并开始使用指南针，较之凭日月星斗来导航是个重大的飞跃。宋代造船、修船已开始使用船坞，还创造了滑道下水的方法。宋代最大的车船长111m，宽13m，

图1-11 北宋徐兢出使高丽（朝鲜）的神舟

图1-12 世界轮船的始祖——宋代车船

高22m，有22车，这也是世界上最原始的轮船，如图1-12所示。中国的造船技术和航海技术居于当时世界的前列，往来于南洋的海船有不少是中国船。

【特别提示】

汉代一尺等于23.1cm，魏晋一尺等于24.12cm，隋唐一尺等于26.7cm，而宋元一尺等于30.72cm，明清一尺等于31.1cm。

明代主要的造船厂有淮南清江船厂、南京龙江船厂、山东北清河船厂等，规模都很大。清江船厂有总部4所，分部82处，工匠3000多人，分工很细。造船有统一的规格和严格的用料标准。明初造船的年产量达3000多只，船体也很大。完成七下西洋壮举的郑和船队由62艘"宝船"和200多艘其他船只组成，船上人员有27000多名，最大的"宝船"长137m，宽56m，稍小的也长103m。郑和"宝船"如图1-13所示。明代抗倭名将戚继光的水师舰队已经装备有功能各异的大小战船。1号船为舰队旗舰大福船，2号船为福船，3号船为海沧（此3号船火力较强），4号船为艟（冬船），5号船为草撇（哨船），6号船为开浪（鸟船）。在港口和近海作战时，则使用浅水沙船和两头尖、行驶快捷的鹰船配合作战。而用于侦察敌情的有渔船和网梭船，船的种类齐全。戚继光旗舰大福船如图1-14所示。由于中国船舶设计精密、结构坚牢、适航性好，中国古代造船技术居于当时世界前列。明、清时，福建沿海的各种战船、海沧船、草撇船等统称福船。福船船型呈V形，船底纵向设有龙骨，吃水深，利于破浪航行。明代广船的建造地在广东省，首尖体长，吃水较深，有较好的耐波性。

图1-13 郑和下西洋的"宝船"

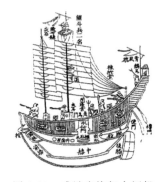

图1-14 戚继光旗舰大福船

2. 世界古代的造船业

从大约公元前1400～600年，即在克里特文明消失到罗马帝国崛起这800年间，海洋一直是腓尼基人（今叙利亚和黎巴嫩境内）的天下。他们于公元前1100～800年制造了世界上最早的双层桨战船，并在船首装备有青铜或木制撞角的双层桨战船，如图1-15所示。

到公元200年左右，罗马成为地中海贸易大国，出土浮雕绘制的罗马商船首低尾高，船首小桅杆上挂着小方帆，能够控制船舶的着风方向，表明驶帆技术的进步，如图1-16所示。

图1-15 腓尼基战舰及桨手位置图

图1-16 公元200年的罗马商船

意大利航海家哥伦布（约1451～1506年）先后4次出海远航发现了美洲大陆，开辟了横渡大西洋到美洲的航路，证明了大地球形说的正确性。1492年哥伦布乘坐船队的旗舰"圣·玛丽亚"号，载重超100t，船身长30m，龙骨长12m，船宽6m，从龙骨到甲板深度3m，如图1-17所示。

麦哲伦（1480～1521年）是葡萄牙著名航海家和探险家，公元1519～1521年率领由5艘远洋海船、265名船员组成的船队首次环航地球，1521年麦哲伦因干涉土著人的事务而死于当地部族的冲突中。船上余下的水手在他死后继续向西航行，回到欧洲，完成了第一次环球航行，返回时只剩下18名船员。"维多利亚"号是麦哲伦环球探险航行后仅存的一艘船舶，如图1-18所示。

图1-17　哥伦布旗舰"圣·玛丽亚"号

图1-18　麦哲伦探险船"维多利亚"号

三、近代造船业

19世纪初至20世纪中期为近代船舶工业发展阶段。船舶主要是以蒸汽机为动力源，利用螺旋桨来完成船舶的推进。船壳也逐步由木制转变为铁制和钢制。

1807年8月17日，在美国纽约港，美国人富尔顿·罗伯特制造的世界上第一艘木壳蒸汽明轮船——"克莱蒙特"号试航，使人类航行进入了新的时代，如图1-19所示。富尔顿·罗伯特被誉为"轮船之父"。船长38.1m，宽7.87m，船的动力是由72马力的瓦特蒸汽机带动车轮拨水。载有40名乘客，从纽约港逆水而上，31小时后，驶进240km以外的奥尔巴尼港，航速7.74km/h。

1839年，英国人史密斯设计制造了世界上第一艘用螺旋桨推进的蒸汽机船"阿基米德"号。这条船长38m，蒸汽机功率58.8kW。在此前将螺旋桨用于推动船舶的试验中，并未获得令人满意的航速。可是在一次试验中螺旋桨被打掉了一半，出人意料的是船反而更快了。由此改变了人们对螺旋桨的认识。1845年，一艘明轮船和一艘用螺旋桨推进的船参加了一次激战，有螺旋桨的船轻易地取得了胜利。最早安装有螺旋桨的"阿基米德"号如图1-20所示。

图1-19　蒸汽机轮船"克莱蒙特"号

图1-20　带螺旋桨的"阿基米德"号

"黄鹄"号蒸汽轮船是我国自己设计建造的第一艘蒸汽机木壳明轮船,由安庆内军械所于1865年制造,造价白银八千两,如图1-21所示。轮船船长17.6m,航速6kn,载重25t。其原材料除主轴、烟囱和锅炉从国外进口外,其余均系国产。

1868年,中国第一艘近代军舰——蒸汽机兵船"惠吉"(原称"恬吉")号木壳明轮船建造成功,由爱国科学家徐寿和徐建寅父子等人设计,如图1-22所示。该船系木壳明轮兵船,江南制造局造船厂制造。载重600t,功率为288kW,船长185尺,宽27.2尺,吃水8尺,上有炮9门。

1787年,英国的威尔金森建成了世界上第一艘铁制船。约翰·威尔金森是18世纪英国的一位生产钢铁的实业家,被人称为"钢铁狂人"。经过努力,1787年7月,威尔金森在塞文河上放下了一艘用铁板制成的铁船,它吸引了周围许多人前去参观,为之惊叹不已。从此逐步开始了以铁(钢)制船舶为主体的时代。

图1-21 "黄鹄"号木壳轮船

图1-22 近代军舰——蒸汽机兵船"惠吉"号

近代船舶工业从1865年江南制造总局创建到1949年新中国成立的80余年间,旧中国钢质船舶总产量只有50余万吨。1949年新中国成立时,大陆主要船厂约20余家,职工不足2万人,年造船产量约1万吨,工厂大都遭到不同程度的破坏,生产陷于瘫痪状态。

【特别提示】

中国近代造船工业有两个摇篮,一个是江南制造局,一个是福州船政局,中国早期的国产军舰都由这两个船厂生产。中国最早仿效西方"坚船利炮",建造近代蒸汽动力军舰,是从木质军舰起步的。1865年,曾国藩、李鸿章等创办江南制造总局,现名为江南造船集团责任有限公司,为晚清中国最重要的军工厂,是近代最早的新式工厂之一,也是中国近代机械工业的开端。1866年,左宗棠设立福州船政局,这是当时远东第一大船厂,用以制造和修理水师武器装备。安庆内军械所又称"内军械所",是清末最早官办的新式兵工厂,1861年由曾国藩创设于安徽安庆,制造子弹、火药、枪炮,科学家徐寿曾在此主持制造中国第一艘轮船,1864年迁南京,改建为金陵机器制造局。

第二节 现代与当代造船工业

中国现代造船业始于20世纪初。柴油机、燃气轮机、蒸汽轮机、核动力装置在船舶上的广泛应用,使得船舶可以获得空前巨大的功率,从而大大提高了船舶的航速和载重能力。随着冶炼技术和钢材加工技术水平的提高,使得钢制船舶成为现在舰船的主体,现代造船工业的序幕从此而拉开。目前现代造船技术正朝着高度自动化、集成化、大型化、功能化的方向发展。

1894年,英国人查尔斯·帕森斯(1854~1931)用他发明的反动式汽轮机作为主机,安装在快艇"透平尼亚"号上,在泰晤士河上试航成功,航速超过了60km/h。1889年瑞典人拉瓦尔（1845～1913）制造了冲击式高速汽轮机。由于蒸汽轮机较之蒸汽机具有明显的高速、强力、高效等优点，因此蒸汽轮机成为更加理想的热机，具有运转平稳、无噪声、检修起来工作量小的优点。

1903 年，俄国建造的柴油机船"万达尔"号下水，船上装有三台 200 马力的柴油机，省去了笨重的锅炉和高大的烟囱，因而结构紧凑、体积小、操纵方便，从而开辟了柴油机在船舶上应用的先河。

1910 年，出现了齿轮减速、电力传动减速和液力传动减速装置。由于早期汽轮机船的汽轮机与螺旋桨是同转速的，使得螺旋桨很难获得高效率的转速。船舶汽轮机采用减速传动方式后，大大提高了螺旋桨的推进效率，从而大大提高了船舶航行的速度。

1947 年，英国将航空用的燃气轮机改型装在海岸快艇"加特利克"号上。1872 年，德国人斯托兹第一个制造出具有现代特征的燃气轮机，因其热效率很低，并未获得应用。进入 20 世纪后，几经改进燃气轮机才达到实用阶段。1960 年，出现了用燃气轮机和蒸汽轮机联合动力装置的大、中型水面军舰。在民用船舶中，燃气轮机因效率比柴油机低，用得很少。

1954 年，美国建造的核潜艇"鹦鹉螺"号下水，功率为 11025kW，航速 33km/h。原子能的发现和利用又为船舶动力开辟了一个新的途径。现有的核动力装置都是采用压水型核反应堆汽轮机，主要用在潜艇和航空母舰上，而在民用船舶中，由于经济上的原因没有得到发展。

柴油机、燃气轮机、蒸汽轮机、核动力装置的发明奠定了现代和当代世界船舶工业发展的基础，使得中国船舶工业经历了由无到有、由小到大、由粗到精的巨大发展和进步。

新中国成立后，我国新的船舶工业迅速得到国家的重视。实现了由修理到制造、由船体建造总装到船用配套生产、由技术引进到自行设计的转变。

1955 年，中国第一艘自行设计建造的第一代沿海小港客货轮"民主10"号下水，如图 1-23 所示。1959 年，建国后第一艘完全自行设计建造的万吨级远洋货轮"东风"号下水，这在我国船舶制造史上是一个重要的里程碑，如图 1-24 所示。

图 1-23　中国首制小港客货轮"民主10"号　　　图 1-24　万吨级远洋货轮"东风"号

1972 年，中国第一艘自行设计建造的海上自升式钻井平台——"渤海一号"由大连造船厂建造，如图 1-25 所示。1979 年，我国第一条自行设计建造的远洋科学测量船——"远望1"号由江南造船厂完成建造，是我国第一代综合性航天远洋测控船，如图 1-26 所示。

2002 年，中国第一艘 30 万吨超大型油轮"伊朗·德尔瓦"号是由大连新船重工有限责任公司为伊朗国家油轮公司（NITC）建造的，实现了几代中国造船人的梦想，也打破了世界造船强国在该领域的垄断，如图 1-27 所示。2008 年，中国第一艘自行建造的 14.7 万立方米薄膜型 LNG 船在沪东中华造船（集团）有限公司顺利交付船东，中国乃至世界造船史

图 1-25 "渤海一号"钻井平台

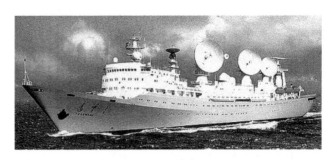
图 1-26 远洋科学测量船——"远望1"号

图 1-27 超大型油轮"伊朗·德尔瓦"号

图 1-28 我国首制14.7万立方米薄膜型LNG船

就此揭开了崭新的一页，如图 1-28 所示。LNG 船是为运输 65000t、零下 163℃极低温液化天然气而设计建造的专用船舶。

上述的一个个里程碑记录了中国船舶工业发展的进步。目前，我国的船舶修造能力开始在世界市场上崭露头角，市场份额逐年上升，并且所接单的船舶也由普通货轮向以超大型集装箱船、液化天然气船等为代表的高附加值船舶乃至海洋工程平台扩展，在提高吨位份额的同时，也提高了船舶业的商业利润。

第三节 海洋概述

船舶要在海洋上航行，需要了解和掌握海洋区域的划分、海水的组成和性质、海水的运动等方面的知识。

一、海洋划分

地球表面连续的广阔水体称为世界大洋。世界大洋分为四部分，即太平洋、大西洋、印度洋和北冰洋。太平洋是世界第一大洋，南北最大距离可达 17200km，其面积占世界大洋总面积的一半。太平洋不仅最大，也最深，世界上最深的马里亚纳海沟（11022m）即位于太平洋西部。大西洋位于欧、非大陆与南北美洲之间，大致呈 S 形，面积和平均深度均居世界第二。印度洋是第三大洋，大部分位于热带和南温带地区，其东、北、西三面分别为大洋洲、亚洲和非洲，南邻南极大陆。北冰洋位于亚欧大陆和北美洲之间，大致以北极为中心，是四大洋中面积最小的一个，所以有人把它看作由大西洋向北延伸形成的"地中海"。

二、海水的组成和性质

1. 海水的化学成分

海水的化学成分是指海水中浓度大于 1×10^6 mg/kg 的成分。属于此类的有阳离子 Na^+、

K^+、Ca^{2+}、Mg^{2+} 和 Sr^{2+} 五种，阴离子有 Cl^-、SO_4^{2-}、Br^-、HCO_3^-（CO_3^{2-}）、F^- 五种，还有以分子形式存在的 H_3BO_3，其总和占海水盐分的 99.9%。

2. 海水的物理性质

（1）海水温度　海水温度有明显的季节变化和日变化。水温季节变化主要取决于太阳辐射的季节变化，季风和洋流也有一定影响。北半球大洋中最低温度出现在冬季 2～3 月，最高温度出现在夏季 8～9 月。温带海洋水温随季节变化最为明显。

太阳辐射的日变化是水温日变化最主要的原因。天气状况也有一定的影响。最低水温通常出现在 4～8 时，最高水温出现在 14～16 时，日较差（气温日振幅）不超过 0.4℃，并且一般只表现在深度 10～20m 以内的水层中。在晴天或静风时，或在邻近大陆的浅海区，日较差可超过 1℃。

海水表层平均温度变化于 -1.7～30℃ 间，最高水温出现在赤道以北，称为热赤道。水温从热赤道向两极逐渐降低。由于陆地集中于北半球，故北半球海水等温线分布不规则，而南半球等温线近似平行于纬线。同时，北半球水温略高于南半球同纬度水温。不同温度性质的洋流交会处，海水温度梯度最大，等温线特别密集。

（2）海水密度　海水密度约为 1.022～1.028g/cm³，它是温度、盐度和压力的函数。温度升高时，密度减小；盐度增加时，密度增大。

三、海冰

海冰指直接由海水冻结而成的咸水冰，亦包括进入海洋中的大陆冰川、河冰及湖冰。咸水冰是固体冰和卤水等组成的混合物，其盐度比海水低 2‰～10‰，物理性质不同于淡水冰。

海冰的抗压强度主要取决于海冰的盐度、温度和冰龄。通常新冰比老冰的抗压强度大，低盐度的海冰比高盐度的海冰抗压强度大，所以海冰不如淡水冰密度坚硬，在一般情况下海冰坚固程度约为淡水冰的 75%，人在 5cm 厚的河冰上面可以安全行走，而在海冰上面安全行走则要有 7cm 厚的冰。当然，冰的温度愈低，抗压强度也愈大。

海冰能直接封锁港口和航道、阻断海上运输、毁坏海洋工程设施和船只，冰山更是航海的大敌。45000t 的"泰坦尼克"号大型豪华游船就是 1912 年在北大西洋被冰山撞沉的，使 1500 余人遇难。中国也遭遇过海冰灾害，1969 年 2～3 月，渤海曾发生严重冰封，渤海几乎全被冰覆盖，港口封冻、航道阻塞，海上石油钻井平台被冰推倒，海上航船被冰破坏，万吨级的货轮被冰挟持并随冰漂流达 4 天之久，海上活动几乎全部停止。

四、海水的运动

1. 海浪

海浪的成因很多，类型也很多，风力是波浪的主要成因。由风力直接作用产生的波浪称为风浪；风浪离开风区向远处传播便形成涌浪。风浪到浅水区，受海水深度变化的影响比较大，出现折射，波面不再是完整的而是出现破碎和卷倒，此时称为近岸波。习惯上把风浪、涌浪和近岸波合称为海浪，其周期通常为 1～10s。海浪对海水并不起输送作用，这不同于潮汐，也不同于海流，海浪由远及近或是由近及远运动，只是波的形状与能量在那里传播，而水团本身却并未移动，只是在上下移动而已。

2. 潮汐

（1）潮汐现象与引潮力　由月球和太阳的引力引起的海面周期性的升降现象，称为潮汐。海面升高，海水涌上海岸，叫涨潮；海面下降，海水从岸上后退，叫落潮。涨潮时海水面最高处称为高潮，落潮时海水面最低处称为低潮。高潮与低潮的高差，即是潮差。潮差是以朔望月为周期变化的。潮差最大时，叫大潮，潮差最小时叫小潮。

根据万有引力定律，两物体相互吸引的力与其质量成正比，而与其距离的平方成反比。月球质量虽小但距地球很近，太阳质量虽大但距地球太远，所以月球对地球的引力要比太阳的引力大一倍多。地球中心所受的引力是这两种引力的平均值，而地球上任何地点所受到的月球和太阳的引力，同这一平均值比较，大小有差别，方向也不同。正是这一引力差使海面发生升降，所以称为引潮力。引潮力是在地球朝向月球和太阳的一面和背向的一面同时发生的。朝向月球和太阳一面形成的潮汐，称顺潮；背向月球和太阳一面的潮汐，称对潮。

由于地球的自转，海岸上同一地点一日内向着月球和太阳与背着月球和太阳各一次，所以，一日之内应发生两次涨落潮，高低潮相隔的时间应为 6 小时。

但因月球引潮力比太阳引潮力大，而地球上的一个太阴日，即月球随着地球绕太阳公转的一日是 24 时 50 分，所以实际上高低潮的间隔约为 6 小时 13 分，或者说一天中相邻两次高潮推迟约 50 分钟。

（2）潮流　海水受月球和太阳的引力而发生潮位升降的同时，还发生周期性的流动，这就是潮流。对于外海或开阔海区，潮流流向在半日或一日内旋转 360°的，叫做回转流；对于近岸海峡和海湾，因受地形限制，流向主要在两个相反方向上变化的，叫做往复流。此外，涨潮时流向海岸的潮流可叫做涨潮流，落潮时离开海岸的潮流可叫做落潮流。

潮流在一个周期里出现两次最大流速和最小流速。地形愈狭窄，最大与最小流速的差值愈大。潮流的一般流速为 4~5km/h，但在狭窄的海峡或海湾中，如我国的杭州湾，时速可达 18~22km。往复流最小流速为零时，称为憩流。憩流之后，潮流就开始转变方向。正因为潮流有周期变化，所以它只在有限的海区做往复运动或回转运动。

喇叭形海湾或河口湾可以激起怒潮，我国的钱塘江口、亚洲的波斯湾（阿拉伯湾）、南美的麦哲伦海峡和北美的芬地湾都是以潮高著名的。前两者潮高可达 10m，后两者可达到或超过 20m。潮汐现象对一些河流和海港的航运具有重要意义。大型船舶可趁涨潮进出河流和港口。潮流也可用于发电。包括我国在内的许多国家，已经建成了不少潮汐电站。

3. 洋流

海水沿着一定方向有规律的水平流动，就是洋流。洋流是海水的主要运动形式。风力是洋流的主要动力，地球偏转力、海陆分布和海底起伏等也有不同程度的影响。例如，地球偏转力使洋流在北半球发生右偏，在南半球发生左偏；大陆的障碍使任何洋流都不可能环绕地球流动，岛屿或大陆的突出部分可使洋流发生分支。洋流对气候也发生着影响，许多沿海地区的温度和降水状况都与附近的洋流有关。在南、北半球上，分别都存在着赤道环流、亚热带环流与亚极地环流，南半球洋流为反时针方向旋转，北半球洋流为顺时针方向旋转。洋流对海洋航行和作业安全有着重大的影响。

思考与练习

【问答题】

1-1　在世界范围内，舟船的出现大约在何时？古代世界造船与航海的发源地有哪些国家？

1-2　唐代的造船技术在当时称得上居于世界领先地位，最突出的造船工艺是什么？

1-3　世界上第一艘木壳蒸汽明轮船是谁制造的？船名是什么？船具有什么特点？

1-4　世界上第一艘用螺旋桨推进的蒸汽机船——"阿基米德"号是由谁设计制造的？船的长度和蒸汽

机功率是多少？

1-5 把柴油机首先应用到船舶上的是哪个国家？船名是什么？柴油机功率是多大？

1-6 首先应用核动力的船舶是哪个国家建造的？船名是什么？说明其特点和意义。

1-7 中国建国后第一艘完全自行设计建造的万吨级远洋货轮船名是什么？何时由哪个船厂建造？

1-8 中国第一艘30万吨超大型油轮船名是什么？何时由哪个船厂建造？

1-9 海洋上一日之内应发生几次涨落潮？高低潮相隔的时间是多少？为什么？

1-10 海洋中的潮流和洋流的含义是什么？它们对船舶航行有什么影响？

【填空题】

1-11 被认为是第一个环球航行的人叫_____，他是葡萄牙著名航海家和探险家，完成第一次环球航行后，返回时265名船员只剩下_____名。

1-12 由风力直接作用产生的波浪称为_____；风浪离开风区向远处传播便形成_____；风浪到浅水区，受海水深度变化的影响比较大，出现折射，波面不再是完整的而是出现破碎和卷倒，此时称为_____。

【选择题】

1-13 富尔顿·罗伯特制造的世界上第一艘木壳蒸汽明轮船——"克莱蒙特"号试航的航速为_____。
　　A. 7～8km/h　　　B. 7～8n mile　　　C. 12～15km/h　　　D. 12～15n mile

1-14 由安庆军械所1865年制造的我国自己设计的第一艘蒸汽机木壳明轮船是_____。
　　A. "惠吉"号　　　B. "黄鹄"号　　　C. "恬吉"号　　　D. "海安"号

1-15 1868年，中国第一艘近代军舰——蒸汽机兵船"惠吉"号木壳明轮船建造成功，由_____制造。
　　A. 天津机器局　　　B. 金陵机器局　　　C. 江南制造局　　　D. 福州船政局

1-16 1787年，英国的_____建成了世界上第一艘铁制船，开始了以铁制船为主的时代。
　　A. 富尔顿·罗伯特　　B. 爱迪生　　　C. 牛顿　　　D. 约翰·威尔金森

1-17 中国近代船舶工业从1865年江南制造总局创建到1949年新中国成立的80余年间，旧中国钢质船舶总产量只有_____余万吨。1949年新中国成立时，主要船厂约_____余家，职工不足万人，年造船产量约_____万吨。
　　A. 500/200/20/100　B. 50/25/8/5　　C. 200/16/4/7　　D. 50/20/2/1

1-18 1894年，英国人查尔斯·帕森斯用他发明的反动式汽轮机作为主机，安装在快艇"透平尼亚"号上，航速超过了_____。
　　A. 70km/h　　　B. 60n mile　　　C. 60km/h　　　D. 16n mile

1-19 1972年，中国第一艘自行设计建造的海上自升式钻井平台"渤海一号"由_____建造。
　　A. 南京造船厂　　　B. 江南造船厂　　　C. 渤海造船厂　　　D. 大连造船厂

1-20 2008年，中国第一艘自行建造的14.7万立方米薄膜型LNG船在_____顺利交付船东，中国乃至世界造船史就此揭开了崭新的一页。
　　A. 大连船舶重工集团有限公司　　　　B. 渤海船舶重工有限责任公司
　　C. 沪东中华造船（集团）有限公司　　D. 江南造船（集团）有限责任公司

【判断题】

1-21 太平洋不仅最大，也最深，世界上最深的马里亚纳海沟即位于太平洋西部。（　　）

1-22 海冰比淡水冰密度坚硬，在一般情况下淡水冰坚固程度约为海冰的75%。（　　）

1-23 海浪的成因很多，类型也很多，潮汐是波浪的主要成因。（　　）

第二章 船舶分类

第一节 船舶分类方法

由于船舶在用途、航行区域、航行状态、推进方式、动力装置、造船材料等方面各不相同，因此现代船舶分类方法很多。

1．按船舶的用途分

（1）民用船舶 用于运输、渔业、工程船、港务工作船、特种场合的船舶。

（2）军用船舶 用于军事目的的船舶。

2．按船舶的航行区域分

（1）海洋船舶 航行于大洋中的船舶。

（2）内河船舶 航行于江、河、湖泊中的船舶。

（3）港湾船舶 航行于港湾区域的船舶。

3．按船舶在水中的航行状态分

（1）浮行船 是指水上浮行的船舶，属排水型船。

（2）潜水船 是指水下潜行的船舶，属排水型船。

（3）滑行船 是指船航行时，船体绝大部分露出水面并沿水面滑动的船。

（4）腾空船 是指船身在完全脱离水面的状态下运行的船舶。

4．按船舶推进方式分

（1）人力推进的船舶 依靠原始的撑篙、拉纤、划桨、摇橹等方式来推进的船舶。

（2）风力推进的船舶 依靠风帆、风车、风筒等方式来推进的船舶。

（3）机械推进的船舶 依靠明轮、喷水、水下螺旋桨、空气螺旋桨等来推进的船舶。

5．按动力装置的不同分

按动力装置的不同可分为往复蒸汽机船、柴油机船、蒸汽轮机船、燃气轮机船、电力推进船、联合动力装置推进船和核动力装置船。

6．按造船所用材料的不同分

按造船材料可分为木船、水泥船、钢船、铝合金船、玻璃钢船等。

7．按用途的不同分

（1）运输船 包括客船（客货船）和货船。

（2）渔业船 包括拖网渔船、围网渔船、钓鱼渔船、捕鲸船等；渔业加工船、渔业调查船、渔业指导船、渔政船、渔业救助船等。

（3）工程船 包括挖泥船、起重船、布设船、救捞船、破冰船、打桩船、浮船坞、海洋开发船、钻井船和钻井平台等。

（4）港务工作船 包括拖船、引航船、消防船、供应船、交通船和助航工作船等。

（5）特种船舶 包括水翼船、气垫船、地效翼船、双体船、玻璃钢船和超导船等。

（6）军用舰艇 包括巡洋舰、驱逐舰、护卫舰、航空母舰、登陆艇、扫雷艇、布雷艇、潜艇、快艇、运输舰、修理舰、消磁船和医院船等。

第二节 运 输 船

运输船舶分为客船和货船两类。由于运载对象不同,所以对船舶的要求也不同。

一、客船

根据《国际海上人命安全公约》,凡载客 12 人以上的船舶即为客船,无论是否同时载有货物。但船上工作人员、在海难救助中被救起的人员不能算作乘客。客船分为远洋客船、近洋客船、沿海客船、内河客船。

客船的主要任务是运送旅客及其携带的行李。有些兼运少量货物的客船又称客货船。客船的外形特征是甲板面积大,层数多,上层建筑物多,流线造型能够减少空气的阻力。客船的另一个显著特征是在船的顶层两边和船舷等处,停放着数量较多的救生艇和其他救生工具。客船一般具有快速、平稳、灵活、安全、可靠和生活设施齐全等特点。近年来,随着高速公路、调整铁路及航空业的迅猛发展,因为客船与其相比速度较慢、运送时间较长,为大型客船的发展带来了很大的影响。客船应满足如下要求。

① 对客船的基本要求是确保航行安全。船舶应具有足够的强度以抵抗风浪;具有足够的稳定性,以避免在旅客集中于一舷或在船舶回转时,出现过度倾斜(倾斜角不大于 8°～10°);要有足够的抗沉性,以保证一定数量隔舱进水时船舶不致沉没;要充分采用防火材料并具有防火措施;要有符合要求的消防、救生、通信等设备;要有备用动力和推进系统。

② 客船更要为旅客提供良好的生活条件。包括旅客居住的舱室应有良好的采光、照明、空气调节、卫生等设备,以及为旅客散步所需的宽敞甲板和消遣、娱乐场所。

1. 远洋客船

远洋客船是指航行于大洋之间的运送旅客的大型客船。它的满载排水量一般都在 10000t 以上。每小时的航速约在 20～30n mile 之间。由于陆地和空中运输的迅速发展,从 20 世纪 70 年代起许多造船厂很少建造大型远洋客船了。

世界最大游轮"玛丽女王 2 号"2003 年下水,是由法国大西洋造船厂为美国嘉年华公司建造,如图 2-1 所示。该游轮长 345m,高 72m,宽 41m,排水量 150000t,时速 30n mile,功率 157000 马力,使用环保型燃气轮机/柴油电机。

图 2-1 最大游轮"玛丽女王 2 号"

图 2-2 往返于中日航线的"新鉴真"号

2. 近洋客船

近洋客船是指航行于中国沿海至日本、韩国、泰国、越南、新加坡等国家海港的船舶。它的满载排水量一般都在 5000t 以上。每小时的航速约在 15～25n mile 之间。

"新鉴真"号是一条目前航行于上海、神户、大阪之间的客货班轮,是日本 1993 年建造的一艘集客运、滚装、集装箱运输于一体的多用途近洋客货船,如图 2-2 所示。船上配备了许多高科技的先进导航和通信设备,以及消防、救生设备,船籍是中国。"新鉴真"号船长

156.67m，宽23m，可装载250只标准集装箱，航速21kn，可乘旅客345名，配备船员60人。

3. 沿海客船

沿海客船是航行于沿海各港口之间的客船，多为客货兼载，航线距离海岸较近。包括往返于海峡、岛屿之间从事短途客货物运输的海峡渡船，分为旅客渡船、汽车渡船、火车渡船。其满载排水量一般在5000t以下，航速一般为12～18kn。沿海客船通常可以作为近洋客船完成运输任务。

由上海沪东造船厂建造的"长征"号7500t沿海客货船于1970年下水交付使用，如图2-3所示。该船主要尺度与性能：总长138m，两柱间长124m，型宽17.6m，型深8.4m，吃水6m，载重量7500t；单台主机额定功率3309.7kW，航速18kn，续航力3500n mile，载客数900人。船舶航行于上海、青岛和大连之间，能经受9～10级以上风浪的考验。

图2-3 "长征"号7500t沿海客货船　　图2-4 "东方红11"号内河客船

4. 内河客船

内河客船是指航行于江河湖泊上的客船，也包括往返于江河渡口之间从事短途旅客运输的旅客渡船，其排水在几十至数千吨。在中国最具代表性的是航行于长江上的客船。

由上船澄西船舶有限公司建造的"东方红11"号内河客船于1984年下水，如图2-4所示。该船总长114.5m，航速15.5kn，型宽16.4m，型深7.6m，排水量3700t，单机功率2250马力，续航力为2300n mile。该船是螺旋桨、三舵、方尾、钢质、柴油机推进多层甲板客货轮，全年航行于上海、汉口之间，是中国最大批量生产的长江客轮。

二、货船

货船是以载运货物为主的专用船舶。按其所载运货物的状态可分为干货船、液货船、冷藏船、集装箱船、滚装船、驳船、载驳船、拖船、顶推船等。

干货船装运成包、成箱、成袋、成捆及桶装等杂件货物，适应性较强。干货船的机舱近年多在船尾，以增加舱容并缩短轴系长度。干货船分为杂货船、散货船、多用途船等，液货船专门载运液体货物，液体货物主要有石油、酒、氨水、液化气等，其特点是易燃、易爆，有的在船舶破损后对环境污染大，有的化学品毒性极强，要特别考虑运输的安全可靠性。根据液体货物易燃程度（蒸气闪点），将液体货物分为三级。一级：闪点在28℃以下；二级：闪点为28～60℃；三级：闪点在60℃以上。依据液体货物闪点及毒性大小，对船舶进行不同的结构设计，液货船分为油船、液化气船、液体化学品船等。货船上除了大部分舱位都作堆储货物的货舱外，还需提供船员住宿、活动和装有必需设备的舱室。

1. 干货船

（1）杂货船　杂货船以运载成包、成捆、成桶等件杂货为主，也可装运某些散装货。

由上船澄西船舶有限公司于1977年建造的14000t杂货船是我国第一艘出口万吨轮，如

图 2-5 所示。本轮为双层纵通甲板、单螺旋桨、柴油机中后机型干货轮。该船总长 161.9m，型深 12.5m，航速 17kn，功率 10000 马力。

图 2-5　14000t 杂货船

图 2-6　17.5 万吨好望角型散货船

（2）散货船　散货船是专运散装货的干货船，如运输谷物、矿砂、煤炭等大宗散货。其优点是载货多、卸货快、成本低。其结构特点是驾驶室和机舱在尾部，航速较低；通常为单甲板双层底，货舱口大；内底板与舷侧板的倾斜设计能够保证散货自动居中并限制左右窜动。

由上海外高桥造船有限公司建造的 17.5 万吨好望角型散货船"祥瑞"号于 2003 年下水试航，如图 2-6 所示。该船是当时世界上能进入法国敦刻尔克港口的最大散货船，也是国内第一艘取得美国船级社（ABS）"绿色入级符号"的船舶，其特点是将燃油舱安置在货舱区顶边舱内，并且带有双层隔离空舱，以避免在海损事故中燃油泄漏，污染环境。该船长 289m，型宽 45m，型深 24.5m，设计吃水 16.5m，航速 15kn。

（3）多用途船　多用途船是可运载集装箱、木材、矿砂、谷物或其他杂货等各种货物的干货船。

靖江造船厂于 2000 年完成建造的首艘自营出口的 8000t 多用途船如图 2-7 所示。该船总长 124.00m，型宽 19.40m，型深 9.50m，设计吃水 6.30m，航速 16.10kn，入德国船级社（GL）。此型船舶该厂共建造两艘。

2. 液货船

（1）油船　油船是指散装运输各种油类的液货船，可以运输原油、成品油、动植物油等。油轮的载重量越大，运输成本越低。大型原油船可以不用靠码头，通过铺设在海上的石油管道来装卸，所以油船可以建造得很大。目前远洋的超级油轮的总载重量达 300000t 以上，最大的油轮已达到 560000t。为了防止和减少油轮发生海损事故造成污染，现在新造的大型油轮均是双壳结构，大大减少了大型油轮的油污事故。

大连新船重工于 2001 年建造完成的 QHD32-6 浮式生产储油船，是我国第一艘自行设计建造的内转塔型浮式生产储油船，如图 2-8 所示。该船总长 287.4m，型宽 51m，型深 20.6m，吃水 14.50m，载重吨 160000t。

（2）液化气船　液化气船是专门装运液化气的液货船，可分为液化天然气船（LNG 船）和液化石油气船（LPG 船）。

天然气液化的临界温度在一个大气压时为 －162℃。因船用碳素钢低温时呈脆性，液货舱只能用镍合金钢或铝合金制造。液货舱内的低温靠液化气本身蒸发带走热量来维持。蒸发出来的天然气极难再液化，通常只能作为船上锅炉的补充燃料。液货舱和船体构件之间有优良的绝热层。液货舱和船体外壳保持一定的距离，以防在船舶碰撞、搁浅等情况下受到破坏。液化天然气船设备复杂、技术含量高、体积较大、造价很高，一般都设有气体再液化装置，也可运送液化石油气。

图 2-7 8000t 多用途船

图 2-8 QHD32-6 浮式生产储油船

石油气可以在常温下通过加压或在常压下冷冻而液化。液化石油气船由早年的压力式、半冷冻半压力式发展到现在的冷冻式。液货舱内的温度约 $-50℃$，压力约 $0.28×10^5$ Pa。这种船为双壳结构，液货舱用耐低温的合金钢制造并衬以绝热材料。船上设有气体再液化装置，可将蒸发出来的石油气再液化送回液货舱。液化石油气船不能运送液化天然气。

2008 年，中国第一艘自行建造的 14.7 万立方米薄膜型 LNG 船是为运输 65000t，零下 163℃ 极低温液化天然气而设计建造的专用船舶，船长 292m。把天然气"压"成液态，体积可缩小到 1/600。它是国际公认的高技术、高难度、高附加值的"三高"船舶，被誉为造船"皇冠上的明珠"，过去只有欧洲少数国家和韩国、日本能够设计、建造。

（3）液体化学品船　液体化学品船是指专门装运有毒、易燃、易挥发和腐蚀性强液体化学品的液货船。化学品船货舱围壁结构的钢板材料主要有两种，即普通碳钢加特殊涂层和整体式不锈钢，前者成本较低。对这类危险品运输船，要求货舱用隔离空舱与机器锅炉处所、起居生活处所及饮用水等分隔开来；必须考虑因碰撞、搁浅等导致液体化学品溢出时构成的危害；货舱必须有透气系统和温度控制系统；货舱及泵舱要保证顺利通行。

1999 年，由爱德华船厂为瑞典船东完成建造 14000t 化学品船，其所有安全设备和居住舱室均满足欧洲标准和德国运输部 SBG 标准，如图 2-9 所示。该船是低速柴油机驱动的单桨、双底、双壳结构的远洋航行化学品船。该船总长 145.30m，型宽 20.80m，型深 11.20m，航速 15.4kn，载重量 14000t。

图 2-9 14000t 化学品船

3. 冷藏船

冷藏船是使鱼、肉、水果、蔬菜等易腐食品处于冻结状态或某种低温条件下进行载运的专用运输货船。因受货运批量限制，冷藏船吨位不大，通常为数百吨到数千吨。冷藏船的货舱为冷藏舱，常隔成若干个舱室。每个舱室是一个独立的封闭的装货空间。舱壁、舱门均为气密，并覆盖有隔热材料，以满足不同货种对温度的不同要求。冷藏船的甲板间隔的高度不易太大，常设置多层甲板，以防止下层货物被压坏。

1990年，由上船澄西船舶有限公司建造完成的300000立方英尺冷藏/集装箱船如图2-10所示。该船可装载冷藏集装箱、香蕉、水果、冻肉、冻鱼、小汽车及托盘货等，是我国首次开发建造并具有当时国际先进水平的新船型，首次向欧洲批量出口，入德国劳氏船级社（GL）。该船总长120.5m，型宽18.55m，型深10.15m，航速18.4kn，载重量6050t。

图2-10 300000立方英尺冷藏/集装箱船

图2-11 10000TEU超巴拿马型集装箱船

4. 集装箱船

集装箱船是一种专门运输集装箱的货船。集装箱就是用来装运件杂货物的箱子，是装卸运输单元，具有货舱开口大、尺寸规格化、货损少、装卸效率高、便于海陆空联运的特点。集装箱堆放到船舱、甲板或舱盖上。集装箱船停港时间短、主机功率大、航速快。根据载货不同，集装箱可分为干货箱、散货箱、动物箱、汽车箱和液货箱等。

2008年，由南通中远川崎船舶工程有限公司完成建造的首艘10000TEU超巴拿马型集装箱船下水，如图2-11所示。该船总长349m，型宽45.6m，可装载10062个20mile标准集装箱，最大服务航速25.8kn。其货舱除装载常规集装箱外，还可装载多种等级的危险品集装箱。

5. 滚装船

滚装船是依靠载货车辆或以滚动方式在水平方向进行装卸的货船，最初叫滚上滚下船。一般在船侧、船首或船尾有开口，并构建成斜坡装卸跳板连接码头，以载有货物的挂车或带轮托盘作为货运单位，由牵引车或叉车直接进出货舱进行装卸。从船尾跳板装卸货物示意图如图2-12所示。滚装船主要结构特点是型深尺寸较大，上甲板纵通全船且平整、无脊弧、无梁拱，无货舱口，内设多层甲板及甲板间坡道或升降装置；上层建筑和机舱设在船尾，烟囱设在两舷；主甲板以下为双层壳体。在我国沿海的岛屿、陆岛之间及长江两岸，滚装船使用较普遍，但多为汽车渡船兼顾旅客运输。滚装船的优点是装卸效率高，船舶周转快，货物适应性强。

图2-12 从船尾跳板装卸货物示意图

图2-13 汽车滚装船"沃耳夫斯堡"号

1988年，江南造船厂为联邦德国承建的24000t汽车滚装船——"沃耳夫斯堡"号是一艘结构新颖、类似航空母舰的汽车滚装船，可运载4000辆轿车和350个20英尺集装箱，如图2-13所示。它的建造成功标志着中国船舶工业跨入世界造船先进领域。该船总长

182.50m，型宽29.60m，型深18.95m，载重量24000t。

6. 驳船

驳船本身无动力或只设简单的推进装置，依靠拖船或推船带动或由载驳船运输的平底船。适宜于内河、港口、浅海区域等的短途运输以及水上工程作业，具有设备简单、吃水浅、载货量大的优点。按用途分，主要有客驳、货驳、油驳等。带有动力装置的称"机动驳"。

2008年，由江苏泰兴港华船业有限公司承建的美国环球水泥公司的45000t水泥驳船"港华8号"建造完成，如图2-14所示。该船全长178m，型宽32m，型深12m，自重7800t，是目前世界上最大的水泥驳船。该船内部结构复杂、装配工艺较高、焊接强度极大，全船耗用钢料超过7600t，其中高强度钢超过2000t，造船历时一年半。

图2-14　45000t水泥驳船"港华8号"　　　图2-15　"拉希"型载驳船

7. 载驳船

载驳船是一种专运货驳的船，即在一大型机动母船上装载一批尺度相同的驳船。其运输过程是：将货物先装载于统一规格的方形货驳（子船）上，再将货驳装上载驳船（母船），载驳船将货驳运抵目的港后，将货驳卸至水面，再由拖船分送到各自目的地。其驳船收放方式分为吊运和浮移两种。它具有船舶停港时间短、装卸速度快、不占码头泊位、不受港口水深限制、有利于江海联运等优点。由于载驳船要运载的驳船可能分布在不同的码头，必须要有周密的计划才能保证高效运输。

1969年，由日本住友重工业公司建造完成的世界上第一艘"拉希"型载驳船如图2-15所示。该船能装运73艘400t的"拉希"型驳船，载重量为44000t，航速18kn，航行于美国和北欧之间。驳船的装卸是靠上甲板上的500t门吊。装驳船时，由顶推船将驳船送至载驳船的尾部悬臂梁下，门吊的吊货钩抓住驳船后，将它提升至上甲板，沿轨道向前移动至存放位置，放下驳船并使之固定。驳船在货舱内存放两层，在上甲板堆放两层。装卸每艘驳船平均需时20分钟。

8. 拖船

拖船是专门用来拖带载货驳船、进出港船舶、遇险船舶或海（河）上浮动建筑物。内河航运广泛采用拖驳运输。拖船具有船身尺寸小、功率较大、舵尺寸较大、螺旋桨叶片较大等特点。拖船按航行区域可分为远洋拖船、沿海拖船、内河拖船和港作拖船。

1994年，由东海船厂完成建造的4500kW海洋救助拖船如图2-16所示。该船是多功能海洋救助/近海供应拖船，具有卓越的远洋救助能力和为近海石油平台提供多种特种作业服务的能力，具有强有力的拖带救助设备和首尾侧推，可调桨，控船能力强。

9. 顶推船

顶推船专门用于顶推非自航货船。与拖船相比，其特点如下。

① 顶推船运输时驳船在前，推船在后，船队机动性好、阻力小、航速高。

图 2-16　4500kW 海洋救助拖船

图 2-17　我国生产的第三代顶推船

② 顶推船队的驳船上不需要舵设备和操舵人员，成本降低；拖驳船队则反之。

③ 顶推船与驳船连接后可进可退，且可自由回转或停止。拖船与驳船连接后则只能进不能退，且不能自由回转或随意停航。

④ 顶推-驳船队长度较短，而拖-驳船队较长。

我国生产的第三代顶推船如图 2-17 所示。

第三节　渔　业　船

渔业船是指从事渔业生产或渔业辅助的船舶。渔业生产船舶包括拖网渔船、围网渔船、流网渔船、钓鱼渔船、捕鲸船等；渔业辅助船舶包括渔业加工船、渔政船、渔业救助船等。渔业船一般皆属小型船，但其设备相当复杂，对性能也要求很高。现代渔船多数配备了卫星导航、自动驾驶仪等，渔捞设备均以机械化为主。

1. 拖网渔船

拖网渔船是指从事拖网作业，捕捞中、下层水域鱼虾类的专用渔船，分为单拖渔船和双拖渔船。一般在甲板上都设有拖网绞车和小型吊车，供拖网和吊起网具用。要求拖网渔船适航性良好、航向稳定性高、抗风浪能力强、航速要高、尾吃水较深，以便于保持正常的网形，提高捕鱼量，并减少渔具的损坏。

单拖渔船是指一艘渔船拖曳一顶网具作业形式的渔船，在舷部起放网，网次产量较低，单台发动机负荷较大。单拖渔船还可分为尾拖渔船、舷拖渔船和桁拖渔船。双拖渔船是指两艘渔船并行拖曳一顶网具作业形式的渔船，网次产量较高，单台发动机负荷较小。单、双拖渔船捕捞示意图如图 2-18 所示。"烟鱼 621"号拖网渔船如图 2-19 所示。

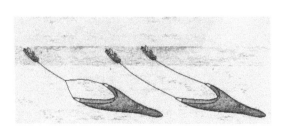
图 2-18　单、双拖渔船捕捞示意图

图 2-19　"烟鱼 621"号拖网渔船

2. 围网渔船

围网渔船是指从事围网作业，主要围捕中、上层水域鱼类的专用渔船。围网渔船可以单船或双船进行作业。当发现鱼群后,在鱼群周围撒下长带形的网具,将鱼群包围起来,然后将网具的底索收紧,使网成为一个大口袋,鱼群就被捕在渔网里了。它的外形与拖网渔船相似,但船身较短、吃水浅、回转灵活、速度快,有较高的主桅和吊杆。由于围网捕鱼容易损害鱼类资源,国际上已开始限制。

围网渔船可分为单船围网渔船和双船围网渔船。单船围网和双船围网捕鱼如图 2-20 所示。

图 2-20　单、双船围网捕鱼示意图　　　图 2-21　光诱围网渔船

光诱围网捕鱼法是在围网捕捞作业中较先进的方法。它是利用某些鱼群的趋光习性,在晚上用灯船将鱼群诱围网中。通常由一艘灯船、两艘围网渔船和一艘运输船组成一个作业组。光诱围网渔船如图 2-21 所示。

3. 流网渔船

流网渔船是指从事流网作业,主要捕捉上、中、下各层水域鱼类的专用渔船。流网也称流刺网,这是一种用网刺挂或缠住游动鱼的被动性网具。网片呈长方形,作业时数十片甚至数百片网片相连接,敷设于一定流向的水流中,使其围墙状直立于鱼群的通道上,使鱼落入网目而被刺捕,如图 2-22 所示。该网具不用拖曳,而任其漂流,它捕捞的对象比较广泛,包括表层鱼、中层鱼、底层鱼的各种鱼类。

流网渔船的长度及吨位较小,一般总长在 40m 以下,因为过大的尺度及吨位会使渔船带网漂流不方便,或加大了拉力,使网眼变形,影响渔捞效果;主机功率相对较小,因不需要大功率进行拖网。一流网渔船长 32m,宽 5.4m,深 2.4m,主机型号 6160A-13G,功率 1800kW,如图 2-23 所示。流网渔船在进行捕鱼作业时,要在流网水面浮漂上安放警示灯具或警示红旗,以提醒其他过往船只。

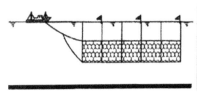

图 2-22　流网捕鱼示意图　　　图 2-23　流网渔船

4. 钓鱼船

钓鱼船是指使用钓具进行捕捞鱼类的专用渔船,分为延绳钓渔船、手钓渔船、竿钓渔船、曳绳钓渔船、机械钓渔船等。

钓鱼船中延绳钓渔船占主导地位。延绳钓是捕捞大型回游性鱼类的主要渔法之一,金枪鱼、旗鱼、箭鱼等是其主要捕捞对象。它是在一根水平干线上垂直连接许多等距离的支线,支线上有钓钩和鱼饵，利用浮子和沉子将其施放于一定的水层。延绳钓示意图如图 2-24 所示。延绳钓渔船的特点如下。

① 自持能力强，一般在 75 天以上，有些船达半年以上。
② 采用管架吹风式冻结，冻结舱温度−50～−60℃，鱼舱温度−45～−55℃。
③ 长尾楼船型，首部作业甲板，右舷起钓，尾部放钓。
④ 发动机组及制冷压缩机功率较大。
⑤ 起绳时，能低速航行 4～6kn，正车和倒车操作频繁，航向稳定性高。

图 2-24　延绳钓示意图

图 2-25　金枪鱼超低温延绳钓鱼船

"金枪鱼超低温延绳钓鱼船"如图 2-25 所示，船体为玻璃钢材料，船长 30.2m，配有海水淡化装置，制冷达到−40℃超低温。

其他的钓鱼法：手钓是吊线直接由人操作的方法；竿钓是将钓线装在钓竿上，人在船舷边持竿钓鱼的方法；曳绳钓是在一根钓线上附有一至几个钩，而一艘钓船拖曳几根甚至几十根钓线，以引诱水中抢食性强的鱼类上钩；机械钓是在渔船的两舷摆满自动钓机，钓具装在钓机上，通过滚轮自动下钓和起钓。因钓法不同，对其渔船的要求也有所不同。

5. 捕鲸船

捕鲸船是一种追猎式渔船，是捕杀鲸鱼的专用渔船。船上配有捕鲸炮、捕鲸专门设备，前桅设有瞭望台。捕鲸作业包括搜索鲸群、追逐、射击，然后将鲸拖到基地或母船去加工。为追上鲸鱼，航速要高，通常不低于 14kn；主机噪声要小，低速运转性能好，以便接近鲸鱼；追杀前后鲸鱼速度及方位多变，船要有良好的操纵性；要有足够的续航力；船舶稳定性和适航行性要好。

1963 年，由求新造船厂建成的我国第一艘大型捕鲸船"元龙"号如图 2-26 所示。该船总长 45.74m，型宽 7.2m，型深 3.9m，平均吃水 3.1m，排水量 468t，主机功率 882.6kW，航速 14kn。船首端设有 90mm 的捕鲸炮一座，有效射程 100m。

6. 渔业加工船

渔业加工船是指在海上将渔获物加工成成品或半成品的船。按加工对象及工艺可分为鱼粉加工船、冻结加工船、鲸加工船、蟹加工船及金枪鱼加工船等。它常与捕捞船、冷藏船、供应船组成综合船队。

渔业加工船一般船型尺度较大、主辅机功率高、作业甲板广阔、加工车间功能完善、冷藏舱制冷能力强、起重能力较强，因此也称渔业加工母船。

2007 年，由瑞安华盛水产品加工厂建造的中国第一艘海上水产干制品加工船——"华盛渔加 1 号"从瑞安东山渔港码头起航，如图 2-27 所示。这是亚太地区最大的海上水产品干品加工船，船长 65m，宽 14m，高 15m，船舱 5 层，总吨位约 2500t。加工船上设备齐全，完全是一家流动的水产加工厂。

图 2-26 "元龙"号捕鲸船

图 2-27 "华盛渔加 1 号"渔业加工船

7. 渔政船

渔政船是指在渔业水域执行国家渔业法规和国际渔业协定,对渔船实行监督和管理等渔政任务的船舶。大型渔政船的总吨数在千吨以上,中型渔政船的总吨数在数百吨,小型渔政船的总吨数只有几吨至几十吨。大、中型一般用于外海渔场,小型用于近海或江河中。为适应监督、检查并在必要时追捕、扣留违章的需要,渔政船的航速较高,大、中型通常为14~20kn,小型有的也达20kn;稳性和适航性也高于或相当于渔船。为了便于在渔船密集的渔场中巡航并方便与水上的渔船相靠近,其操纵性能较好,干舷较低。

1973年,由广州造船厂完成"中国渔政311"号渔政船的建造,如图2-28所示。该船是2009年以前全国渔政系统船舶中吨位最大、航速最快、通信导航设备比较先进的渔政巨舰。该船的总吨位4600t,长112.68m,宽15m,续航力为8000n mile,持航50个昼夜,无限航区,配备现代化的通信导航设备GMDSS,最大航速可达22kn。

图 2-28 "中国渔政 311"号

图 2-29 6000kW 海洋救助船

8. 渔业救助船

渔业救助船是指备有一定的医疗设施和救助装备,在渔场上担负人员医疗急救和船只、人员救助工作的船舶。

2001年,由上海船厂完成建造的6000kW海洋救助船如图2-29所示。救助船有较高的救助航速及较强的救生设备和宽敞的尾甲板作业面积,具有较强的海上救助能力,主要以实施海上人命安全救助为主,设有减摇鳍、减摇水舱、首尾侧推、可调桨、襟翼舵,海上操纵性及适航性优良。该船总长77.60m,航速18.35kn,型宽14.00m,型深6.80m,载重量900t。

第四节 工 程 船

海洋工程船舶是指安装有成套工程机械,在港口、航道、船厂等水域专门从事工程作业的船舶。按其工作范围可分为海洋开发船、航道工程船和专业工程船。

一、海洋开发船

海洋开发船是指从事海洋资源开发、海洋调查实践、海洋环境保护等工程的船舶。海洋开发船包括海洋石油开发船、海洋调查船、教学实习船、海洋环境保护船等。1960 年 1 月 23 日，雅克·皮卡德和艇长唐·沃什共同驾驶着新型"里雅斯特"号深潜器，首次潜入位于菲律宾东北方面的世界大洋最深处——马里亚纳海沟，历时约 5 个小时，最终顺利着陆到水下 10916m 的海底。海洋调查和深海探索需要设备先进的海洋调查船和深潜器，海洋资源的开发则需要各种各样的海洋开发船。

1. 海洋石油开发船

海洋石油开发船包括钻井平台、采油平台等。

（1）钻井平台　钻井平台是指在海上进行油气钻井施工时，支撑钻探机械、保障工作人员居住和生活的平台。由于海上气候的多变、风浪巨大、洋流汹涌，海上钻井平台的稳定性和安全性更显重要。

钻井平台可分为固定式和移动式两种。固定式钻井平台大都建在浅水中，支撑的桩腿直接打入海底，故钻井平台的稳定性好。但因平台不能移动，故钻井的成本较高。固定式钻井平台如图 2-30 所示。采用移动式钻井平台，因可随需要移动，故可以降低成本，主要包括半潜式钻井平台、自升式钻井平台、浮式钻井船、坐底式钻井平台等。

① 半潜式钻井平台　钻井平台的上部为钻井的工作平台，下部为两个下船体，用于支撑立柱连接，工作时下船体潜入水中。钻井作业时，向下船体中注水，使其在海水下的 20～30m 深度处于半潜状态，受大海风浪的影响小，所以平台的稳定性比钻井浮船要好。半潜式钻井平台示意图如图 2-31 所示。

图 2-30　固定式钻井平台

图 2-31　半潜式钻井平台

② 自升式钻井平台　钻井平台有 3～4 个桩腿插入海底，并可自行升降的移动式钻井平台。自升式钻井平台造价较低，运移性好，对海底地形的适应性强，因而我国海上钻井多使用自升式钻井平台。自升式钻井平台示意图如图 2-32 所示。

③ 浮式钻井船　钻井船漂浮于海面上，通常采用锚泊来实现固定，易受波浪影响。但该方法一般只适用于 200m 以内的水深，水再深时需用一种新的自动化定位方法。浮式钻井船如图 2-33 所示。

图 2-32　自升式钻井平台

图 2-33　浮式钻井船

④ 坐底式钻井平台　钻井平台下部是由若干个浮筒或浮箱组成的桁架结构，浮筒充水后，使钻井平台下沉坐于海底并开始工作；浮筒排水后，使钻井平台上浮，可进行拖航和移位。坐底式钻井平台多用于水浅、浪小、海底较平坦的海区。

半潜式钻井平台、浮式钻井船在海洋中传统的定位是依靠锚链来完成的，特别是在 1000m 以上的深水区，因锚链太长而不容易实现，并且还会因涨落潮出现定位误差。而动力定位技术的逐步成熟，使得这一难题得以解决。中国是在 2000 年前后将这一技术应用到船舶上的。动力定位技术就是通过电脑传输，只需几分钟的时间，就把航行中的船稳稳地停在预定的位置。该系统开启后，位置传感器、航向传感器、姿态传感器、风传感器、海流传感器等仪器开始实时实地测得数据，并把这些数据信息及时传输给计算机，计算机再将其与储存的预定停泊位置资料对照，找出差别，继而向各推进器发出指令，调整其推力，实行差别修正，直至到达预定位置并停稳。

(2) 采油平台　采油平台是开采海洋石油用的生产平台，其基本要求与钻探平台相同，但由于要长期定点作业，因此对作业海况下的运动幅度以及稳性、强度的要求更为严格。采油平台的基本类型有固定式、接地式（坐底式和自升式）、浮动式（船式和半潜式）、可拆移式（牵索塔式和张力腿式）等多种。固定式、接地式适用于浅水作业，浮动式和可拆移式能适应深水作业。

图 2-34　自升式海上采油平台

2009 年，我国第一座自升式海上采油平台在山东东营胜利油建公司桩西海工建造基地下水。平台总重量达 5500t，主体采用长 60m、宽 35m 的箱体结构，首先应用于我国渤海海域 $15000000m^3$ 储量以下小油、气构造的开采。自升式海上采油平台如图 2-34 所示。

2. 海洋调查船

海洋调查船是指用于海洋科学考察研究的海洋工程船。进行海洋调查的内容包括海洋水文、海洋气象、海洋化学、海洋地质、海洋生物和海洋物理等，其目的在于为海军作战与训练、海洋资源研究与开发、海洋工程术与环境保护等提供各种情报和数据。

海洋调查船按功能不同，可分为综合海洋调查船、专业海洋调查船和特种海洋调查船。综合海洋调查船的调查内容涉及海洋科学多门分支学科。专业海洋调查船，按专业范围可分为海洋测量船、海洋物理调查船、海洋气象调查船、海洋地球物理调查船、海洋渔业调查船等，对海洋科学某一分支学科进行调查研究。特种海洋调查船分为航天用远洋测量船、极地考察船和深海钻探船。航天用远洋测量船可接收卫星或宇宙飞船等太空装置发来的信号，并可向太空装置发布指令等。极地考察船的船体特别坚固，具备破冰行驶能力和防寒性能。深海钻探船能实现对地层深处的钻探，以了解地层深处结构和资源分布情况。

2009年，由山东乳山造船厂完成建造的南海渔业资源与环境科学调查船"南锋"号下水。它是我国自行设计、建造的第一艘性能先进、科技含量高、功能全面的现代化海洋渔业资源与环境科学综合调查船，总长66.66m，排水量1950t，主机功率1920kW，续航力8000n mile，如图2-35所示。

图2-35 科学调查船"南锋"号

图2-36 教学实习船"育鲲"号

3. 教学实习船

教学实习船是指专供训练船员和大专院校相关专业学生实习用的船舶，主要为航海驾驶、动力装置、船舶电气、通信导航、渔业捕捞、潜水打捞等专业学员提供训练平台。船上有完备的航海仪器、动力设备及相应的专业设备，并有供教学和生活用的舱室、资料室和教学设施等。

2006年，由武昌造船厂建造的具有世界先进水平的专用远洋教学实习船"育鲲"号下水，如图2-36所示。该船总长116m，型宽18m，型深8.35m，设计吃水5.4m，续航力10000n mile，每个航次可供196名学生在船实习。

4. 海洋环境保护船

海洋环境保护船是指对海洋环境进行监测、保护、回收和处理的船舶，分为海洋环境监测船和浮油回收船等。

海洋环境监测船是指为保护海洋环境免受污染，在港口水域、船舶密集水道、采油区以及特定海区进行海洋环境指标监测的船舶。浮油回收船是指用以拦截回收海洋油井喷油、油船海损漏油、港口及海岸的浮油的船舶。

2010年，由同方江新造船公司为中海油能源发展股份有限公司承建的多功能海洋环境保护船"海洋石油252"号下水，属中国首次建造，如图2-37所示。该船能够将测井液及事故溢油等收于油舱内进行分离处理，可实现海上油田勘探开发"零排放"。该船总长68.05m，型宽16m，型深6.75m，设计吃水5m，油污回收能力$2 \times 100m^3/h$，回收舱容$550m^3$，最大航速不小于13.2kn，续航力6000n mile。

二、航道工程船

航道工程船主要是用于疏浚和管理航道水域、保障航道畅通、协助水利建设的工程船，

图 2-37　海洋环境保护船"海洋石油 252"号

图 2-38　耙吸式挖泥船

按用途分为各种挖泥船、助航船、破冰船及打捞船等。

1. 挖泥船

挖泥船是指用于疏浚航道和港口的船舶，是应用最多的一种工程船。主要类别如下。

(1) 耙吸式挖泥船　耙吸式挖泥船是通过置于船体两舷或尾部的耙头吸入泥浆，它有泥浆泵。该船有动力系统，能够边吸泥边航行，适于纵挖和深水作业，抗风浪能力强，如图 2-38 所示。

(2) 绞吸式挖泥船　绞吸式挖泥船是利用吸水管前端装设旋转绞刀装置，切割和搅动河底泥沙后由泥浆泵吸入泥浆，可以连续完成挖、运、卸泥等工作过程，效率高、成本低，如图 2-39 所示。

图 2-39　绞吸式挖泥船

图 2-40　抓斗式挖泥船

(3) 抓斗式挖泥船　抓斗式挖泥船是利用固定于钢缆上的抓斗，在其重力作用下放入水底抓取泥土。抓斗的吊臂装在可旋转的平台上，并能控制其开、闭、升、降。小型抓斗式挖泥船多为非自航式，大型的多为自载自航式，船底中部设有活底泥舱，泥舱装满后可自行运到卸泥区。抓斗机的斗容为 0.5~25m³，挖深可达 60m，生产能力为 20~400m³/h。抓斗式挖泥船如图 2-40 所示。

(4) 铲斗式挖泥船　铲斗式挖泥船可以集中全部功率在一个铲斗上，进行特硬挖掘。它利用吊杆及斗柄将铲斗伸入水中，插入河底、海底进行挖掘，然后由绞车牵引将铲斗连同斗柄、吊杆一起提升，吊出水面，至适当高度，由旋回装置转至卸泥或泥驳上，拉开斗底将泥卸掉，再反转至挖泥地点。如此循环作业。铲斗式挖泥船如图 2-41 所示。

(5) 链斗式挖泥船　链斗式挖泥船装有一套链斗挖掘机构，由斗链带动链斗连续运转进行作业。由于料斗在斗桥上循环转动进行挖泥，可以实现连续作业。链斗式挖泥船进行作业时，需抛首锚、尾锚及横移边锚，所占水域面积甚大，影响其他船舶航行。施工过程中需要拖船、泥驳等辅助船舶较多，而且作业时噪声很大，这是它的缺点。链斗式挖泥船如图 2-42 所示。

图 2-41 铲斗式挖泥船

图 2-42 链斗式挖泥船

2. 助航船

助航船是指在航道上勘测水深和水底地形、敷设航标的船舶。为了保证进出港船舶的航行安全，每个港口、航线附近的海岸均有各种助航设施。助航船有测量船、灯船和航标船。

航标是帮助引导船舶航行、定位和标示碍航物与表示警告的人工标志。航标按工作原理有视觉航标、音响航标和无线电航标。航标示意图如图 2-43 所示。

图 2-43 航标示意图

（1）测量船　测量船是勘测水深和水底地形的一种船舶。船上装有勘测仪器和设备，并有海图绘制室。可以根据测得的数据，随时修正海图上的水深尺度和地形标记，供航行船舶使用。

2000 年，广西桂江船厂为广东海事局建造的测量船下水。船舶总长 40.0m，型宽 8.0m，型深 3.6m，吃水 2.60m，航速 13.8kn，乘员 19 人，续航力 1380n mile，如图 2-44 所示。

图 2-44 广东海事局建造测量船

（2）灯船　灯船是指设有航标灯、信标架和旗杆等导航设备的船舶。灯船通常无自航能力，也不设船员，大型灯船上可设有少量管理人员。灯船上安装有灯台，悬挂必要的信号标志，并备有无线电通信设备、雾号及工作艇等，由补给船定期运送给养。常设置在浅滩等难以设置固定灯标的重要航道上，灯台夜晚能定时闪光。灯船如图 2-45 所示。

（3）航标船　航标船是指在港口、航道或海域中设置和维护航标、灯塔、灯船等航行标志的船舶。船的首部设有货舱，甲板宽敞，用来储放大型航标。按作业区域，可分为沿岸航标船和江河航标船。通常灯船满载排水量 100～2000t，航速 10～15kn，续航力 500～4000 n mile，自持力 8～50 昼夜。这种船舶首装有侧推装置和主动舵，具有良好的操纵性、适航性和稳性。

广东海事局的"海标 32"为近海大型航标作业船，船上安装有各种先进的船舶监控、导航和定位设备。一次可装载直径为2.4m的灯浮6套，日施工能力最大可达18套。船总长72.15m，型宽12m，吃水4m，排水量1800t，航速14kn，总功率1920kW，如图2-46所示。

图2-45 灯船

图2-46 "海标32"航标船

3. 破冰船

破冰船是指在冬季专门用来破碎冰层，为船舶航行开辟航道的船舶。破冰船的外形与拖船相似，船型短而宽，船首端在水线以下呈倾斜状，吃水较深、操纵灵活。船体结构强度高，水线面附近的外板特别厚。它的破冰层方法通常采用调节船内前后、左右水舱的水位，以增加船头及两舷的压重，使冰层挤压破碎。破冰过程：向船尾水舱注满水并使船头上翘→船全速冲向冰层并使船头压于冰上→用水泵将船尾水舱的水抽向船首水舱，使船头下压将冰压碎→调节左右两舷水舱内的水位，使船左右摇摆而将船旁的冰层挤压破碎→倒车驶离冰层，并将首舱之水抽回尾舱。重复上述过程，反复操作就能开辟出一条航道。破冰过程如图2-47所示。

图2-47 破冰过程示意图

图2-48 3000t自航打捞起重船

4. 打捞船

打捞船是指清除航道中的沉船或其他物体，以保证航道的畅通及航行安全的船舶。船上通常配备有潜水、电焊、切割、加工机床、水泵、空压机、拖绞、起重等设备。目前通常采用浮筒打捞法，其原理是采用橡皮浮筒或钢制浮筒，将其排气充水后沉入水底，潜水员用钢丝绳绑在沉船的两舷上，然后对浮筒充气排水，依靠浮筒的浮力将沉船抬出水面。该方法产生的水浮力大而可靠，施工方便、安全。这种打捞船还可以应用在桥梁和水坝等水下工程建设中。

2009年，上海打捞局3000t自航打捞起重船"威力"轮顺利下水。该船总长141m，垂线间长137.6m，型宽40m，型深12.8m，满载排水量26000t，适应无限航区，最大航速12kn，船上配备3000t吊机（回转起重能力2600t），如图2-48所示。

三、专业工程船

专业工程船是指从事起重、修理、打桩、敷管、打捞及救助等专业性较强的工程船。

1. 起重船

起重船是指专门用于水域作业起吊重物的工程船，亦称浮式起重机。作业频繁的起重船通常为自航式,安装有旋转式起重机,吊杆也可变幅,但此时起吊重量要相对较小。非自航式起重船多用于大型重件物的起吊,起重机是固定的,多用于起吊水上工程的大型构件。当吊特大物件时,可用两个起重船合并作业。

2009年,由乳山市造船有限责任公司建造的"三航风范"号下水。该船总长96m,型宽40.5m,型深7.8m,设计吃水4.3m,载重量2×1200t,最大起吊高度为120m,如图2-49所示。

图2-49 起重船"三航风范"号

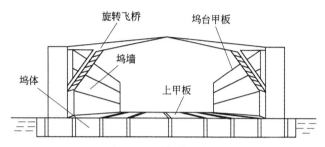

图2-50 浮船坞示意图

2. 浮船坞

浮船坞是指能在一定水域中沉浮和移动,用于修、造船的工程船舶,亦称浮坞。它具有机动性好和初始投资少的优点。浮船坞本身没有自航能力,其甲板平直,上面固定着许多方墩木,用来搁放被修船舶,甲板下部都是水舱和压载舱,并通过强力的泵站调节坞的沉浮。船舶进坞时,先将水灌入坞内水舱,当坞下沉到一定深度后,可用绞车等将待修船舶拖进坞内就位,再用压缩空气将水舱内的水排出,浮船坞就会抬着待修船舶一起上浮。浮船坞示意图如图2-50所示。

3. 修理船

修理船是指专门为各种舰船及其装备进行维护和修理的工程船舶,实际上就是水上修船厂。按其工作任务,可分为综合修理船和专业修理船。通常和浮船坞配套作业,这样可以使被修船舶浮出水面。船上布置以修理作业的需要为主要原则,船的前半部为生活区,后半部为作业区,机舱位于船中部。

1989年,由渤海造船厂完成建造的修理船,排水量2000t,长84m,宽12.4m,功率3700马力,航速15kn,最大航程2000n mile,如图2-51所示。

4. 打桩船

打桩船是指用于水上打桩作业的工程船。船体为钢质箱型结构,在甲板的端部装有打桩架,可前俯后仰以适应施打斜桩的需要。打桩船为非自航船。打桩船广泛应用于水运、水利工程施工中。打桩船设有高大的桩架,通常设在首部。打桩时桩架作为桩的导轨,重锤也沿桩架升落。

打桩船按桩架结构可分为固定式和回转式。前者只能在首部进行打桩作业;后者既可以在首部进行打桩作业,又可以在首部的左右两舷进行打桩作业。

2003年,由杭州东风船厂完成船体建造的"宁波海力801"号打桩船,成为当时世界上最先进的600t全回转、架高95m的起重打桩船,如图2-52所示。船长80m,宽30m,型深6m,吃水2.8m,作业水深大于4m,桩架高度95m,总吨位8000t。船上配置了专门设计的GPS定位系统。建成后立即投入杭州湾大桥的建设,并在其中发挥了重要作用。

5. 海底敷管船

海底敷管船是指专门用于敷设海底管道的船舶。海底输油管道等可以靠敷管船来敷设。

图 2-51 修理船

图 2-52 "宁波海力 801" 号打桩船

根据不同的敷管方法,敷管船有漂浮式敷管船、卷筒式敷管船、垂直式敷管船、托管架式敷管船、半潜式大型起重敷管船等几种形式,如图 2-53 所示。敷管船尾部一般做成倾斜滑道,配以托管架,以改善管子下水时的受力状况。半潜式大型起重敷管船排水量大,船尾几乎潜入水中,适合敷高大口径,且长度达 24m 的管子。敷管时,船一般以 2kn 左右的航速按预定线路航行,通常装备有低速推进装置、卫星导航系统等。

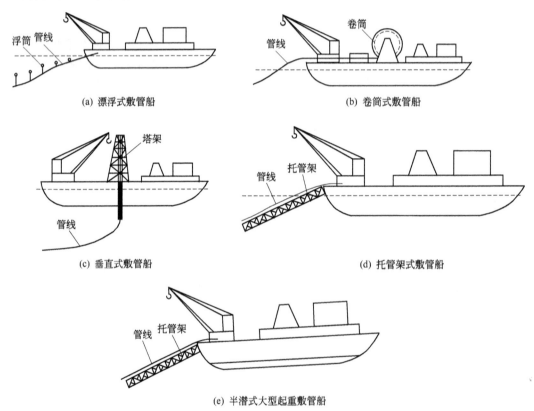

图 2-53 各种形式的敷管船

6. 海底布缆船

海底布缆船是指专门用于敷设海底电缆及光缆的工程船。按排水量的大小,可分为小型海底布缆船和大型海底布缆船,分别用于在沿岸水深 50m 以内和大洋上作业。海底布缆船的机舱一般位于尾部,中部为大型电缆舱,并设有大型压载水舱,在电缆敷设后作压载用。在首甲板设有鼓轮布缆机,供修理电缆时捞缆用。甲板设有导缆槽、大滑轮及吊架;中部甲板上设有履带式布缆机供布缆用。船上还设有潜水设备、加压舱设备、电缆测试室及各种仪器仪表室。

海底布缆船的操纵性和定位精度高。布缆时，船舶必须根据测力计所显示的电缆张力大小来调节船的航速，通常为4～6kn。埋设犁是一把对称的呈一定角度的多刀犁，用于浅海海底开沟。它能在海底拖曳，犁出深0.7～1.0m的沟道，用来埋设电缆。海底电缆布设过程如图2-54所示。

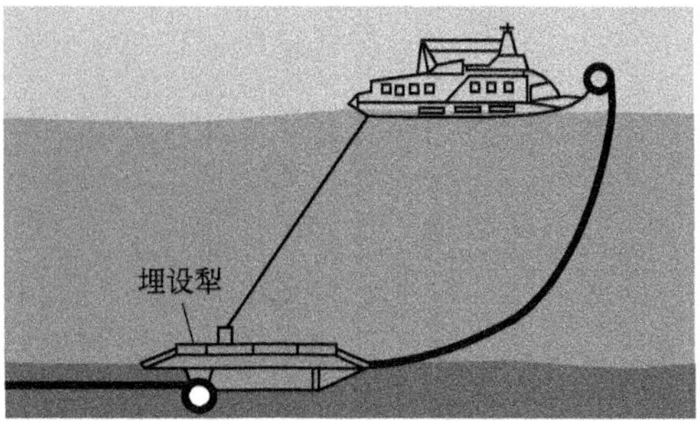

7. 打捞船

图2-54 海底电缆布设示意图

打捞船是用来打捞水下沉船、沉物及水面漂浮物的船。它具有吃力浅、航速快、耐波性良好、定位准确的特点，分为内河打捞船和海洋打捞船。前者吨位较小，后者吨位较大、装备完善。按打捞方式不同，打捞船可以分为以下几种。

（1）浮筒式　利用浮筒的浮力即可将沉船浮起。

（2）起吊式　用几根钢索横过船底，绑住船体，利用浮吊将沉船吊起。

（3）充塑式　在沉船的浸水舱内注入发泡塑料，沉船即可浮起。

（4）金属筒式　将特制的金属筒放在沉船的上方，点燃引信后，金属筒和沉船接触部分的助熔材料可使圆筒与沉船表面焊接起来，然后用提升装置将金属筒与沉船一起提升到水面。

通常，打捞船都有潜水设备，有时也配有专用潜水工作船。

1975年，江南造船厂建造的J121远洋打捞救生船下水。该船总长156.2m，型宽20.6m，型深11.5m，航速20kn，排水量10231.08t，如图2-55所示。船上有大型舰载直升机系统、深、潜、救生艇及常规潜水系统等，对洲际导弹残骸、宇宙飞船、航天员等实施水面打捞及援救等。

图2-55　J121远洋打捞救生船

8. 救助拖船

救助拖船是指用于救助、拖带因触礁搁浅、战斗损伤或失去机动能力等遇险船舶的专业工程船。它须具有大功率的拖曳能力和可靠拖带设备，抗风能力强，具有良好的稳性和耐波性，保证在恶劣的气象下能出航抢救。可分为近岸救助拖船、近海救助拖船、远洋救助拖船。

2007年，由广州中船黄埔造船有限公司建造的"南海救101"远洋专业救助船下水，如图2-56所示。该船是此前建造的救助船舶系列中尺度最大、功率最大、航速最快、抗风能力最强、装备最先进、救助功能最齐全的，设有直升机平台。船长109.70m，型宽16.20m，最大功率为14000kW，满载排水量6256.764t，最大航速为22kn，自持力30天，续航力10000n mile，航行于无限航区。

图 2-56 "南海救 101" 远洋专业救助船

第五节 港务工作船

港务工作船是指为港口业务服务的专业工作船，包括引航船、交通船、供应船、消防船、港作拖船等。

1. 引航船

引航船是指接送港口引航员上、下入港船舶，并引导其安全进出港口的工作船，一般为小型交通艇，装有特殊的灯光信号，以引起来船的注意。通常外国船舶进出港口时，由引航员登上外轮并指挥其安全进出港。所有进入他国领海和港口的外国船舶，都必须在其船桅上升起该国国旗，并接受检查和听从引航员的指挥，这是国际惯例。

2009 年，天津港引进的由英国设计制造的"津港引航 2"号轮到港，如图 2-57 所示。船舶总长 19.65m，宽 5.25m，吃水 1.5m。该船具有速度快、安全性高、节能环保等特点。

图 2-57 引航船"津港引航 2"号

图 2-58 交通船"新世纪一号"

2. 交通船

交通船是指用于港口水域内接送港务人员等登陆或登船的小型工作船。许多船舶到港后不一定都停靠码头占用泊位，船舶离岸有一定距离，人员的上下船由交通船完成运送。

2002 年，由广州黄埔造船厂完成建造的小水线面双体油田交通船"新世纪一号"如图 2-58 所示，用作渤海湾水域海上油田员工上、下平台倒班用的交通船。该船排水量 439.64t，总长 39.78m，型宽 15m，型深 6.6m，设计吃水 3.8m，最大航速 18kn，续航力 500n mile，航区为近海海域，可载员 106 人。

3. 供应船

供应船是指为到港船舶、海上平台、海岛、灯塔等提供物资器材补给的工作船。按提供物资不同分为供水船、供油船、供煤船、食品供应船及海洋平台供应船等。海洋平台供应船有较长的首楼，尾部有大面积敞开的载重甲板，扁平的船尾用来装载物资、器材和供应品，其长度超过船长的 50%。

2000 年，由金陵船厂建造的 6000 马力多功能平台供应船完成下水，如图 2-59 所示。船舶总长 78m，型宽 18m，型深 7.4t，航速 14kn，载重量 3348t。本船作为海洋石油平台供应船，航行于无限航区。

图 2-59　6000 马力多功能平台供应船

图 2-60　600t 消防船

4. 消防船

消防船是用来对港内船舶、营运船舶、码头、油田和水上建筑物等提供灭火救助的专业工作船，分为专用消防船和多用消防船。在消防船的机舱内安装有大排量高压离心水泵，在桅杆顶部设有高压水枪，驾驶室顶及舱面上设多个喷淋水枪，还有针对油船的泡沫灭火舱。消防船的船身漆成红色。对消防船要求操纵性好、主机功率大、抗风浪性好。多用消防船兼作拖带、浮油回收和清扫港口垃圾用，须分别增设不同设备。该型船经济效益高，应用较多。

1997 年，由东海船厂完成建造的 600t 消防船如图 2-60 所示，总长 43.7m，型宽 9.6m，型深 4.5m，航速 14.5kn，排水量 610t。主要用途为对沿海及内港 50000t 以下游船和码头及其他设施进行消防施救。

5. 港作拖船

图 2-61　厦港拖七号拖船

港作拖船是指用于在港湾内拖带其他船只或浮动建筑物的工作船。其船身较小，而功率较大，便于机动灵活地进行作业。

2006 年，由镇江造船厂建造的厦港拖七号拖船下水，如图 2-61 所示。它是一艘消拖两用全回转拖船，主机功率 4000 马力，设计航速 13.5kn，拖力 57t。

第六节　特 种 船 舶

特种船舶是指相对于通用船舶而言，在船型、航速、材料、结构、动力、航行方式等方面有显著不同的船舶。特种船舶包括有水翼船、气垫船、地效翼船、双体船、潜水器、超导电磁推进船、绿色能源船等。

1. 水翼船

水翼船是一种高速船。船身底部装有支架和水翼，当船的速度逐渐增加，水翼提供的浮力会把船身抬离水面以降低水阻,从而大大增加航行速度。它具有航速高、耐波性好的特点。其结构如图 2-62 所示。

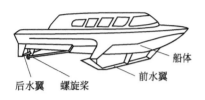

图 2-62 水翼船结构图

图 2-63 "远舟一型"水翼船

按水翼数量分两种:装有前后两组水翼的称为双水翼船,只装前水翼的称为单水翼船。

按水翼与水面相对位置分三种:全浸式水翼船、割划式水翼船和混合式水翼船。全浸式水翼船又有浅浸式和深浸式之分。

航行稳定性:深浸式水翼船最优,能在恶劣海况下航行;割划式水翼船次之,适合在沿海水域使用;浅浸式水翼船较差,仅适合于风浪较小的内河等;混合式水翼船中间采用全浸式,两侧采用割划式,集两者优点,有较大适用范围。

水翼船诞生于 1910 年前后,1950 年起美国、意大利、苏联先后建成了千余艘客运及海军的水翼舰船。我国从 1960 年开始成批建造单水翼鱼雷艇。

1996 年,由上海新南船舶有限公司建造的"远舟一型"水翼船如图 2-63 所示。该船排水量 43t,载客 108 位,航速 77~80km/h,用于长江干线高速客运。

2. 气垫船

气垫船是利用垫升风扇将空气注入船底,与支撑水(地)面之间形成空气垫,使船体全部或大部分脱出水面(全部拖出地面)而腾空高速航行的高性能船,诞生于 20 世纪 50 年代末。气垫船的航速较高,一般为 30~80kn,军用的可达 90~100kn。

按气垫封闭装置的类型,分为全垫升式气垫船和侧壁式气垫船。前者在船底四周安装有柔性围裙,航行时船体完全离开支撑面,大多用燃气轮机来驱动空气螺旋桨,用空气舵控制方向,不但能在水面航行,也可在平坦地面和沼泽中行驶,并具有良好的快速性。后者两舷为刚性侧壁,首尾是柔性围裙,船体除刚性侧壁外,航行时船体大部分脱离水面,由水螺旋桨或喷水推进,利于大型化,但只能在水面上航行。

气垫船已得到广泛应用,如气垫登陆艇、气垫巡逻艇、气垫高速客船、浅海油田气垫交通艇等。

1994 年,由广东新会航通高速船公司建造完成了 HT-903"慈平"号全垫升气垫船,如图 2-64 所示。该船总重 55t,航速 80km/h,载客 108 人,在杭州湾上海至慈溪航线上营运。它可以在沼泽、河滩、深水、浅水、冰面上航行。

为获得高航速,气垫船船底需用高压空气来支撑起船身,故高压空气流失量很大,会消耗许多能量。如果不追求高航速,可以采用垫气船。垫气船底部设有多个相互间隔的凹格气室,鼓风机对其进行充气,因为不需要托起船体,故功率很小。船有一定的吃水,空气泄漏很少,如此大大降低了船舶湿表面积,可以减少水阻力 30%~40%,能够节省大量燃料等能源。垫气船结构原理如图 2-65 所示。

3. 地效翼船

地效翼船(亦称地效飞机)是利用机翼型船身的表面效应所产生的气动升力来支持船重并贴近水面高速航行的船舶。

图 2-64 "慈平"号气垫船

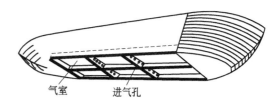

图 2-65 垫气船结构原理图

按其地效原理,分为动力增升型地效翼船和动力气垫型地效翼船。前者利用航行时的地效升力使船飞离水面,可短时爬升到地效区域外飞行,适合掠海凌波航行,但起飞所需功率较大,后者利用前置发动机的偏转尾流向翼下的封闭区喷流而形成动力气垫,即使船静止,也能靠气垫托离水面,在正常巡航时,其运载效率略高,但只能贴近水面航行,机动性和耐波性较差。

1998 年,由江南造船(集团)有限责任公司完成建造的"天鹅"号地效翼船如图 2-66 所示。该船总长 19.04m,型宽 13.4m,型深 5.2m,最大起飞重量 7.5t,航速 130kn,载客 15~20 人。其显著特点是具有良好的两栖性,既能从陆上垫升下水,也能从水中垫升登陆。地效翼船具有快速、隐蔽、机动、平稳等特点,可广泛应用于军事。

图 2-66 "天鹅"号地效翼船

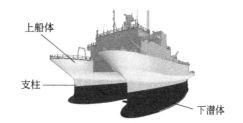

图 2-67 小水线面双体船示意图

4. 双体船

双体船是指把两个尺度相同的船体并列连成一体的船舶。它有两个船首和船尾,在船体内各置一部主机,尾端各装一个螺旋桨,航行时同时运转。双体船具有水动力性能指标高、兴波阻力小、易于加速、稳性和操纵性好、甲板面积宽敞等优点,通常内河船使用较多,双体船渡轮都可达到 40kn 以上的高速。

双体船可以分为普通双体船、小水线面双体船、半潜双体船、穿浪型双体船、水翼双体船、气垫双体船等。其中小水线面双体船耐波性特别优越,应用广泛。

小水线面双体船的浮力由两个类似水雷形状、全浸在水中的船身提供。水线正好在连接全浸船身跟水上船体的支架部分,它的水线面面积仅相当于同排水量常规单体船的 1/4 左右,因接触水面积小,故船较少受风浪影响。小水线面双体船结构示意图如图 2-67 所示。

2009 年,由武昌船舶重工有限责任公司建造完成"北调990"穿浪双体试验船,如图 2-68 所示。该船总长 60m,型宽 18m,型深 5.9m,中间悬空 11m,最大航速 38kn,续航力 1000n mile,采用全铝合金材料建造,可广泛用于水上客运、交通作业、海洋监测、安全救助等。

利用三个或三个以上保持一定间距的瘦形船体,通过上部的强力构架连成一体,可以构成三体船或者多体船。其主要优点：中高速阻力性能更小，全船具有隐身性和较高的生存能力。

图 2-68　"北调 990"穿浪双体试验船　　　　图 2-69　中国 7000m 载人潜水器

5. 潜水器

潜水器是指具有水下观察和作业能力的潜水装置，用来执行水底考察、勘探、打捞、救生等任务。潜水器最大航速通常为 2～4kn，最深下潜深度超过 10000m。潜水器分载人潜水器和无人潜水器。

载人潜水器有系缆式、浮力舱式和自由自航式。目前大多数载人潜水器属于自由自航式潜水器，它自带能源，在水面和水下有多个自由度的机动能力。载人潜水器有人员直接操纵控制，能迅速判定水下情况，多用于援救失事潜艇艇员等复杂的水下作业任务。

无人潜水器是通过母船上的遥控装置控制运行的潜水器，分为有缆和无缆两种形式；装有动力、控制、观察、探测、摄像设备、深海探照灯、水下机械手等装置；水下停留时间长，机动性大，多用于水下探测和寻找、打捞沉物等。

2007 年，中国 7000m 载人潜水器完成 7000m 载人深潜试验，如图 2-69 所示。潜水器长 8m，高 3.4m，宽 3m，用特殊的钛合金材料制成，在 7000m 的深海能承受 710t 的重量。

6. 超导电磁推进船

超导电磁推进船是指利用电磁线圈作用于海水形成喷射推进的船舶。其动力装置采用了超导技术，亦称超导动力船。电磁推进的基本原理示意图如图 2-70 所示。

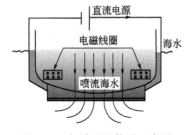 

图 2-70　超导电磁推进示意图　　　　图 2-71　日本"大和 1 号"电磁推进船

超导电磁推进装置具有传动方式简单、没有机械振动、推力大、速度快、效率高等优点。从理论上讲，这种推进装置可以做到寂静无声，这对致力于提高隐身性能的潜艇来说，无疑具有极大的吸引力。超导电磁推进可使船舶获得 100kn 以上的航速。

1991 年，由日本三菱重工建造的世界上第一艘利用超导磁流体动力推进装置的水面试验船"大和 1 号"，在神户船厂举行了隆重的下水仪式，如图 2-71 所示。该船长 30m，宽 10m，高 2.5m，航速 8kn，排水量 150t。

7. 绿色能源船

绿色能源船是指以太阳能、风能等可再生能源作动力的船舶，因此能够节省大量燃料，能够大大降低船舶运营成本,并保护环境。绿色能源船有太阳能动力船、风能动力船、复合动力船等。

(1) 太阳能动力船　太阳能动力船是利用太阳能电池板吸收阳光,产生光电效应,将光能转化为电流并汇流存储在蓄电池中,蓄电池驱动电动机带动螺旋桨使船运行。新型风能动力船是利用计算机控制的风帆,将风能转换成前进动力的船舶,它比传统帆船能够获得更高的航速和稳定性。无论是太阳能动力船还是新型风能动力船,在阳光不足或者风力较弱时,都不能获得充足的动力保证船舶航行,因此,通常将太阳能动力、新型风能动力等与传统的内燃机动力等组合在一起,构成复合动力船,以保证在绿色能源动力不足的情况下,船舶还能继续航行。

2010年,由德国北部城市基尔的一处造船厂里建造的"星球太阳能号"双体船如图2-72所示。该船长31m,宽15m,航速15kn,排水量60t,载客50人。船的上方铺满了500m^2的太阳能板,围绕着中间凸起的驾驶舱,航行时很"宁静和干净"。

(2) 风能动力船　风能动力船是指用计算机控制帆的姿态,以获得最大风能动力的新型帆船。新型远洋帆船升降帆由计算机进行控制,可以在几秒内卷起或展开,实现无人操纵,大大减轻船员的劳动强度。利用风能作为动力,可以节省大量燃料。

图2-72　"星球太阳能号"双体船

1980年,日本建造的风帆船"新爱德丸"号下水试航,如图2-73所示。船长66m,载重量1600t,帆的总面积为195m^2,柴油机功率1176kW,主机和风帆配合使用航速可达13kn。风帆的扬卷和方向的转变完全由计算机控制,能够综合考虑航向、风向和风力的关系,自动选择最有利的帆面受风角度,最佳利用风能,可降低燃料消耗50%。

图2-73　新型帆船"新爱德丸"号油船

图2-74　风筝动力船"白鲸天帆"号

2008年,世界上第一艘由巨型风筝提供辅助动力的商船"白鲸天帆"号起锚离港,如图2-74所示。航程的起点是德国不来梅港,终点为委内瑞拉。这套风筝系统的设计者为德国汉堡的天帆公司。"白鲸天帆"号排水量超过10000t,它的风筝面积160m^2,使用时将升至离船300m处。借助风力,商船可以节省10%~20%的燃料,并且可以显著降低CO_2的排放。

(3) 复合动力船　复合动力船是指船舶同时具备两种或两种以上动力源(包括燃料动力、太阳能动力、风能动力等)的船舶。其原理示意图如图2-75所示。

2000年,世界上第一艘商用太阳能/风能复合动力双体船SolarSailor在澳洲雪梨港下水营运,如图2-76所示。SolarSailor造价130万美元,可载运乘客120人,船员2~10人,航速 7.5kn。SolarSailor 为世界上首艘以风力和太阳能为动力的旅客船，是澳大利亚一位临床医生罗伯特·戴恩博士设计的。

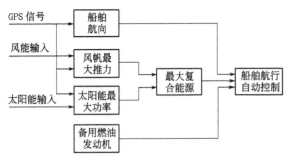

图 2-75　复合动力船原理示意图

图 2-76　复合动力双体船 Solar Sailor

该船船体是一个能采集太阳能和风能的结构，有两用集能翼板，安装在枢轴基座上，可做多向移动和角度变换。翼板面积可以 100% 地受风，也可以平稳地合起来不受风，以确保船的安全。通过光电池能够将太阳能转换为直流电能，传输到蓄电池，用来驱动推进电机，并可作为夜间航行时的辅助动力。船上的计算机可以调节使用不同的能源。计算机监控太阳的方向、风力的大小，并且调节太阳能板向阳的最佳角度，将太阳能吸收的总量增加 40%。如果出现阴天或风力不大的情况，计算机至少可以让太阳能蓄电池运转发动机 5 个小时。且当以上三种能源都无法使用时，可以启动燃油发电机以保证船舶应急航行。

船体和上层建筑为 GRP 复合材料，具有重量轻、噪声低、航程无限制、运营成本低、无污染等诸多优点。它适用于做渡船、小型客船，尤以旅游观光船艇最为理想。

第七节　军用船舶

军用船舶是指执行军事战斗任务和军事辅助任务的各类船舶，通常分为战斗舰艇和辅助舰船两大类。战斗舰艇包括航空母舰、巡洋舰、驱逐舰、护卫舰、猎潜艇、炮艇、鱼雷艇、导弹艇、登陆作战舰艇、布/扫雷舰艇、猎雷舰艇、潜艇等。辅助舰船包括补给舰、电子侦察船（舰）、航天测量船、消磁船、潜艇救生船等。对于水面舰艇而言，通常称排水量 500t 以上的为舰，500t 以下的为艇。

军用船舶要求坚固，有足够的结构强度，为增强防护能力，有的船上外壳有装甲或在要害部位有装甲。军舰对抗沉性要求高，同时还要求有较大的机动性和自给能力，采用大功率的动力装置，并设专门舱存放燃料、淡水、弹药和各种备品。

1. 航空母舰

航空母舰是一种以舰载机为主要作战武器的大型水面舰艇，是海军的水面战斗舰艇中最大的舰种。航空母舰一般总是一支航空母舰舰队中的核心舰船，舰队中的其他船只为其提供保护和供给。航空母舰装载的舰载机有战斗机、轰炸机、攻击机、侦察机、预警机、反潜机、电子战机等，能够在数百千米以外对敌方目标展开突袭，其作战半径超过 1000km。航空母舰上装备的自卫武器有火炮、导弹等。

按航空母舰所担负的任务分为攻击航空母舰、反潜航空母舰、护航航空母舰和多用途航空母舰。攻击型航空母舰主要载有战斗机和攻击机；反潜航空母舰载有反潜直升机；多用途航空母舰既载有直升机，又载有战斗机和攻击机。

按航空母舰动力装置可分为核动力航空母舰和常规动力航空母舰。核动力航空母舰以核反应堆为动力装置；常规动力航空母舰以蒸汽轮机或燃气轮机为动力装置。核动力航空母舰战斗力强大，无需空气助燃，不排放废气，无烟囱，更换一次核燃料可以连续工作80～100万小时，续航力巨大。但是，核动力航空母舰一次性投资大、造价高。

航空母舰上的飞机起飞跑道长度有限，须在飞行甲板首部装有蒸汽弹射器，在2秒内可使飞机加速到足以起飞的速度。蒸汽弹射器工作原理如图2-77所示。此外，舰载飞机还有斜板滑跳起飞和垂直起降方式，如图2-78所示。限于斜角甲板长度也有限，飞机着舰时要在斜角甲板后部装有阻拦索、阻拦网等，以保证飞机安全着舰和停止。平时飞机停放在飞行甲板下的机库里，使用时依靠升降机把飞机从机库运升至飞行甲板上的待机区。随着短距舰载飞机及电磁弹射器的发展，它可免去蒸汽弹射器和阻拦装置，结构上可以更加简化，排水量亦可减小许多，造价也会较低。

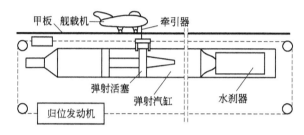

图2-77 舰载飞机蒸汽弹射器原理图　　　　图2-78 舰载飞机斜板滑跳起飞

航空母舰的排水量一般为10000～80000t，超级航空母舰超过100000t，航速为20～35kn，主机功率达200000～230000kW。

1992年，建造完成的美国最大的"尼米兹"级核动力航母"乔治-华盛顿"号开始服役，如图2-79所示。舰长335.6m，宽77.4m，吃水11.9m，最大航速35kn，满载排水量97000t，乘员人数逾5500人，舰载航空汽油9000t，动力装置为2座A4W核反应堆和4台蒸汽轮机，推进功率209000kW。其武器装备有3座8联装"海麻雀"舰对空导弹发射装置、4座"密集阵"近战武器系统、SPS-49对空搜索雷达、F/A-18"大黄蜂"战斗/攻击机、EA-6B"徘徊者"电子战飞机、E-2C"鹰眼"预警机、S-3B"海盗"反潜飞机、SH-60F/HH-60H反潜直升机、蒸汽弹射器4台。

2. 巡洋舰

巡洋舰是指适于远洋作战的大型水面战舰。它航速高、续航力大、耐波性好、火力强大，具有较强的独立作战能力和指挥职能，可单独执行任务。巡洋舰在航空母舰编队时用作护卫兵力，在与驱逐舰协同作战中用作旗舰。现代巡洋舰安装有舰对舰、舰对空、反潜导弹和各种先进的电子设备，舰尾通常还带有1～2架直升机，同时装有火炮、鱼雷和反潜火箭等，拥有同时对付多个作战目标的能力。巡洋舰不仅具备自身的防御能力，还具备舰队的防御能力，可执行海上攻防、破交、护航、掩护登陆、对岸炮击、防空、反潜、警戒、巡逻等任务。动力装置多采用蒸汽轮机，少数采用核动力装置。巡洋舰的装甲通常能经受住同级别敌舰主炮的攻击，且在舰上划分若干个隔水舱来防御敌舰的鱼雷攻击。现代巡洋舰在舰桥和弹药库等重要部位设置装甲来保护。

巡洋舰根据其排水量大小和武备强弱有重型巡洋舰和轻型巡洋舰之分。按装备的主要武器和推进方式可分为导弹巡洋舰、直升机巡洋舰、核动力巡洋舰和常规动力巡洋舰等。

随着海军航空兵的崛起，巡洋舰的地位日渐衰落。在现代战争中巡洋舰实际上已经几乎消失了，其作用完全被驱逐舰代替。

图 2-79　核动力航母"乔治-华盛顿"号　　　图 2-80　俄罗斯"彼得大帝"号巡洋舰

巡洋舰的排水量通常为 8000～20000t，航速为 30～35kn。动力装置一般采用燃气轮机、柴油机、核动力装置等。

1986 年在俄罗斯波罗的海造船厂开工，直到 1998 年建成服役的"彼得大帝"号重型核动力导弹巡洋舰，如 2-80 所示。该舰全长 252m，宽 28.5m，满载排水量 24300t，编制 727 人，采用的是两座核反应堆和两座燃油锅炉的混合式动力系统。两台核动力装置的总功率达 58800kW，两台蒸汽动力装置的总功率是 29400kW。全部动力装置共可发出 88200kW 的功率，能使该舰以 30kn 的速度航行。配有完善的指挥、控制、通信系统，防空武器从点防御到区域防空组成了多层火力重叠的拦击火力网，射程 8～100km，射高 10～27.4km。远程超音速反舰导弹最大射程 500km，可携带核弹头，并可进行超视距对舰攻击，舰上最多可搭载 3 架直升机。

3. 驱逐舰

驱逐舰是一种装备有对空、对海、对潜等多种武器，具有多种作战能力的中型水面舰艇。它以导弹、鱼雷、舰炮等为主要武器，具有较强的海上作战能力，航速较高，耐波性好，能执行防空、反潜、反舰、对地攻击、护航、侦察、巡逻、警戒、布雷、火力支援以及攻击岸上目标等作战任务。根据其担负任务的不同，可以分为导弹驱逐舰、反潜驱逐舰、防空驱逐舰等。

驱逐舰上载有反潜直升机，可将吊放式声呐浮标投入水中，可借此扩大搜索潜艇的范围；直升机上配备的反潜自导鱼雷和深水炸弹，可直接实施对潜攻击；配备的空对舰导弹，可以攻击水面舰船。此外，直升机还可用来执行海上救援、人员运输和物资补给等任务。驱逐舰已成为在现代海战中的重要武器装备。

驱逐舰的动力装置经历了蒸汽轮机、柴油机-燃气轮机联合动力装置、汽轮机-燃气轮机联合动力装置、全燃气轮机动力装置及核动力装置的发展历程。全燃气轮机具有体积小、重量轻、启动快、加速快、结构简单、易于自动化等优点，驱逐舰大多采用全燃气轮机动力装置。

驱逐舰的排水量为 2000～10000t，航速为 30～38kn。

1971 年，由中国旅大某船厂完成建造的"旅大"级导弹驱逐舰如图 2-81 所示。该舰长 132m，宽 12.8m，吃水 4.6m，满载排水量 3270t，航速 32kn，3000n mile。舰上配备了 2 座三联装旋回式"海鹰"导弹发射装置、2 座双管 130mm 舰炮、2 座双联 57mm 高炮、4 座双管 25mm 机关炮、2 架 Z-9 反潜直升机等，采用两套独立的汽轮机推进装置。

4. 护卫舰

护卫舰是指以中小口径舰炮、导弹、鱼雷、水雷、深水炸弹等为主要武器的轻型水面战斗舰艇。护卫舰武备较弱、续航力小，但具有轻快、机动性好、造价低的特点，可作为航空

图 2-81 中国"旅大"级导弹驱逐舰

图 2-82 英国"公爵"级护卫舰

母舰混合舰队、登陆作战编队或运输船队的护卫舰,担负对空、对海和反潜中的一个方面或多个方面的战斗任务。

舰上配备有舰对舰导弹、舰对空导弹、火炮、反潜鱼雷、深水炸弹等,有的还配备有反潜直升机。护卫舰可分为防空护卫舰和反潜护卫舰。因现在多以导弹为主,故亦称导弹护卫舰。

其排水量一般为 1000~3000t,航速为 25~30kn。其动力装置有中速柴油机者、汽轮机、燃气轮机、柴油机-燃气轮机联合动力装置等。

1990 年,英国"公爵"级护卫舰列编服役,如图 2-82 所示。该舰长度为 133m,宽度为 15m,吃水深度为 4.5m,航速 30kn,满载排水量 3800t,总功率为 50000kW,续航力 7000n mile,舰员 177 人。它拥有垂直发射方式的"海狼"舰对空导弹系统 2 座、垂直发射方式的"捕鲸叉"舰对舰导弹系统 2 座、三联装自导反潜鱼雷发射装置 2 座、大型"海王"反潜直升机 1 架、对海对空两用 114mm 舰炮 1 座、20mm 速射舰炮 2 座。它拥有先进的指挥系统和"UAF1"电子侦察系统,并且使用了电力推进和燃气轮机推进联合动力方式,居当时世界一流。

5. 猎潜艇

猎潜艇是指以反潜武器为主要装备的小型水面战斗舰艇。现代猎潜艇上安装有性能良好的声呐、雷达、反潜鱼雷、深水炸弹、舰炮、电子对抗系统、指挥自动化系统、舰空导弹等,用于潜艇搜索和攻击、巡逻和警戒、护航和布雷等。猎潜艇航速较高、机动灵活、搜索和攻击潜艇的能力较强,但适航性和续航力较差、防护力较弱,适于在近海以编队形式与潜艇作战。

猎潜艇的排水量为 100~900t,航速为 20~60kn,续航力 800~3000n mile。其动力装置通常采用中速或高速柴油机、燃气轮机等。

中国于 1965 年建成并装备部队的"037"型猎潜艇,满载排水量 392t,最大航速 30.5kn,采用柴油机动力装置,装备有 5 管火箭深水炸弹发射装置 4 座、大型深水炸弹发射炮 4 座、大型深水炸弹投掷架 2 座、双联装 57mm 舰炮、25mm 舰炮各 2 座,以及声呐、雷达和火控系统等,如图 2-83 所示。

6. 炮艇

炮艇是指以中小口径火炮为主,用于近海作战的小型高速水面战斗舰艇,也可担负近海海区巡逻、护航、护渔任务的军用船舶。炮艇的航速通常为 25~60kn,续航力通常在 1000n mile 以内。其动力装置多采用柴油机-燃气轮机联合动力装置。炮艇的耐波性良好,并广泛地安装了主动式防摇鳍。

图 2-83 "037"型猎潜艇　　　　　图 2-84 "阿斯特拉罕"号炮艇

2006年,圣彼得堡金刚石船舶制造公司完成建造的"阿斯特拉罕"号炮艇交付俄海军,如图 2-84 所示。艇长 62m,宽 9.6m,吃水深 2.04m。炮艇满载排水量为 520t,航速 28kn。艇首 1 门单装 100mm 舰炮,中部 2 座 AK-630 型近防火炮系统,其后为四联装 SA-16 舰空导弹,艇尾 1 门"冰雹"120mm 多管火箭炮。

7. 鱼雷艇

鱼雷艇是指以鱼雷为主要武器,用于近海作战的小型高速水面战斗舰艇,也可担负巡逻、警戒、反潜、布雷等其他任务,具有航速高、机动灵活、攻击威力大、隐蔽性好等特点。

鱼雷艇满载排水量通常在 300t 以下,航速 30~50kn,配有 2~6 个鱼雷发射管和 1~2 门中小口径火炮。

1974 年德国建造完成的"蜻蜓"级鱼雷艇如图 2-85 所示。艇长 19.6m,宽 4.5m,吃水 2m,排水量 32t。主机为 3 台柴油机,功率 2646kW,航速 40kn。武器装备有 2 个 533mm 鱼雷发射管和 2 门 25mm 火炮。

图 2-85 德国"蜻蜓"级鱼雷艇　　　　　图 2-86 前苏联"毒蜘蛛"级导弹艇

8. 导弹艇

导弹艇是以反舰导弹为主要武器,用于近海作战的小型高速水面战斗舰艇。导弹艇可对敌方的大、中型水面舰船实施导弹攻击,战斗力巨大,也可担负巡逻、警戒、反潜、布雷等任务。艇上装有巡航式舰对舰导弹 2~8 枚、20~76mm 舰炮 2 门,有的装备有舰对空导弹、鱼雷、水雷、深水炸弹、电子对抗和指挥控制自动化系统等。

现代导弹艇的排水量小型的在 100t 左右,中型的为 200~300t,大型的在 300t 以上,航速 30~60kn,水翼、气垫导弹艇达 50kn 以上,续航力在 2000n mile 以内。

"毒蜘蛛"级导弹艇是前苏联在 20 世纪 70 年代末开始服役的,如图 2-86 所示。艇长 56.1m,艇宽 11.5m,吃水 2.5m,满载排水量 540t,最高航速 40kn,续航力 1500n mile,自持力 14 天,艇员 34 人。其动力装置为柴油机-燃气轮机混合动力。配备的武备有 2 座双联 SS-N-22 "日炙"反舰导弹发射装置、1 座 SA-N-8 或 SA-N-5 防空导弹发射装置、1 座 76mm 舰炮、2 座六联 30mm 近防炮。

9. 登陆作战舰艇

登陆作战舰艇是指专门用于输送登陆兵、登陆工具、战斗车辆、武器装备和物资,实施由岸到岸、由舰到岸的登陆作战的舰艇,包括登陆舰艇、两栖攻击舰等。舰艇首部有大门和吊桥,尾部有大抓力尾锚。舰艇上大容量的压载水系统供登陆或航行中调整吃水之用,首吃水很小,以利于直接登陆。

登陆作战舰艇按其排水量的大小可细分为登陆艇和登陆舰。

登陆艇的排水量通常为 80~400t,长度为 20~40m,可装运 1~3 辆坦克或一个加强排的步兵,航速 10~13kn。其特点是尺度小、续航力小、耐波性差,适合在沿岸海区执行任务。

登陆舰的排水量在 600~10000t,长度为 60~130m,可装载 5~20 辆坦克或一个加强步兵连或营的兵力,速度 13~20kn。

登陆舰艇能直接在无码头的滩头搁滩登陆。两栖攻击舰不能搁滩登陆,是通过直升机、小型登陆艇、气垫船等作为换乘器具来实施登陆的。

两栖攻击舰是指使登陆兵从登陆舰甲板登上直升机,飞越敌方防御阵地,在其后降落并投入战斗的舰艇。其特点是能够避开敌反登陆作战的防御阵地,加快登陆速度。

1989 年,美国两栖攻击舰"黄蜂"号服役,如图 2-87 所示。舰长 257.25m,宽 42.7m,吃水 8.1m,满载排水量 40532t,航速 23kn,续航力 9500kn,编制 1077 人,2 台蒸汽轮机,功率 51500kW。装备 2 座八联装 MK25 "北约海麻雀"导弹、3 座 MK16 "密集阵"近距离武器系统。可载 30 架直升机和 6~8 架 AV-8B 或 20 架 AV-8B 和 4~8 架 SH-60B 飞机。该舰还设有一个拥有 600 张床位、6 个手术室的医院。

图 2-87 美国两栖攻击舰"黄蜂"号

图 2-88 瑞典"长尔斯克鲁纳"级布雷舰

10. 布雷舰艇

布雷舰艇是指以布设水雷为主要作战任务的舰艇。其主要任务是在基地、港口、航道、远洋、近洋等水域布设水雷,也可兼负各种训练、供应、支援及运输等任务。舰上还设有水雷调试室、引信储藏舱、雷库及起吊设备。为能精确布雷,要求布雷舰艇有精确的导航能力。

大型布雷舰的排水量为 1000~4000t 左右,航速为 16~20kn,配有中、小口径火炮,装载水雷 250~400 个。小型布雷艇的排水量在 200~1000t 左右,航速为 10~15kn,配有中、小口径火炮,装载水雷约 100 个。

1982 年,瑞典"长尔斯克鲁纳"级布雷舰开始服役,如图 2-88 所示。舰长 105.7m,满载排水量 3550t,最大航速 20kn,续航力 3600n mile,舰员 50 人。主要武器有 2 座 57mm 炮、2 座 40mm 炮,雷舱甲板上布设 6 条雷轨,装载 105 枚水雷。

11. 扫雷舰艇

扫雷舰艇是指利用切割雷索、炮击、物理参数诱导等方式来引爆水雷的舰艇，其宗旨是保证舰船的安全航行。扫雷舰艇还兼负巡逻、护航和火力支援等任务。扫雷舰艇装备有切割扫雷具、音响扫雷具和电磁扫雷具。这些扫雷具拖在舰艇后面，距舰艇一定距离时，割断雷的锚链或者模拟舰船噪声、磁场等的物理特性直接引爆水雷，浮出水面的雷可用舰炮引爆。扫雷舰艇尾部甲板空间宽敞，用于放置扫雷具，并安装有绞车和吊杆等设备。扫雷舰艇因事先不对水雷进行探测，有水雷漏排的情况，但排雷速度快。

扫雷舰艇进行扫雷时，因舰身先进入雷区，故要求其本身的磁场、噪声场等弱到水雷不能识别的程度。舰艇设计成小吃水，安装减摇装置，外壳足够厚，以降低舰艇触雷时的损失。扫雷舰艇的定位系统要求准确，以保证不致出现漏扫。扫雷舰艇一般扫雷速度为8～14kn，且采用可调螺距螺旋桨来满足正常航行和扫雷两个速度的要求。扫雷舰艇按排水量可分为以下四种类型。

(1) 大型扫雷舰　可扫除50～100m水深范围的水雷，排水量一般为700～1000t。

(2) 中型沿海扫雷舰　可扫除30～50m水深范围的水雷，排水量一般为200～600t。

(3) 小型港湾江河扫雷艇　可扫除浅水区和狭窄航道内的水雷，排水量小于30～200t。

(4) 艇具合一扫雷艇　艇本身即为扫雷具，适合港湾、江河等扫雷，排水量一般为100～200t。

1987年，美国"复仇者"级猎/扫雷舰开始服役，如图2-89所示。舰长68.3m，宽11.9m，吃水3.5m，满载排水量1313t，最大航速14kn，人员编制81人。动力装置采用4台柴油机，动力装置持续功率1760kW。舰上装有2挺12.7mm机枪。舰体采用多层木质结构，强度高、耐冲击。舰上的诸多设备和部件采用铝合金、铜等非磁性材料。舰上探雷设备较先进，灭扫雷系统较完善，导航系统精度高。

12. 猎雷舰艇

猎雷舰艇是指能够探测和发现水雷，并且利用猎雷具或潜水员对发现的水雷能够进行排除或引爆的舰艇。猎雷舰艇排雷漏排率低，但排雷速度慢。艇上装有高性能的猎雷声呐系统，一般由搜索声呐和鉴别声呐构成。搜索声呐搜索角度大，发现可疑目标时就使用鉴别声呐来确认是否有水雷，确认后通过自动定位系统确认位置并记录。

猎雷舰艇满载排水量通常为500～1300t，航速约15kn，猎雷航速约5kn。舰艇上通常有两套动力装置，一套用于航行，另一套用于猎雷。猎雷推进装置能使舰艇具有良好的低噪声、低速推进和精确定位的能力。

扫雷舰艇通常和猎雷舰艇合二为一，使得排雷能力大大增强。

1993年，美国"鹗"级猎雷舰开始服役，如图2-90所示。该舰全长57.3m，水线长53.1m，最大型宽11m，最大吃水2.8m，最大航速12kn，续航力1500n mile，采用AM型柴油机，功率853kW。配备有灭雷具、接触扫雷系统、指挥控制系统、导航系统等。

13. 潜艇

潜艇是指既能在水面航行，又能潜入水下航行的作战舰艇。它一般装有爆炸威力较大的鱼雷或导弹武器，是海军的主要舰种之一。其优点是隐蔽性好、机动性大、突击能力强、自持力和续航力强，主要用于攻击对敌方水面舰船和潜艇，对陆上战略目标实施常规或核打击，以摧毁敌方军事、政治、经济中心。

按作战使命，潜艇分为攻击潜艇与战略导弹潜艇，按动力分为常规动力潜艇与核潜艇。核潜艇可以实现在水下长期潜航、续航力几乎无限的目标。1985年，核潜艇创下了当时水

图 2-89　美国"复仇者"级猎/扫雷舰　　　　图 2-90　美国"鹗"级猎雷舰

下潜航时间 90 天 1 小时 07 分钟的世界纪录。

潜艇的艇体内部按用途和功能可分为指挥舱、鱼雷舱、导弹舱、柴油机舱、电机舱、蓄电池舱、核反应堆舱、蒸汽涡轮机舱、主压载水舱、燃油舱、淡水舱、调整水舱、纵倾平衡水舱等。

潜艇航行状态分为水面航行状态、半潜航行状态、潜望深度航行状态和工作深度航行状态。潜艇一般采用自流注水和压缩空气排水方法，使局部或全部主压载水舱实现注排水，从而实现航行状态的转换。潜艇通过一个垂直方向舵和首尾两对水平设置的升降舵来改变航行方向和航行深度，通过特设的调整水舱和纵倾平衡水舱调节其在水中的均衡状态。

弹道导弹发射舱位于潜艇重心附近的中部，有利于发射导弹时潜艇的均衡。指挥舱是潜艇的情报和战斗指挥中心，舱内设有声呐、雷达、无线电、武器射击指挥仪、潜望镜、指挥扬声器等设备，共同组成一个战斗指挥系统，还设有各种导航仪器、操舵和潜浮均衡系统等，保证了航行安全。无线电、雷达的天线都设在艇体外面或安装在特设的升降装置上，以便在水下一定深度处能像潜望镜一样升出水面进行观察和通信。

常规动力潜艇由于柴油机工作需要消耗大量空气，即使在海中进行低速、缓慢的巡航，2~3 天内，它也要升起一次通气管进行换气充电。而在战时，换气时是最危险的。20 世纪 80 年代，一些国家研究并开始应用 AIP（Air-Independent Propulsion）常规动力潜艇，其动力装置不依赖空气仍能正常工作，主要依靠斯特林发动机系统、燃料电池系统、闭式循环柴油机和蒸汽轮机系统等。斯特林发动机系统以艇上储存的柴油和液氧为燃料，以氢或氧作助燃剂，生成热能供给发动机工作；发动机将热能转换成机械能，带动发电机发电，供给推进电机工作，驱动螺旋桨推动潜艇运动。燃料电池系统是一种电化学装置，利用艇上携带的氢和氧作燃料，在特定燃烧室内进行化学反应和电解转换，直接输出直流电，驱动电机推进潜艇。闭式循环柴油机系统是用一种标准的柴油机，利用其排出的废气，经清洁补充氧气后，重新进入柴油机循环工作，避免了废气的排放。常规动力潜艇采用 AIP 系统，可以大幅度增加水下续航力，减少上浮充电次数，有利于提高机动性和隐蔽性。

1981 年，美国建造的"俄亥俄"弹道导弹核潜艇开始服役，如图 2-91 所示。潜艇长 170.7m，宽 12.8m，吃水 11.1m，水面排水量/水下排水量 16600t/18750t，轴功率 44.1MW，水面航速/水下航速 20kn/25kn，续航力 1000000n mile，下潜深度 400m，艇员编制 155 名。动力装置为 1 台 S8G 自然循环压水堆装置、2 台蒸汽轮机、齿轮减速装置、单轴推进、1 个 7 叶螺旋桨。武备为导弹发射筒 24 具，装载弹道导弹 24 枚，首部安装 533mm 鱼雷发射管 4 具，鱼雷装载量 12 枚。反应堆热功率 250MW，堆芯寿期 500 天（满功率时），更换核燃料周期 15 年以上。

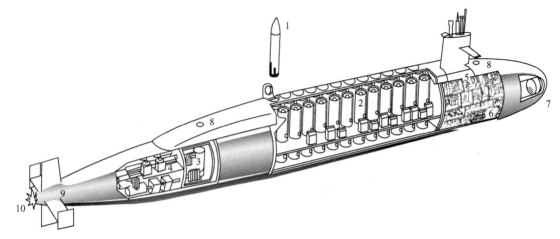

图 2-91 美国"俄亥俄"弹道导弹核潜艇

1—三叉戟Ⅱ型战略导弹；2—24 枚战略导弹垂直发射筒；3—S8G 核反应堆；4—推进装置；
5—指挥控制中心；6—鱼雷舱；7—首部的声呐；8—出入口；9—尾翼；10—螺旋桨

14. 补给舰

补给舰是指用以向航母战斗编队或舰船供应正常执勤所需的燃油、航空燃油、弹药、食品、备件等各种补给品的舰船。其作用是能够扩大舰艇的作战半径。

补给舰根据其补给品的类型可分为油水补给舰、弹药补给舰和综合补给舰等。其补给方式有横向补给、纵向补给、垂直补给，垂直补给显然是通过直升机来完成的。

补给舰的排水量一般为 5000～50000t，航速一般约 18～30kn。

1981 年，我国服役的"洪泽湖"号综合补给舰如图 2-92 所示。其主要任务是伴随驱逐舰、护卫舰编队航行中补给，可补给三级燃料油、柴油、淡水和部分冷藏食品，能在任何装载能力下，在 12 级风中航行。舰长 168.2m，宽 21.8m，吃水 9.4m，最大高度 36.2m，排水量 22000t，航速 18kn，续航力 18000n mile，人员编制 180 人，自持力 90 昼夜。主机为一台柴油发动机，总功率 11025kW，单轴推进。

图 2-92 我国"洪泽湖"号综合补给舰

图 2-93 法国"迪皮伊·德·洛梅"号侦察舰

15. 电子侦察船（舰）

电子侦察船（舰）是指装有多种电子设备，专门从事海上侦察活动的舰船。装备有无线电接收机、雷达接收机、终端解调和记录设备、信号分析仪器、接收天线、电子干扰设备等，能对敌方舰载雷达、机载雷达、海岸雷达、通信和声呐设备的技术参数、战术运用、部署情况等实施电子侦察。其满载排水量一般为 500～5000t，航速 20kn 以下。

2006 年 3 月服役的法国"迪皮伊·德·洛梅"电子侦察舰如图 2-93 所示。其前部驾驶舱上安装有国际海事卫星天线和导航雷达；舱后甲板的主桅杆顶装置卫星传送的测向和接收系统，下部安装探测雷达和侦听天线；主桅杆后是两个大球形卫星侦听天线；再往后T字形桅杆上还有测向和侦听天线。舰上配备从低频、中频、高频、其高频到极高频的全频通信系统，可侦听频率在30kHz～100GHz之间的所有信号。舰上安装有航行补给甲板和设施，这使它一年可在海上执行侦察任务350天。该舰长107.75m，宽15.85m，满载排水量3600t，最大航速16kn，续航力6300km，舰员108名。舰尾平台可载一架多用途直升机。舰上安装警报探测系统，配备2挺12.7mm的M2HB勃朗宁重机枪。

16. 航天测量船

航天测量船是指在海洋上对飞船、卫星、导弹等进行跟踪、遥测与控制，精确测定其落点，回收弹头锥体、卫星数据舱和飞船座舱等的试验船。满载排水量10000～50000t，航速18～29kn，具有良好的操纵性、适航性、耐波性、稳性和较大的自持力，导航、通信、控制指挥等系统都集中了各专业的前沿或尖端技术。

1998年由原"向阳红10号"改建而成的"远望四号"航天测量船如图2-94所示。船长156.2m，宽20.6m，最大高度39m，满载排水量12700t，吃水7.5m，船舶巡航速度18kn，最大航速20kn，海上自持力100天，续航力18000n mile。

图2-94 "远望四号"航天测量船

图2-95 某军舰正在进行消磁

17. 消磁船

消磁船是指对舰船进行磁性检测和消磁处理的舰船。消磁船上装备有消磁专用发电机组、消磁电缆和进行磁场测量的磁强计等专用设备。军用舰船的消磁一是用于预防受到磁性水雷伤害；二是磁化后的军舰影响设备、仪表、仪器，特别是武器的精度。

舰艇消磁原理是利用绕组或线圈通入直流电，使绕组产生一个与舰船磁场大小相等、方向相反的磁场，从而抵消舰艇磁场。某军舰正在进行消磁，如图2-95所示。

18. 潜艇救生船

潜艇救生船是指用于对失事潜艇中的人员进行救援的船只。救生有干救和湿救两种方法。

(1) 干救 从救生船上放下救生钟，其上有专门与潜艇应急逃口相配合的舱口，对准位置后，再打开舱口盖，潜艇中人员即可进入救生钟内，然后再吊到救生船上。

(2) 湿救 艇员穿好救生服之后离开潜艇，在海水中进入救生船上放下的潜水钟，到达救生船后立即送入加压舱进行治疗。

救生船应具有良好的稳性、耐波性、较高的航速、可靠的定位能力、可靠的观通设备和导航设备等，应配备救生钟、潜水钟、加压舱及各种潜水设备。满载排水量1000～5000t，可抗风力10级。

潜艇救生船的结构及救援过程如图2-96所示。

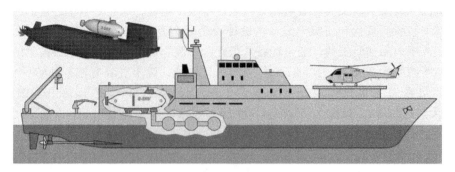

图 2-96　潜艇救生船的结构及救援过程

思考与练习

【问答题】

2-1　按船舶的用途和航行区域，船舶各分为哪些类别？

2-2　《国际海上人命安全公约》对客船的乘客数额是如何规定的？客船按航行区域是如何分类的？各有什么特点？

2-3　说明货船的主要用途是什么？按其所载运货物的状态可分哪些种类？

2-4　为什么液化气船被国际公认为高技术、高难度、高附加值的"三高"船舶？"难"在哪里？

2-5　集装箱船和滚装船分别适合哪些货物的运输？各有什么特点？

2-6　说明驳船与载驳船的用途和区别。

2-7　说明拖船和顶推船的用途和区别。

2-8　渔业生产船舶包括哪些？说明其特点。渔业辅助船舶包括哪些？说明其特点。

2-9　海洋工程船按其工作范围可分为哪些种类？各有什么特点？

2-10　海洋钻井平台有哪些种类？说说各自的作用。

2-11　说说海洋调查船的用途。按功能不同，海洋调查可分为哪些种类？

2-12　航道工程船的用途是什么？按用途可分为哪些种类？分别说说其用途。

2-13　专业工程船包括哪些种类？各有什么用途？

2-14　港务工程船包括哪些种类？各有什么用途？

2-15　特种船舶包括哪些种类？简要说明其特点。

2-16　军用舰船包括哪些种类？简要说明其特点。

【填空题】

2-17　按在水中的航行状态，船舶可分为_____、_____、_____、_____。

2-18　根据液体货物易燃程度（蒸气闪点）将液体货物分为三级。一级：闪点在_____℃以下；二级：闪点在_____℃；三级：闪点在_____℃以上。

2-19　杂货船是以运载_____等杂货为主，也可装运某些散装货的干货船。

2-20　散货船是专运散装货的干货船，通常为单甲板，双层底，货舱口大。内底板与舷侧板的倾斜设计，能够保证散货_____并限制_____。

2-21　滚装船是依靠载货车辆以滚动方式在水平方向进行装卸的货船，其优点是_____、_____、_____。

2-22　渔业船是指从事_____或_____的船舶，包括拖网渔船、围网渔船、流网渔船、钓鱼渔船、捕鲸船等。

2-23　海洋工程船舶是指安装有成套工程机械，在港口、航道、船厂等水域专门从事工程作业的船舶。按其工作范围可分为_____、_____和_____。

2-24　采油平台的基本类型有_____、_____、_____、_____等多种。固定式、接地式适用于_____作业，浮动式和可拆移式能适应_____作业。

【选择题】

2-25 天然气液化的临界温度在一个大气压时为_____。因船用碳素钢低温时呈脆性，液货舱只能用镍合金钢或铝合金制造。

A. －86℃　　　　　B. －168℃　　　　C. －182℃　　　　D. －162℃

2-26 绿色能源船是指以_____等可再生能源作动力的船舶，因此能够节省大量燃料，大大降低船舶运营成本，并保护环境。

A. 原子能　　　　　B. 地热能　　　　　C. 太阳能、风能　　D. 柴油燃烧产生的热能

【判断题】

2-27 渔业船是指从事渔业生产或渔业辅助的船舶。渔业生产船舶包括拖网渔船、围网渔船、流网渔船、渔业加工船、捕鲸船等。渔业辅助船舶包括渔政船、渔业救助船等。（　　）

2-28 教学实习船是指专供船员和大专院校相关专业学生进行科学考察的船舶。（　　）

2-29 航标是帮助引导船舶航行、定位和标示碍航物与表示警告的视觉标志。（　　）

2-30 所有进入他国领海和港口的外国船舶，都必须在其船桅上升起该国国旗，并接受检查和听从引航员的指挥，这是国际惯例。（　　）

2-31 港务工作船是指为港口业务服务的专业工作船，包括引航船、交通船、供应船、消防船、港作拖船、挖泥船等。（　　）

第三章
船型参数与航行性能

船舶航行于水中，经常会遇到狂风、巨浪和急流的冲击，因此要求船舶坚固耐用、性能优良、造型美观、经济性好，并能保证在水中平衡、高速、安全地航行。船舶航行性能包括浮性、稳性、抗沉性、快速性、操纵性和耐波性。船舶的航行性能与船舶的形状尺寸（特别是水下部分）及参数密切相关。

第一节　船体型线图

为使得船舶在航行时所受到的阻力最小，船体的水下部分的表面都做成流线型的光滑曲面。为表示船体外形的真实形状和大小，通常用船体型线图来表示。船体型线图所表示的形状是外板内表面和甲板下表面的形状，即船体型表面的形状。

一、三个垂直的平面及三个重要剖面

欲获得船舶结构的型线图，需要确定三个互相垂直的投影面，分别为中线面(V)、设计水线平面(H)和中站面(W)，如图 3-1 所示。

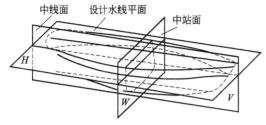

图 3-1　三个互相垂直的平面及其交线

1. 中线面与中纵剖面

中线面(V)是通过船宽中央的纵向垂直平面。自船尾向船首看，左手侧为左舷，右手侧为右舷。中线面上的船体剖面称为中纵剖面。中线面与船体型表面的交线称为中纵剖线，它是由龙骨线及首、尾轮廓线所组成。中线面与外板型表面底部的交线称为龙骨线，与外板型表面首部的交线称为首轮廓线，与外板型表面尾部的交线称为尾轮廓线。中纵剖面反映了船舶的侧面形状。依据船舶中纵剖面，可以看出不同类型的船舶，其甲板线、龙骨线、尾部形状也有所不同。

甲板线和龙骨线的不同形状如图 3-2 所示。图 3-2(a) 所示属于有舷弧甲板，可以防止海浪冲上甲板，适合于海船；图 3-2(b) 所示属于直线甲板，适合于河船；图 3-2(c) 所示

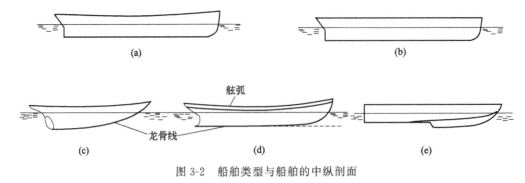

图 3-2　船舶类型与船舶的中纵剖面

属于曲线龙骨线，适合于帆船；图 3-2(d) 所示属于尾倾龙骨线，适合于拖船、渔船；图 3-3(e) 所示属于断折曲线龙骨线，适合于快艇。

船首的不同轮廓线如图 3-3 所示。图 3-3(a) 所示为倾斜式，能增加甲板面积，改善船舶性能，适合军用舰船；图 3-3(b) 所示为垂直式，用于大型货船；图 3-3(c) 所示为球鼻式，可以减少航行阻力，提高船舶航速，适合大型货船；图 3-3(d) 所示为破冰船式，较大的倾斜度是为了便于冲上冰层，以利用船的自重量来压碎冰层；图 3-3(e) 所示为海船式，适合普通客货船；图 3-3(f) 所示为带声呐的军舰，采用球鼻首的目的是安装声呐装置。

图 3-3 船首轮廓线图

船尾的不同轮廓线如图 3-4 所示。图 3-4(a) 所示为圆形尾，适合于普通客货船；图 3-4(b) 所示为巡洋舰尾，适合于军用船舶，船舶快速性好；图 3-4(c) 所示为方形尾，适合于高速舰船。

2. 设计水线平面与设计水线面

设计水线平面(H)是通过船舶设计水线（满载水线）的一个水平面，它把船舶分为水上与水下两部分，设计水线平面同中站面垂直。设计水线平面上的

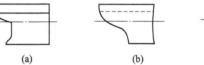

图 3-4 船尾轮廓线图

船体剖面为设计水线面。设计水线平面与船体型表面的交线称为设计水线。船舶设计水线面的形状影响船舶的航行性能，其轮廓线如图 3-5 所示，图 3-5(a) 所示为平行中体式，适合于低速船舶；图 3-5(b) 所示为无平行中体式，适合于中速船舶；图 3-5(c) 所示为方尾式，适合于高速舰船。

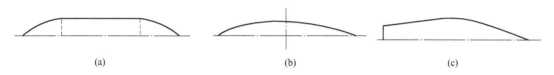

图 3-5 船舶设计水线面的形状

3. 中站面与中横剖面

中站面(W)是通过船设计水线长中点处的一个横向垂直平面，它把船舶分成首、尾两部分。中站面剖切船体后所得剖面称中横剖面。中站面与船体型表面的交线称为中横剖线。中站面大体反映了船体的正面形状，包括甲板横梁线、船底线和舷侧线。

船舶中横剖面的形状也影响船舶的航行性能。其轮廓线如图 3-6 所示。图 3-6(a) 所示

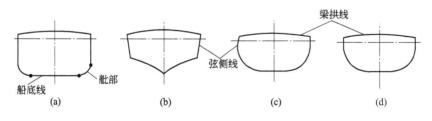

图 3-6 船舶中横剖面的形状

为平底-直舷式，适合于江河普通货船；图 3-6（b）所示为尖底-外倾式，稳性较高，适合于高速舰船；图 3-6（c）所示为船底斜升-内倾式，能减少靠岸时甲板的碰撞概率；图 3-6（d）所示为船底斜升-直舷式，适合于普通客货船。图中甲板的梁拱线为弧形的目的是便于甲板排水。

二、船体型线图

船体型线图是在三个互相垂直的投影面上，以船体型表面的截交线、投影线和外轮廓线来表示船体外形的图样。船体型线图包括有纵剖线图、半宽水线图和横剖线图。由于船舶左右对称，水线在水平面上只画对称的一半。横剖线图的左半面画船的后半段横剖线，右半面画船的前半段横剖线。

船体的表面为复杂曲面，首、尾、上、下变化均很大，为了能更完整、精确地表示出其变化的情况，就用若干同上述三个基本投影面相平行的、等距离的三组辅助平面来截切船体型表面，如图 3-7 所示，得到辅助平面与船体相交的三组

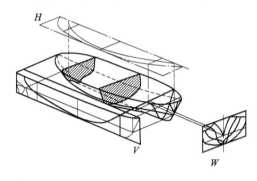

图 3-7 辅助平面截切船体型表面

截交线，再画上必要的投影线、甲板中心线、甲板边线（甲板与船舷交线在中线面上的投影）以及舷墙顶线等，就构成了完整的船体型线图，如图 3-8 所示。

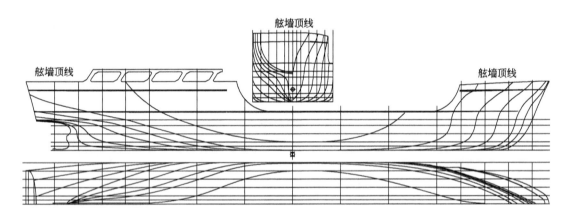

图 3-8 船体型线图

船体型线图是一张完整的表示船体形状的图纸，它不仅表示出船体水下部分的外形，而且还表示出船体曲面的变化情况。船体型线图是计算船舶航行性能的重要资料。在船舶的建造过程中也是非常重要的一张图纸。为此，型线图必须画得非常精确，三视图上的曲线除要求投影一致外，还须注意曲线的光顺和协调，图上曲线的位置坐标用型值表的方式标出。

第二节 船舶尺度参数与船舶外形

船舶主尺度、船型系数及船舶外形决定着船舶的基本参数与船舶航行性能。

一、船体主尺度

船体主尺度包括船长、型宽、型深和吃水等，如图 3-9 所示。

(1) 总长(L_{OA}) 是指包括两端上层建筑在内的船体型表面最前端与最后端之间的水平距离。

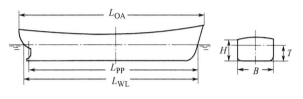

图 3-9 船体主尺度

(2) 垂线间长(L_{PP}) 是指首垂线与尾垂线之间的水平距离。首垂线是指通过设计水线前端点所作的横向垂直平面与中线面的交线。尾垂线是指通过设计水线后端点或设计水线与舵柱后缘的交点所作的横向垂直平面与中线面的交线（无舵柱时为与舵杆中心线的交点）。

(3) 设计水线长(L_{WL}) 是指设计水线平面与船体型表面首尾端交点之间的水平距离。一般情况下，船长泛指设计水线长或垂线间长，用符号 L 表示。

(4) 型宽(B) 是指船体型表面之间垂直于中线面的最大水平距离。

(5) 型深(H) 是指在船的中站面处，沿舷侧自龙骨线量至上甲板边线间的垂直距离。

(6) 吃水(T) 是指在中站面处，自龙骨线至设计水线的垂直距离。通常指平均吃水。

(7) 干舷(F) 是指型深与吃水之差。

船舶主尺度的相关比值，与船舶的航行性能相关：

① L/B 与船舶的快速性相关；

② L/H 与船舶的纵强度相关；

③ H/T 与船舶的抗沉性相关；

④ B/T 与船舶的稳性相关；

⑤ L/T 与船舶的操纵性有关。

二、船型系数

船型系数是表示船体水下部分几何形状、面积或体积肥瘦程度的各种系数统称，有方形系数、棱形系数、水线面系数、中横剖面系数等。

1. **方形系数 C_B**

方形系数是指船体设计水线下的体积 V 与设计水线长 L_{WL}、型宽 B、吃水 T 构成的长方形体积之比，如图 3-10 所示，用下式表示：

$$C_B = \frac{V}{L_{WL}BT} \tag{3-1}$$

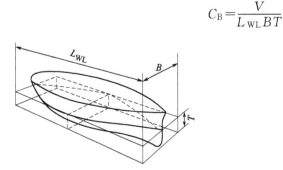

图 3-10 方形系数示意图

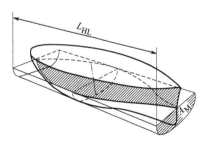

图 3-11 棱形系数示意图

方形系数 C_B 的大小反映了船体水下部分的肥瘦程度。C_B 大，表示船的水下型线较为饱满；C_B 小，则船的水下型线就较瘦削。通常货船的 C_B 较大，高速船的 C_B 较小。

2. 棱形系数 C_P

棱形系数是指船舶设计水线下的体积 V 与长度为 L_{WL}、底面积为中横剖面的面积 A_M 所组成的柱形体的体积比值，如图 3-11 所示，用下式表示：

$$C_P = \frac{V}{L_{WL} A_M} \tag{3-2}$$

棱形系数 C_P 的大小反映了船体水下部分的体积沿船长方向的分布情况。C_P 大，表示体积沿船长分布比较均匀；C_P 小，则表示船体水下形状中部比较丰满而两端较瘦削。C_P 值与船舶快速性有密切关系，通常低速货船的 C_P 较大，高速船的 C_P 较小。

3. 水线面系数 C_{WP}

水线面系数是指设计水线面面积 A_W 与长方形面积 $L_{WL}B$ 的比值，如图 3-12 所示，用下式表示：

$$C_{WP} = \frac{A_W}{L_{WL} B} \tag{3-3}$$

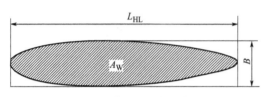
图 3-12 水线面系数示意图

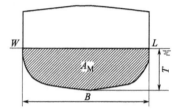
图 3-13 中站面系数示意图

水线面系数 C_{WP} 的大小反映了设计水线面两端的瘦削情况。通常低速货船的 C_{WP} 值较大，高速舰船的 C_{WP} 值较小。

4. 中横剖面系数 C_M

中横剖面系数是指在设计水线以下，船的中横剖面面积 A_M 与长方形面积 BT 的比值，如图 3-13 所示，用下式表示：

$$C_M = \frac{A_M}{BT} \tag{3-4}$$

中横剖面系数 C_M 的大小反映了中横剖面的饱满程度，通常低速货船的 C_M 值较大（几乎接近于1），高速舰船的 C_M 值较小。

应该注意的是，上述各系数是假定船舶工作在设计水线时计算出来的系数，事实上随着吃水浓度的不同，这些参数值也会随之发生变化。

船舶主尺度仅能表示船的外形大小，而船型系数则能更好地表示出船体水下部分的形状。船舶主尺度和船型系数对船舶的航行性能影响极大，因此在进行船舶设计时，要根据其用途和性能要求进行合理的选择。表 3-1 所示为不同类型船舶的主尺度与船型系数。

表 3-1 不同类型船舶的主尺度与船型系数

系数/比值 船舶类型	远洋客船	远洋货船	拖船	油船	驱逐舰	鱼雷快艇
C_{WP}	0.75～0.82	0.80～0.85	0.72～0.80	0.73～0.87	0.70～0.78	—
C_M	0.95～0.96	0.95～0.98	0.79～0.90	0.98～0.99	0.76～0.86	—
C_B	0.57～0.71	0.70～0.78	0.46～0.60	0.63～0.83	0.40～0.54	0.3～0.4
L/B	8～10	6～8	6～6.5	4.8～7.5	9～12	5～6.5
B/T	2.4～2.8	2.0～2.4	2.0～2.4	2.1～3.4	2.8～4.5	2.5～4.5
D/T	1.6～1.8	1.1～1.5	1.2～1.6	1.1～1.5	1.7～2.0	—

三、船舶外形

船舶外形包括首部形状、尾部形状、上层建筑形式、机舱位置布置与安排、烟囱桅杆形状等。船舶外形从总体布局上应该做到简洁美观、实用大方。其中船舶首部形状和尾部形状在上节已经论述。图 3-14 所示是船舶外形布置示意图。

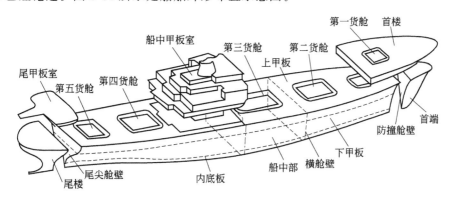

图 3-14　船舶外形示意图

1. 上层建筑形式

船舶上层建筑是指船体最上一层连续甲板以上的船体结构，是船舶外形的主体部分。它主要用于布置各种用途的舱室，如工作舱室、生活舱室、储藏舱室、仪器设备舱室等。上层建筑部分有首楼、桥楼、尾楼及各种围壁建筑。船舶上层建筑能减少甲板上浪，增加船舶储备浮力，并可保护机舱开口免受波浪侵袭。舰艇上层建筑的形式、层数和设置，取决于舰艇的类型、主尺度和使命，并与总体舱室布置、武器布置、生活居住条件及航海性能密切相关。

通常船舶上层建筑结构的两侧是伸向两舷并同船舷连在一起的，而把上层建筑结构的两侧不同船舷相连且缩进一定的距离（大于 0.04 倍船宽）而形成两边走道的上层建筑结构叫做甲板室。位于船首部的上层建筑称为首楼，位于船中部和船尾部的上层建筑分别称为桥楼和尾楼。船舶的首楼、桥楼和尾楼可以各自独立，也可以相邻两两相连，也可以三个连在一起，如图 3-15 所示。

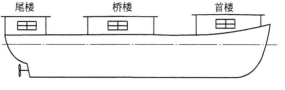

图 3-15　上层建筑形式

2. 机舱位置布置与安排

船舶上层建筑的形式与船的机舱位置有着密切的关系。按机舱在船舶上的位置不同，可以分为尾机型船、中机型船和中尾机型船。中机型船具有视野宽广、操作方便和空载纵倾小的优点；尾机型船具有尾轴长度短、尾轴不穿过货舱、增加装货空间提高装货效率等优点，并对防火有利。一般油船、散装货船都采用此型式。机舱位置如图 3-16 所示。

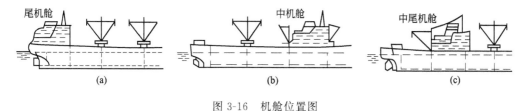

图 3-16　机舱位置图

3. 烟囱桅杆等形状

进行船舶设计时，除了满足船舶的性能和使用要求外，还应综合考虑上层建筑主体与烟囱、桅杆、雷达柱、舷墙、栏杆、门窗、船壳之间的配合，使之避免互相干扰；而救生艇、救生筏的安排布置等要求谐调、美观、实用。

第三节　船舶浮性

船舶浮性是指船舶承载后能漂浮于水面一定位置的能力。

1. 船舶的受力与平衡

船舶在水中受到重力 W 和浮力 N 的作用。重力是船舶总质量受到的地球引力，重力的作用点称为重心，用 G 表示，重力的方向垂直向下。浮力就是水对船舶表面作用的静水压力的合力，浮力的作用点称为浮心，用 M 表示，浮力的方向垂直向上。受力示意图如图3-17所示。船舶处于平衡状态时，有 $W=N$。

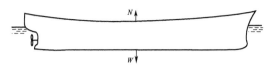

图 3-17　船舶受力示意图

按阿基米德原理，船舶的总重量等于船舶所排开的水的重量（排水量）。设船舶的排水量为 Δ，单位为 kg，排开的水的体积 V，单位为 m^3，则排水量为

$$\Delta = \gamma V \tag{3-5}$$

式中，γ 为水的密度，kg/m^3，淡水 $\gamma=1000kg/m^3$，海水 $\gamma=1025kg/m^3$；排水量通常用 t（吨）来表示。

船舶的排水量等于空船重量和载重量之和。由于船舶装载情况的不同，其排水量发生变化，从而引起船舶性能的变化。

如果重力和浮力在数值上相等，且作用在同一铅垂线上，则船就得到了平衡而浮在水面上。当船舶载重量减小时，则重力小于浮力，船即上浮，吃水减小，直至其浮力减小并达到新的平衡为止；反之，当船内载重量增加时，重力超过浮力，船就下沉，吃水增大，使船的排水体积增加，直至浮力又与重力达到新的平衡为止。

2. 排水量与吨位

船舶载重吨位可用于对货物的统计，作为期租船月租金计算的依据，表示船舶的载运能力，也可用作新船造价及旧船售价的计算单位。

(1) 空载排水量　是指船舶在全部建成后交船时的排水量，即空船重量。此时船上无货物、人员、水、燃料及各种消耗品。

(2) 满载排水量　是指船舶根据载重线标记规定所能装载到最大限度时的排水量。

(3) 总载重吨　是指船舶根据载重线标记规定所能装载的最大限度的重量，它包括船舶所载运的货物、船上所需的燃料、淡水和其他储备物料重量的总和。满载排水量与空载排水量之差即为船舶总载重吨。

(4) 净载重吨　是指船舶所能装运货物的最大限度重量，即从船舶的总载重量中减去船舶航行期间需要储备的燃料、淡水及其他储备物品的重量所得的差数。

(5) 船舶注册吨　是表示船舶容积的单位，是各海运国家为船舶注册而规定的一种单位。1 注册吨=2.832m^3。

(6) 注册总吨　是指船舱内及甲板上所有关闭的场所的内部空间容积的总和，是以 2.832m^3 为 1 吨折合所得的商数。

(7) 注册净吨 是指从容积总吨中扣除那些不供营业用的空间后所剩余的吨位，也就是船舶可以用来装载货物的容积折合成的吨数。

3. 载重线标志

我国船舶检验部门明确要求：在船中部的两舷绘制载重线标志。载重线是指示船舶在不同航区、不同季节的最大吃水标志，船舶航行时的实际吃水不能超过规定的载重线，以此规定船舶安全航行所需的最小储备浮力。载重线标志如图 3-18 所示。

载重线标志是由一个外径为 300mm、内径为 250mm 圆圈和若干长为 230mm、宽为 25mm 水平线段组成。对于图中标注的符号，国际上采用的是载重线名称的英文缩写，中国采用的是汉语拼音字头，如表 3-2 所示。

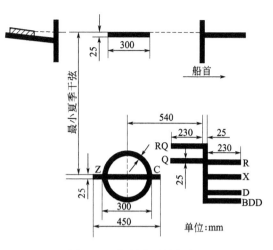

图 3-18 船舶载重线标志

图中的圆圈称为载重线圆盘，圆盘上的水平线与夏季载重线平齐；两端的 Z、C 符号为中华人民共和国船舶检验局的缩写，表示勘定干舷的主管机关。

表 3-2 载重线标志图符号含义

国际标记	中国标记	表示意义
S	X	夏季载重线
W	D	冬季载重线
WNA	BDD	北大西洋冬季载重线
T	R	热带载重线
F	Q	夏季淡水载重线
TF	RQ	热带淡水载重线

第四节 船舶稳性

船舶稳性是指船舶受到风、浪等外力的作用而偏离原平衡位置，当外力去除后仍能回到原来平衡位置的能力。稳性是船舶的一项重要性能，稳性不好会导致船舶倾覆的严重事故，船舶设计时必须认真对待。根据稳性理论，把船舶稳性分为两类。

① 初稳性是指船舶倾斜角小于 10°～15°，或上甲板边缘开始入水前的稳性。
② 大倾角稳性是指船舶倾斜角大于 10°～15°，或上甲板边缘开始入水后的稳性。

船舶的倾侧分为横向倾侧和纵向倾侧，因此船舶稳性分为横稳性和纵稳性。由于民用船舶的纵向倾侧属于小角度倾斜，故其纵稳性总是能满足的。下面只讨论小角度倾斜时的横稳性。

一、船舶的三种平衡状态

1. 船舶的稳定平衡状态

如图 3-19(a) 所示，假设船受风浪等外力形成的倾覆外力矩作用而发生横向倾斜（限于小角度时称之为横稳性），船舶原来的重心和浮心分别为 G 和 B，那么倾斜后，重心位置不变，而浮心 B 位置因排水体积形状的改变而从 B 点移至 B_1 点，重力 W 和浮力 N 的作用线不再落在同一铅垂线上了。船舶倾斜前后两浮力作用线的交点 M 称为稳心。在小角度倾斜时，可以把 M 看成是一个固定点，重心 G 点与稳心 M 点之间的距离 $\overline{GM}$ 称为稳心高度，它是衡量小倾角稳性的重要指标。

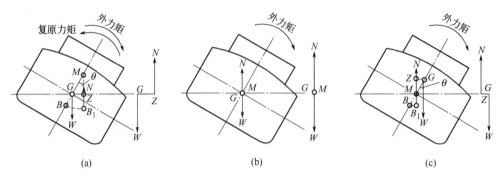

图 3-19 船的平衡状态

由图可以看出，重力 W 或浮力 N 与 $\overline{GZ}$ 形成了一个力矩，它的方向与船舶的倾斜方向相反，使船向原来的位置复原，故称之为复原力矩，以 M_R 表示。已知船舶横倾角为 θ，则有复原力矩为

$$M_R = W \overline{GZ} = \Delta g \overline{GM} \sin\theta \approx \Delta g \overline{GM} \theta \tag{3-6}$$

式中，Δ 为船的排水量，kg；g 为重力加速度，kg/s^2；$\overline{GZ}$ 为复原力臂，m。

由公式可知：稳心高度 $\overline{GM}$ 愈大，复原力愈大。船舶工作在这种具有复原能力的情况，称为稳定平衡状态。生活中的玩具不倒翁即为稳定平衡的例子，如图 3-20(a) 所示。

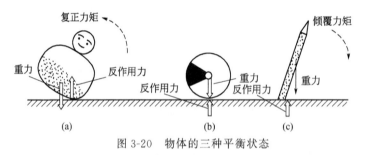

图 3-20 物体的三种平衡状态

2. 船舶中性平衡状态

如图 3-19(b) 所示，船舶受外力作用而发生小角度横向倾斜后，船舶原来的重心 G 和稳心 M 两者重叠，此时复原力矩为零，船舶处于中性平衡状态。船舶在任意方向的倾覆力矩作用下，造成自由翻滚，且不能复原成原来状态。如体育运动中的足球即是此状态，如图 3-20(b) 所示。

3. 船舶不稳定平衡状态

如图 3-19(c) 所示，船舶受外力作用而发生小角度横向倾斜后，重力或浮力与 $\overline{GZ}$ 形成的力矩的方向与船倾斜的方向相同，不但不能使船复原到原来平衡位置，而且还使船继续倾斜，直至倾覆。这种情况是不稳定平衡状态，此时的倾覆力矩计算式同式(3-6)。生活中直立的铅笔就是处于不稳定平衡状态，如图 3-20(c) 所示。

二、船舶的稳心高度

重心与稳心的相对位置与船舶稳性有密切关系。重心在稳心之下，即 $\overline{GM}$ 为正值，船舶具有复原能力;而重心在稳心上或两者重合,即$\overline{GM}$为负值或零,船舶没有复原能力,船舶受到外力作用,就有倾覆的危险,这种情形在船舶建造或者设计中是不允许出现的。可见,降低船的重心位置,对提高船的稳性是大为有利的。

需要说明的是船舶的稳心高度并不是越大越好。如果过大,则船舶的复原能力过强,稍有倾斜,便很快复原,使船舶发生剧烈的摇摆,这对船员的工作条件、旅客的生活条件及设备都是不利的。所以,在进行船舶设计时,要根据船舶的航区和用途来选择合适的稳心高度数值。不同类别船舶的稳心高度数值如表 3-3 所示。

表 3-3 不同类别船舶的稳心高度数值

船型	客船	干货船	油轮	拖轮	驱逐舰	鱼雷快艇
$\overline{GM}/\text{m}$	0.3~1.5	0.3~1.0	1.5~2.5	0.5~0.8	0.7~1.2	0.5~0.8

三、提高船舶稳性的措施

为了使船舶具有良好的稳性,必须保证其具有正的稳心高度值。稳心高度数值越大,复原力矩也增大,则稳性也提高。船舶提高稳性,一般从降低重心和提高稳心等方面入手。

① 降低船舶重心是改善稳性的根本措施。比如:大型船舶底部可设置双层底,并注入压载水以降低重心;或在船底设置固定压载;或在装卸货物时,将货物放在船舶的底部;上层建筑采用铝合金材料来减轻重量,以降低船舶重心。

② 提高横稳心的高度。在船舶设计初期,合理选择合适船舶的型宽 B、吃水 T 及水线面系数 C_{WP} 值。

③ 尽量减小上层建筑的受风面积。即减小上层建筑的长度和高度,以相应减小由于风压而引起的倾覆力矩。

第五节 船舶抗沉性

船舶抗沉性是指船舶在一个舱或几个舱进水的情况下仍能保持不至于沉没和倾覆的能力。在我国《海船抗沉性规范》中,各类船舶对于抗沉性的要求是不同的,军舰对抗沉性要求最高,其次是客船,然后是货船。为了保证抗沉性,一是要保证船舶具备足够的储备浮力,二是要设置双层底和一定数量的水密舱壁。

1. 增加储备浮力

船舶储备浮力是为了确保船舶的航行安全,在水线以上还必须有相当的水密容积,以保证船舶在事故破舱进水时,仍能保持一定的漂浮能力或不致立刻沉没,这部分船体水密容积所具有的浮力,称为储备浮力,如图 3-21 所示。客观地说,储备浮力即船舶从满载排水量超载至即将沉没时的储备排水量。它是船舶抗沉性的重要保证。

图 3-21 船舶储备浮力

储备浮力的数值用满载排水量的百分数表示。加大储备浮力,船舶不易沉没,能提高船的安全性;但储备浮力过大,会使船舶的载重量减少,影响经济性。海洋运输船舶约在 20%~50% 之间。军舰往往在 100% 以上。干舷是指在船长中点处,沿舷侧由甲板线的上缘量至载重水线上缘的垂直距离。储备浮力通常以干舷的高度来衡量。干舷越大,表示船舶的储备浮力也就越大。为确保船舶航行安全，每艘船舶都必须具有最起码的干舷值。为保证安全，通常由船舶检验机构根据船舶的类型、大小、结构和航区等情况，规定一个最小干舷值，以确保储备浮力及便于监督检查。

提高提高船舶储备浮力的方法有以下几种。

① 增加干舷。增大型深或将水密舱壁延伸到更高一层甲板。

② 减小吃水。当型深不变时，就相当于增加了干舷。

③ 增大舷弧以及使横剖面外倾，均可增大储备浮力。

2. 采用分舱制

船舶遭受破损的原因很多，如碰撞、触礁及军船遭受敌方攻击等，因此，在这种情况下，要求船舶不致沉没而继续保持生命力，就需要采取一定的措施。

水密舱是指能够为船舶提供一个从体积上大于船舶排水量对应体积的水密空间。如果船舶只有一个水密舱，那么船舶舱壁一旦漏水，船舶就会沉没。所以，在舱室甲板以下，必须用水密舱壁将船体分隔成若干水密舱室，这样可使船舶在一部分舱破损进水后不至于漫及全船。但是水密舱壁设置得多，相应的舱室容积就减小和受限制，对于货物的装载、旅客和船员的居住条件以及机械设备的安装都会带来困难和不便。另外，舱壁过密，相邻舱室同时破损进水的可能性就增大，抗沉性就恶化，因此要全面考虑、合理分舱。

船舶分舱制包括一舱制、二舱制、三舱制。

（1）一舱制　是指船舶任一舱进水后能满足抗沉性要求，保持不沉。但装载不当也会沉没。

（2）二舱制　是指相邻两舱进水后，船仍能满足抗沉性要求，保持不沉。

（3）三舱制　是指相邻的三个舱进水后，船仍能满足抗沉性要求，保持不沉。

一般的客船和货船通常达到一舱制要求，而大型运输船有二舱制和三舱制。

3. 安全限界线和许可舱长

船舶破损进水后，一般要发生下沉及倾斜，除非进水部分位于船的中部，否则还会发生纵倾。船舶首舱和尾舱进水情况如图 3-22、图 3-23 所示。如果舱内有纵舱壁，那么在一舷进水后还会发生横倾，如图 3-24 所示。船舶在下沉及纵倾后，使船的储备浮力减小，同时还会使船的稳性变坏，造成没顶沉没或倾覆的危险。为保证船舶具有一定的抗沉能力，我国海船抗沉性规范规定：民用船舶因破舱进水而下沉及纵倾后的最高水线不得超过安全限界线。安全限界线就是在舱壁甲板上表面的边线以下 76mm 画的一条与舱壁甲板边线平行的曲线。舱内进水后，船舶吃水只要不超过限界线，则认为船是安全的，通俗地说，船舶最少

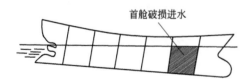

图 3-22　船舶首舱破损进水情况

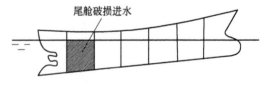

图 3-23　船舶尾舱进水情况

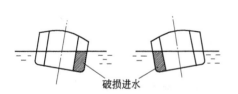

图 3-24　船舶侧舷进水情况

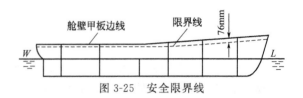

图 3-25　安全限界线

必须保持76mm的干舷值。安全限界线如图3-25所示。

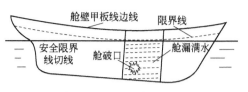

为了保证船舶破舱进水后的水线不超过安全限界线，就必须对船舱长度加以限制，要进行可浸长度的计算。可浸长度表示船舱的最大许可长度，表示破舱进水后的水线正好与安全限界线相切，符合安全要求。可浸长度沿船长方向是不同的，如图3-26所示。

图3-26 可浸长度示意图

许可舱长为船长各点处实际允许的水密隔舱长度。水密横舱壁的设置是根据船舶的实际需要决定的，当然，它必须满足抗沉性规范的要求。许可舱长等于可浸长度乘以分舱因数F。F是一个等于或小于1.0的系数。

船舶破损以后浮态发生变化，会产生纵倾或横倾，因此抗沉性规范中对破损状态下倾角的大小及稳性都作了规定，一般要求初稳心高度保持正值，同时还对舱室布置、船体结构、开口处的封闭装置以及排水设备等都作了详细的规定。

船舶在破损进水后是否会倾覆或沉没，在一定程度上还与船上人员采取的抗沉性措施是否得当有关。船舶破损进水后的措施有很多，如抽水、灌水、堵漏、加固、抛弃船上载荷、移动载荷或调驳压载水等。

第六节 船舶快速性

船舶快速性是指船舶以较小的功率消耗而获得较高航速的能力。欲提高船舶快速性，应尽量减小船舶航行的阻力和提高推进器的推力。以高耗能来提高船舶快速性是不经济的。

一、船舶航行时的阻力

船舶在水面航行时，船体在水和空气两种流体介质中运动，受到水和空气对船体的反作用，这种与船舶运动方向相反的流体作用力称为船舶阻力。总阻力分为水阻力和空气阻力。空气阻力通常只占总阻力的2%～3%。水阻力又分为静水阻力和汹涛阻力。静水阻力又分为裸船体阻力和附体阻力。汹涛阻力情况比较复杂，一般用增加15%～20%左右的机器功率储备来解决。裸船体阻力是指船舶水下部分主船体所受到的水的阻力。附体阻力是指船舶水下部分（舵、舭龙骨、尾轴架等）所受到的水的阻力，约占总阻力的5%～20%。裸船体阻力由摩擦阻力、兴波阻力和旋涡阻力组成。船舶总阻力组成如图3-27所示。

图3-27 船舶总阻力组成

船舶总阻力＝裸船体阻力＋附加阻力。附加阻力＝附体阻力＋空气阻力＋汹涛阻力。附加阻力占船舶总阻力的20%左右。

船舶航行时所受的总阻力主要是由摩擦阻力、兴波阻力和旋涡阻力这三者组成的。

1. 摩擦阻力

摩擦阻力产生的原因是水有黏性。船在水中航行，就会有一部分水粘连在船体表面，随船前进，船体表面与水将发生摩擦现象，水有一种拖滞船舶向前运动的趋势，形成摩擦阻力。摩擦阻力的大小与水的黏性、船体湿表面积、船体表面光滑程度及船舶航速有关。摩擦阻力正比于船体湿表面积与船速的平方的乘积。因水的黏性基本不变，故欲降低船舶摩擦阻力，可以采取减小船体湿表面积、提高船舶表面光滑度、适当降低船舶航速的方法。

船体表面的焊缝、铆钉头、皱折及船底表面附着的贝类、海草等海洋生物，都会增大摩擦阻力。船底因附着贝类等形成的附加阻力称为污底阻力。

对于航速较低的船舶，摩擦阻力占总阻力的比例较大，所以在船舶设计建造时，应从减小船的湿面积和粗糙度着手。

2. 兴波阻力

船舶兴波阻力是指船舶在水中航行时，由于船体掀起波浪产生的与船舶前进方向相反的阻力。船舶行驶时，船首对水施加压力，把水劈开而前进，于是就激起了一组随船前进的波浪，这就是首波。船尾在前进时，水中留出了一个低压区，成为波谷，形成了一组由船尾引起的波浪，称为尾波。由于船舶航行时，船体兴起了首波和尾波，需要能量，因此形成了兴波阻力。

根据观察可知，船的首部和尾部各兴起一组波浪，称为首波系和尾波系，它们各向后传播。首波系在船首柱略后处开始为一波峰，尾波系在尾柱之前开始为一波谷，首尾波系又都有两种波，即横波和散波，如图3-28所示。两波系的散波自船体两侧成斜阶形扩散，扩散时清楚地分开，彼此互不干扰。两波系的横波的波峰与航行方向垂直，分布在两侧散波之间，首尾横波在尾部发生干扰。人们通常看到的实为首尾横波的合成横波而看不到独立的船尾横波。

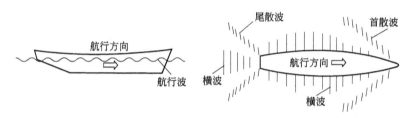

图 3-28　横波与散波

在船舶航行时，兴波阻力的大小主要与航速、船长及船舶排水量有关。

① 船舶航速越快，兴波阻力越大。

② 如果首波与尾波在船尾处互相叠加，兴波阻力就大；如果船长适当，首波和尾波在船尾处互相抵消，兴波阻力就小。

③ 兴波阻力与船的排水量成正比。

为了减小兴波阻力，在进行船舶结构设计时，首先要选择好船长。还可以采用球鼻首，即把船着水线以下做成球鼻状的流线型，利用球状部分所形成的低压，降低首波的高度，事实上就是为了调整船长，从而达到减小兴波阻力的目的，如图3-29所示。这是一种既经济又有效的提高船速的方法。在船舶设计时，要使航速与船长密切配合，使其落至波阻谷点处。

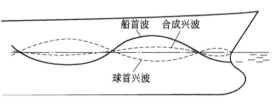

图 3-29　球鼻首横波的干扰

根据兴波的特点，随着水面的波动，水面以下的水层由于压力的传递，也引起相应的波动，但波动的幅度是逐渐递减的，所以可以认为：一定深处的水是几乎不波动的。潜艇在一定深度航行时，就几乎没有兴波阻力。

3. 旋涡阻力

旋涡阻力是因水的黏性产生的。黏性流体流经船体表面时，由于船体曲面的变化而使流体分子发生减速，至尾部时边界层发生分离现象，形成旋涡。旋涡产生后使尾部压力下降，形成首尾压力差，称为旋涡阻力。旋涡阻力的大小与航速及船体水下形状，特别是后体形状有关，通常在航速一定时，形状起决定性作用，因此又称形状阻力。旋涡阻力正比于船体湿表面积与船速的平方的乘积。

一般瘦长的船体由于水流能顺利地流至尾部，不至于产生涡流或产生较少的涡流，因而使涡流阻力大大减小。所以，在船舶设计时，为减小旋涡阻力，应注意考虑船舶后体的形状，特别对低速丰满船型的设计更应充分注意。实践证明，一艘优良船型的旋涡阻力仅占总阻力的5%左右或更低。

各种阻力占总水阻力的比例大小随航速不同而变化。一般低速船摩擦阻力是主要的，占总水阻力的70%~80%。对高速船，兴波阻力是主要的，可占总水阻力的50%以上，而摩擦阻力的比例则降低了。

二、船舶推进器

船舶推进器就是将主机发出的功率转化为推动船舶前进的推力的设备。

要使船舶克服水的阻力快速前进，除由装在船上主机提供动力外，还要有产生较大推力的推进工具，即推进器。

若船舶的航速为 v 时所受到的阻力为 R，则克服阻力所消耗的有效功率为

$$P_E = Rv \tag{3-7}$$

船舶主机发出的功率经过主轴传递到推进器，其间有多种消耗，主机的功率应大于船的有效功率。有效功率 P_E 与主机所产生的功率 P_S 的比值，称为推进系数 η，即

$$\eta = \frac{P_E}{P_S} \times 100\% \tag{3-8}$$

它是各种效率相乘的综合之称，这个数值越大，表示船舶的推进性能越好。通常这些效率有机械效率、传动系统效率、轴系效率、推进效率等。

由此可知，要改善船舶的快速性，除了设计阻力最小的优良船型外，还必须配置性能好、效率高的推进器。

推进器主要有明轮、螺旋桨、平旋轮、喷水器等，现代推进器以螺旋桨为主。螺旋桨按桨叶的数目通常有三叶桨、四叶桨、五叶桨和七叶桨，七叶螺旋桨主要用于潜艇。此外，在此基础上还创造出了其他特种推进器，用于实际当中，满足了不同船舶的特殊要求。

第七节　船舶操纵性

船舶操纵性是指船舶能够根据驾驶者的操纵意图保持或改变航速、航向和位置的性能。主要包括有航向稳定性、回转性和转首性。

1. 航向稳定性

航向稳定性是指船舶在直线航行时，保持既定航向的性能。船舶偏离航向后，如果不予操舵调整，是不可能使它再回到原来的航向上来的。要船保持既定的航向，驾驶者就要不断地操舵。

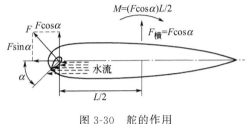

图 3-30 舵的作用

一般说来,如果平均操舵率不大于每分钟 4~6 次,平均转舵角不超过 3°~5°,那么就认为这艘船的航向稳定性是符合要求的。

2. 船舶回转性

回转性是指船舶经操舵或其他操纵装置的作用,改变原航向做圆弧运动的性能。如图 3-30 所示,当船以一定航速前进而转动一个舵角后,舵面就会受到一个与之垂直的压力 F。压力 F 的纵向分力 $F\sin\alpha$ 起着船的阻力作用而使船减速前进;压力 F 的横向分力 $F\cos\alpha$ 远离船的重心 G,形成一个转船力矩,促使船舶回转且横移。

船舶的运动变化可分为三个阶段:转舵阶段、过渡阶段和稳定回转阶段。整个过程中,其水动力的变化是很复杂的。开始转舵时,由于船的惯性大,舵力较小,所以船几乎是按原方向航行的。随着时间的推延,船产生回转运动,作用在船体上的水动力也一直是变化的,船除回转外,还有横移和横倾,到一定时间后,船才进入稳定回转状态,这时船的重心轨迹成圆形。船舶以固定舵角和船速旋回 360° 的船舶重心的运动轨迹称为回转圈,如图 3-31 所示。

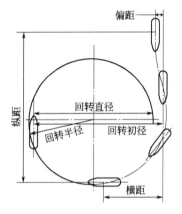

图 3-31 船的回转

回转圈的几个重要参数如下。

(1) 回转初径 是指船舶从转舵开始到航向改变 180°,船首尾延长线之间的垂直距离。一般海船全速、满舵的回转初径约为 4~8 倍船长,河船约为 2~4 倍船长,拖船更小。

(2) 纵距 是指船舶从转舵到船首向改变 90°,船重心在原航向上的前进距离。一般约为 0.5~1.2 回转初径。纵距是转向和避让时转舵时机的依据。

(3) 横距 是指船舶首向改变 90°时,船重心由原航向线向回转圈内侧横移的距离。约为纵距的 0.5 倍。

(4) 偏距 是指船舶开始转舵阶段,船重心由原航向线向转舵相反一舷横移的距离。约半个船宽。

(5) 回转直径 是指船舶作稳定圆周运动时的直径。回转直径越小,船舶的回转性能越好。

船舶回转时会产生横倾角,它是由舵力、离心力及水动力不是作用在船上同一高度而造成的。由开始的向内侧倾斜,逐渐变为向外侧倾斜,如果船速很高,又有风浪的作用,横倾角可能较大,甚至使船倾覆。所以,在我国海船稳性规范中,要求计算客船全速回转时的外倾角。

3. 船舶转首性

转首性是指船舶回转初期对舵的反应能力。转首性好,则船在驾驶者操舵后能较快地进入新的航向,或者船偏离航向经操舵能很快回到原来航向上来。转首性和回转性是有区别的。有的船转首快,回转直径小,但有的船转首快,回转直径不一定小。而要求船舶既要转首快,又要回转直径小,这对于狭小河港内调头及紧急避让都有重要意义。

操纵性是船舶重要的航行性能之一。航向稳定性好的船舶可很少操舵而保持直线航向,不致使航线弯弯曲曲,从而节约燃料。回转性和转首性好的船舶能在狭窄河道航行时减少与来往船舶的碰撞,增加安全性,对于军舰来说,那就更重要了。船舶的操纵性与船的主尺度和线型有关,但主要靠舵来保证,而且船舶的回转性与航向稳定性是矛盾的。所以,在船舶设计时,应根据不同类型船舶对操纵性的不同要求来进行舵的设计。

第八节 船舶耐波性

船舶耐波性是指船舶在风浪中遭受由于外力干扰所产生的各种摇荡运动及砰击上浪、失速飞车和波浪弯矩等,仍能保持一定航速在水面安全航行的性能。由航行实践得知,耐波性中需要首要解决的问题就是船舶摇荡问题,其他问题主要是由摇荡产生的。

一、船舶摇荡的形式

船舶的摇荡主要有以下六种形式,如图 3-32 所示(图中 G 点为船的重心)。
(1) 横摇 船舶绕纵轴 GX 的往复摇动。
(2) 纵摇 船舶绕横轴 GY 的往复摇动。
(3) 首摇 船舶绕垂直轴 GZ 的往复运动。
(4) 垂荡 船舶沿 GZ 轴的上下往复运动。
(5) 横荡 船舶沿 GY 轴的左右往复运动。
(6) 纵荡 船舶沿 GX 轴的前后往复运动。

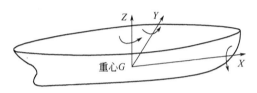

图 3-32 船的摇荡

船舶在海上遇到风浪时,往往是以上摇荡的复合运动。其中,横摇、纵摇和垂荡对船舶航行的影响最大。

二、船舶摇荡引的后果

① 剧烈的横摇会使船舶横倾过大而失去稳性,甚至倾覆。
② 使航行速度降低,从而增加了燃料的消耗。
③ 使甲板淹水,造成工作困难,影响机器设备的正常运转。
④ 使船体结构的负荷增加,造成结构和设备的损坏。
⑤ 使船上的居住条件恶化,引起旅客的呕吐、晕船。
⑥ 影响军舰上武器的正常使用。

由此可知,船的摇荡运动对船舶的航行性能和使用性能都有影响,甚至会产生严重的后果,因此在船舶设计中已日益引起人们的重视。

三、海洋中风浪的类型

船舶产生摇荡的主要原因是受风浪的作用。风浪是由风形成的海浪。为了表示风和浪的大小,国际上一般按风的速度用蒲福(Beaufort)风级来表示,分为 0~12 共 13 个等级,如表 3-4 所示。

对风浪级别,各国差别很大,表 3-5 所示为我国国家海洋局风浪等级表,分为 0~9 共 10 个等级。表中 $H_{1/3}$ 称为三一平均浪高,即 1/3 最大浪高的平均值,即在海区测量波高所得值按大小依次排列,将最大的 1/3 个波高加以平均所得之值,也称有义波高,是表示风浪大小的一个参数。

表 3-4 蒲福风级表

风级	名称	风速/(m/s)	海面征状	参考浪高/m
0	无风	0.0~0.2	海面如镜	—
1	软风	0.3~1.5	鱼鳞状涟漪,没有浪花	0.2(0.1)
2	轻风	1.6~3.3	小波,尚短,但波形显著,波峰呈玻璃色,未破碎	0.2(0.3)
3	微风	3.4~5.4	较大的小波,波峰开始破碎,出现玻璃色浪花,间或有稀疏白浪	0.6(1.0)
4	和风	5.5~7.9	小浪,波长变化,白浪成群出现	1.0(1.5)
5	清劲风	3.0~10.7	中浪,具有较显著的长波形状,许多白浪形成,偶有飞沫	2.0(2.5)
6	强风	10.8~13.8	大浪开始形成,带有白浪花的波峰触目皆是,可能有些飞沫	3.0(4.0)
7	疾风	13.9~17.1	大浪,碎浪的白色浪花开始沿风向被吹成带状	4.0(5.5)
8	大风	17.2~20.7	较长的中长浪,波峰边缘开始破碎成为浪花,沿风向形成显著的带状	5.5(7.5)
9	烈风	20.8~24.4	狂浪,沿风向出现密集的白浪花带,波峰开始摇动、翻滚,飞沫可影响能见度	7.0(10.0)
10	狂风	24.5~28.4	狂涛,波峰长而翻转,白色浪花大片地被风削去,沿风向形成条条密集的白带,整个海面呈白色,海面翻滚动荡更加猛烈,影响能见度	9.0(12.5)
11	暴风	28.5~32.6	异常狂涛,沿风向伸展的大片白浪花完全覆盖着海面,视线所及波浪边缘被吹向空中,影响能见度	11.5(16.0)
12	飓风	>32.6	空中充满了白色的浪花和飞沫,被风驱赶的飞沫使海面完全呈白色,严重影响能见度	14.0

注:括号内是浪高极值。

表 3-5 我国国家海洋局风浪等级表

浪级	名称	浪高/m	浪级	名称	浪高/m
0	无浪	0	5	大浪	$2.5 \leqslant H_{1/3} < 4$
1	微浪	<0.1	6	巨浪	$4 \leqslant H_{1/3} < 6$
2	小浪	$0.1 \leqslant H_{1/3} < 0.5$	7	狂浪	$6 \leqslant H_{1/3} < 9$
3	轻浪	$0.5 \leqslant H_{1/3} < 1.2$	8	狂涛	$9 \leqslant H_{1/3} < 14$
4	中浪	$1.25 \leqslant H_{1/3} < 2.5$	9	怒涛	≥14

四、船舶摇荡的幅值与周期

船舶摇荡的幅值和摇荡周期是表征船舶摇荡程度的重要参数。摇荡幅值是每个摇荡循环的最大摇荡角或位移;摇荡周期是每一个摇荡循环所经的时间间隔。

如图 3-33 所示,当船舶静止浮在水面位置时,中线面的位置是 OO_1,设船舶受风浪的作用而向右舷倾斜到最大横摇角(ϕ_{max})位置 AA_1,然后船开始向左舷倾斜到最大横摇角位置 BB_1,接着又向右舷倾斜,如此往复摇动。船舶由 OO_1 位置摆到 AA_1 位置返回并越过 OO_1 位置而达到 BB_1 位置,再从 BB_1 位置到 OO_1 位置,完成这样一个过程所需的时间称为船的横摇周期,图中最大横倾角 ϕ_{max} 称为横摇幅值。显然,如果横摇周期大、横摇幅值小,则船的横摇程度就比较缓和,反之,如果横摇周期小,那么船就会产生剧烈的横摇。

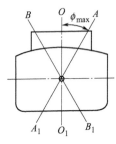

图 3-33 船的横摇角

摇荡分为自由摇荡和强制摇荡。自由摇荡是船舶在静水中,当产生初始摇荡的外力消失后，由于惯性作用而产生的摇荡。开始时，摇荡的幅值等于外力作用时的摇荡角，以后由于水的阻尼作用，摇荡幅值逐渐减小，最后消失。自由摇荡的周期在整个过程中不变，取决于船舶的重量分布和船体的形状，与外力无关，所以称为船舶固有摇荡周期。

船舶在风浪中航行时，横摇是最易发生的，故以横摇为例进行分析。船舶的横摇固有周期有近似式

$$T_\phi = 0.58\sqrt{\frac{B^2+4Z_g^2}{\overline{GM}}} \tag{3-9}$$

式中，B 为船宽；$\overline{GM}$ 为初稳心高度；Z_g 为船的重心垂向坐标。

船舶的固有摇荡周期，特别是横摇的固有摇荡周期是评价船舶耐波性的一个重要指标。

由上式可以得出：初稳心高度 $\overline{GM}$ 值小，则横摇周期大，横摇就较缓和；反之，横摇就剧烈。

应该注意：$\overline{GM}$ 值小，船舶稳性就不好，所以耐波性与稳性之间存在一定的矛盾。在船舶设计时应根据船舶的用途和航区的情况，兼顾稳性和摇荡，全面考虑问题，使船舶具有足够的稳性，又能使船在航行时避免剧烈的摇荡。通常是在满足船舶稳性要求后，尽可能增大横摇固有周期。

强制摇荡是由于周期性的风浪等外力作用到船舶使其产生的摇荡。强制摇荡周期等于外力的周期，而其幅值大小取决于外力大小、阻尼、外力周期与固有周期之比。当外力周期与固有周期相等时，则摇荡幅值达到很大值，从而导致严重后果，这种现象称为谐摇或共振。

五、船舶耐波性的改善

1. 尽可能增大横摇固有周期

欲改善船舶耐波性，要尽可能增大横摇固有周期，并且避开其航行海区的风浪周期。应注意选择适宜的主尺度和注意船体内重量载荷的分布，以保证不影响船舶其他性能。

我国北方海域的风浪波长约 60m，波浪周期约 6s，那么船舶的固有周期就要大于 6s，通常取大于波浪周期的 1.3 倍，则得出最好大于 8.1s。一般货船的横摇固有周期为 7～12s，大型客船为 10～15s，护卫舰为 6～8s，小船为 3～5s。

2. 增设减摇装置

（1）舭龙骨　舭龙骨是一种最简单而有效的减摇装置。它装在船中两舷舭部外侧，是与舭部外板垂直的长条形板材结构。舭龙骨长度约为船长的 20%～60%，宽度约为船宽的 3%～5%。当船舶横摇时，舭龙骨将产生同横摇相反的阻力，形成减摇力矩，从而减小船的横摇幅值，如图 3-34 所示。舭龙骨结构简单、造价低、效能高，且不需要经常维修，损坏后易更换，因此在船舶上得到广泛应用。

（2）减摇水舱　减摇水舱分为主动式和被动式两种。它是设在船体内部左右舷连通的 U 形或槽形水舱，两边水舱中的水保持水平，在水舱上面有空气管相通。空气管中设置调节阀，调节阀的作用是当船倾到一边时，防止水流得太快，而让水慢慢地流动，使它在船舶开始反向摇摆时，正好灌满倾侧边的水舱。因此，减摇水舱的减摇原理是当船舶倾侧时，使水舱内的水柱振荡滞后于波浪振荡 180°相位角，水舱内水柱所造成的减摇力矩与波浪的倾侧力矩方向总是相反的，如图 3-35 所示。这就对船舶的继续摇荡起到了阻止和减小的作用。减摇效果与水舱形状、水量、位置有关。缺点是占用船舶较大的容积，并增大了排水量。

（3）减摇鳍　它是减摇效果最好的装置，装在船中两舷舭部，剖面为机翼形，又称侧

舵。使用时可通过船内的操纵机构将它转动，以调整角度，使水流在鳍上产生作用力，从而形成减摇力矩，减小摇摆幅值，如图3-36所示。这种设备的减摇效果取决于航速，航速越高，效果越好。减摇鳍不用时可收入船内。该设备结构复杂、造价高，故多用于高速船上，中低速船不考虑采用。

图 3-34 舭龙骨减摇

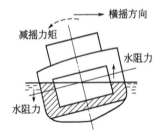

图 3-35 减摇水舱减摇

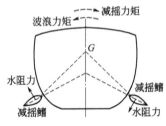

图 3-36 减摇鳍减摇

思考与练习

【问答题】

3-1 船体的水下部分的表面为什么都做成流线型的光滑曲面？说明船体型线图的含义。

3-2 船舶中线面、中纵剖面、中纵剖线是如何定义的？

3-3 船舶设计水线平面、设计水线平面、设计水线是如何定义的？

3-4 中站面、中横剖面、中横剖线是如何定义的？

3-5 船型系数包括哪些系数？它们的大小和船舶的航行性能有什么关系？

3-6 船舶上层建筑的形式有哪些？各有什么特点？

3-7 说明船舶空载排水量和满载排水量的含义。

3-8 说明船舶注册吨的含义和应用。

3-9 我国船舶检验部门明确要求：在船中部的两舷绘制载重线标志。说明载重线的作用。

3-10 说明船舶稳性的含义与分类。提高船舶稳性的措施有哪些？

3-11 说明船舶抗沉性的含义。如何保证船舶的抗沉性？

3-12 详细说明船舶航行时的总阻力包括哪些？如何减小之？

3-13 说明船舶操纵性的含义。船舶操纵性包括哪些性能指标？如何改善船舶的耐波性？

【填空题】

3-14 中线面上的船体剖面称为_____。中线面与船体型表面的交线称为_____。设计水线平面上的船体剖面为_____。设计水线平面与船体型表面的交线称为_____。中站面剖切船体后所得剖面称_____。中站面与船体型表面的交线称为_____。

3-15 船体型线图包括_____、_____和_____。由于船舶的左右对称，水线在水平面上只画对称的一半。横剖线图的_____半面画船的后半段横剖线，_____半面画船的前半段横剖线。

【选择题】

3-16 对于高速船舶，通常其船型系数中的_____。
A. 方形系数和棱形系数较小　　　　B. 水线面系数和中横剖面系数较大
C. 各系数均较大　　　　　　　　　D. 各系数均较小

3-17 在我国《海船抗沉性规范》中，各类船舶对于抗沉性的要求是不同的，_____对抗沉性要求最高，其次是_____，然后是_____。为了保证抗沉性，一是要保证船舶具备足够的储备浮力，二是要设置双层底和一定数量的水密舱壁。
A. 军舰、货船、客船　　　　　　　B. 货船、客船、军舰
C. 客船、货船、军舰　　　　　　　D. 军舰、客船、货船

【判断题】

3-18 船舶中横剖面的形状也影响船舶的航行性能。其中平底-直舷式适合于高速舰船，尖底-外倾式适合于江河普通货船。（   ）

3-19 船舶甲板的梁拱线为弧形的目的是便于甲板排水。（   ）

3-20 船舶主尺度、船型系数及船舶外形与船舶的基本参数和船舶航行性能关系不大。（   ）

3-21 为了保证船舶航行的安全性，船舶的稳心高度数值越大越好。（   ）

3-22 船舶抗沉性是指船舶在一个舱或几个舱进水的情况下，仍能保持不至于沉没和倾覆的能力。

（   ）

第四章
船体基本结构

第一节 全船构造概述

船体结构的形式取决于船舶的类型。总体上说,钢质船舶的全船结构可分为主船体和上层建筑两大部分。主船体部分包括首部、中部和尾部;上层建筑部分包括首楼、桥楼、尾楼。

船首部和尾部的舱室比较尖瘦,一般用作压载水舱和锚链舱、舵机舱等。中部舱容大,用作货舱。机舱通常布置在中部以后,整个船体是被外板、连续的上甲板包围起来的水密结构,船内又被分隔成各种用途的舱室。

1. 船体型钢

船舶在海上航行要承受海浪、载重等巨大的力的作用,船舶结构必须要有足够的强度。现代船舶建造广泛采用各种型钢。采用型钢来造船,能以较小的尺寸获得较大的结构强度,从而减少钢材用量,节约船舶建造成本,降低船体自重,增加载运量。

船舶常用型钢有平直钢、组合 T 型材、球扁钢、折边钢、角钢、扁钢、弯曲板、槽钢、T 型钢、工字钢、圆钢、半圆钢等。各种型钢如图 4-1 所示。

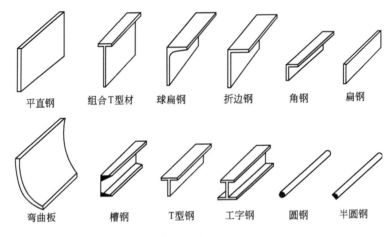

图 4-1 船用型钢

船体钢材可以由钢材生产工厂进行轧制,如球扁钢、槽钢、圆钢等,然后直接供应造船工厂;也可以根据需要,由造船工厂自行制造,如 T 型材和组合型材等。

2. 船体骨架结构形式

为提高船舶的结构强度,尽可能地减少钢材用量,船壳外板或承载压力的钢板的内侧焊接上横纵交错的型钢骨架。由钢板和骨架构成的结构称为板架结构。板架结构中同一方向数量多的构件称为主向梁,垂直主向梁的构件称为交叉梁。一般情况下,交叉构件的尺寸都要比主向梁的尺寸大,所以也称主向梁为次要构件,交叉构件为主要构件。船舶板架结构如图 4-2 所示。

船体板架中，骨材一般沿着船长和船宽方向布置，形成纵横交错的方格。船的壳体是由许多板架结构组合起来的。船体是由钢板包裹，内部有骨架支撑的刚性空腔，巨大的空腔可以排开大量的水，获得巨大的浮力。空腔内部的空间又为货物的装载提供了必要的空间。

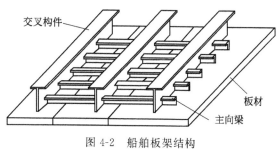

图4-2 船舶板架结构

船体的板架结构，按主向梁布置的方向可分为三种形式。

（1）横骨架式　主向梁沿船宽方向布置，由主向梁和交叉构件所形成方格的短边指向两舷，如图4-3所示。这种骨架形式横向构件布置得较密、间距小，而纵向构件间距大。这种形式的骨架横向强度较好，施工方便，一般应用于对横向强度要求较高的小型船舶、内河船舶和一些大型船舶的首尾段。但在同样受力下外板和甲板的厚度比纵骨架式大，结构重量也大。

（2）纵骨架式　主向梁沿船长方向布置，由主向梁和交叉构件所形成的方格的短边指向首尾，如图4-4所示。这种骨架形式纵向构件布置得较密、间距小，而横向骨架间距大。这种形式的骨架纵向强度较好，增加了船体的总纵强度，提高了板对总纵弯曲压缩的稳定性，可相应减少板厚，减轻结构重量，但施工麻烦。一般在船舶的中部采用纵骨架式。

（3）混合骨架式　船上的结构有的部分采用横骨架式，有的部分采用纵骨架式，能够综合横、纵骨架式的优点。

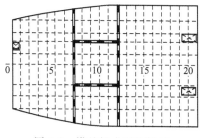

图4-3 横骨架式板架结构

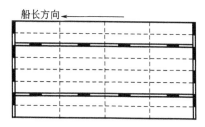

图4-4 纵骨架式板架结构

3．船体构件名称

船体结构中每个加工单元就称为一个构件，每个构件都有一定的名称。这里只简单地介绍一些常见构件的名称。

船体板架中大的构件，一般纵向的叫"桁"，如甲板纵桁、舷侧纵桁、双层底船的船底纵桁，但单底船则称为"龙骨"；横向的叫"梁"，如甲板梁、强横梁。小的构件，纵向的一般叫"纵骨"，如船底纵骨、舷侧纵骨、甲板纵骨等；横向的叫"肋骨"，主要指舷侧，稍大些的构件叫"强肋骨"。

第二节　船体强度

船体强度是指船体结构抵抗海浪、载重等各种外力的能力。在进行船舶设计时，一定要保证所设计的船舶在遇到一切可能外力的情况下，能够满足所要求的船体总强度和局部强度，并使得船体结构重量轻、经济性好、方便施工。

船体设计中，把船体看作是一根空心的箱形梁。它所受的力包括总纵弯曲力、横向力和局部力三大部分，所对应的船舶强度包括总纵强度、横向强度和局部强度。

1. 总纵强度

总纵强度是指船体结构抵抗总纵弯曲，不使其整体遭受破坏或严重变形的能力。当船舶处在静水中时，从总体上看，重力和浮力大小相等、方向相反，作用在同一条垂线上，形成一对平衡力，所以船舶可以保持静止。

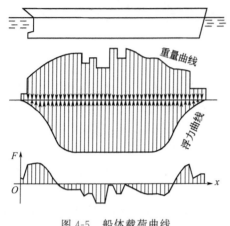

图 4-5　船体载荷曲线

船体所受的总纵弯曲力是由于沿船体长度方向的重量分布与水的浮力分布规律不一致所引起的。当船在静水中时，向上的浮力和向下的重力的差值形成了作用在船体上的载荷。根据梁的弯曲原理，该载荷会使船体发生弯曲变形，同时在船体结构内相应地产生剪力和弯矩，即船舶产生了总纵弯曲。某船体载荷曲线如图 4-5 所示。可以看出，船舶首尾承受着较大的重力，而船中部承受着较大的浮力，船舶呈中拱现象，不过这个变形靠肉眼是察觉不到的。

船舶产生总纵弯曲的原因通常有以下两种情形。

① 船舶货物等载荷分布不均衡。

② 风浪作用于船体，使得船体位于波峰或波谷上。当发生中拱弯曲时，甲板受拉伸，底部受压缩；而中垂弯曲时情况正相反，如图 4-6 所示。

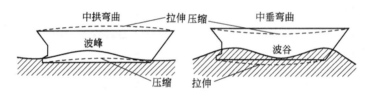

图 4-6　船体变形趋势

纵向连续构件如甲板、船底板、外板、纵桁和纵骨等，都参与船体的总纵弯曲。一般认为在最不利的装载情况下，外力载荷产生的弯曲应力和剪应力不超过材料的许用应力时，就认为船体强度是满足设计要求的。否则，船舶会因为巨大的应力作用而产生较大的总纵弯曲，使得船体结构产生水疲劳断裂，甚至造成船舶折断沉没。

2. 横向强度

横向强度是指横向构件抵抗横向载荷，不使其整体遭受破坏或严重变形的能力。

船舶处在水中，除了受到总纵弯曲力的作用外，其横向也受到水的压力和波浪的冲击力。随着水深的增加，水对船舶的压力也逐渐增大，所以对船体结构吃水线以下的部分横向强度要求更高，如图 4-7 所示。

船舶在停靠码头、与其他船舶靠近时，经常会发生碰撞，为保证船舶的结构安全，船舶水线以上的舷侧部分的结构强度也有较高的要求。

3. 局部强度

局部强度是指个别构件对局部载荷的抵抗能力。有时船体总纵强度和横向强度都能满足要求，但局部强度不一定能保证，在设计时要充分注意局部强度的保证。船舶的系缆桩与甲板连接处、锚穴处等的局部强度，都应该充分给予考虑。

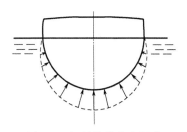

图 4-7 船舶的横向水压力

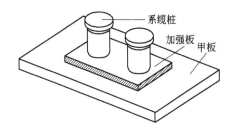

图 4-8 系缆桩处的局部加强

如船舶停港时要系绳,此时系缆桩所承受的力非常大,如果系缆桩直接焊接在甲板上,可能会因为拉力过大而导致系缆桩从甲板上撕下或甲板被撕裂。为了保证这里的强度,一般都是在系缆桩下面焊接一块衬板,衬板焊接在甲板上,这样就相当于增加了受力面积,有效地增加了局部的强度,如图 4-8 所示。

4．船舶刚度

除了强度外,船体上的板和骨架还应保证有一定的刚度,以保证其受压时不丧失稳定性,不产生皱折。

第三节　船舶外板与甲板结构

一、外板

外板是构成船体底部、艏部及舷侧的外壳的板,是由许多块钢板焊接而成。钢板的布置一般是长边沿船长方向。钢板的横向接缝称为端接缝,纵向接缝称为边接缝。由多块钢板端接而成的连续长板条称为列板。各列板的名称如图 4-9 所示。

位于船底的各列板称为船底板,其中位于中线的一列船底板称为平板龙骨,由船底过渡到舷侧的转圆部的列板称为舭列板,舭列板以上的称为舷侧外板,与上甲板连接的舷侧外板称为舷顶列板。在实际生产设计中,习惯上称平板龙骨为 K 列板,相邻的列板称为 A 列板,再其次为 B 列板,依次类推,直至舷顶列板为 S 列板。

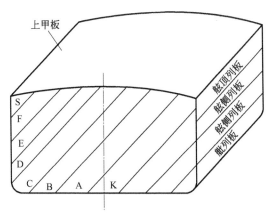

图 4-9 外板的组成

根据列板所受力的不同,外板的厚度沿船长和肋骨围长方向都是变化的。一般船中部受总纵弯曲最大,所以外板在中部的厚度较首尾部大;舷顶列板和平板龙骨也较其他部位的外板厚。考虑到局部强度,则首端锚孔区域、尾端螺旋桨区域、外板开口处以及上层建筑端部和水线变化区域等处的外板都应局部加厚。

二、舷侧结构

大部分船舶的舷部只有一层外板,但某些大型油船和具有甲板大舱口的船上(如集装箱

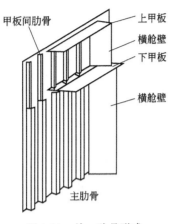

图 4-10 单一肋骨形式舷侧结构

船）有时将舷侧做成双层壳结构。大型军舰的机舱等重要舱位也有做成双层壳或多层壳的舷侧结构。

作用在舷侧结构上的外力有舷外水压力、舱内货物的横向压力或液体压力、总纵弯曲时的作用力以及波浪冲击、碰撞、冰块撞击或挤压等力。因此，舷侧必须与船底及甲板牢固地连接，以便相互支持、相互传递作用力，以保证强度和刚性。舷侧结构有纵骨架式和横骨架式两种，民船大多采用横骨架式，军船和油船则多采用纵骨架式。

1. 横骨架式舷侧结构

横骨架式舷侧结构适合于内河船及民船等。按其结构可分为以下三种。

（1）单一肋骨形式　舷侧全部采用尺寸相同的肋骨，这种肋骨称为主肋骨，如图 4-10 所示。

（2）由强肋骨、舷侧纵桁和肋骨组成的形式　除装置主肋骨外，每隔 3～5 挡肋距加装强肋骨，并在肋骨跨距之间设置舷侧纵桁。这种结构主要用于舷侧需要加强的部位，如海船的机舱区、内河船的舷侧，如图 4-11 所示。

（3）双层舷侧结构的形式　适合于舱口宽大的分节驳船或散货船，如图 4-12 所示。

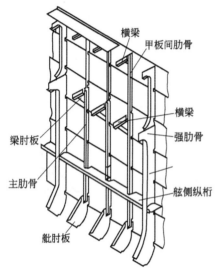

图 4-11 有强肋骨、纵桁和肋骨的舷侧结构

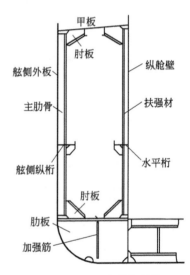

图 4-12 双层壳舷侧结构

2. 纵骨架式舷侧结构

纵骨架式舷侧结构适合于油船及大型运输船等。按其结构分为以下三种。

（1）纵骨和强肋骨结构形式　这种结构只有舷侧纵骨，没有舷侧纵桁，主要用于中小舰艇。

（2）纵骨、舷侧纵桁和强肋骨结构形式　比上述的舷侧结构多设 1～2 道舷侧纵桁，主要用于机舱的舷侧区域，如图 4-13 所示。

（3）双层舷侧结构的形式　适合于大型集装箱船及大、中型油船，如图 4-14 所示。

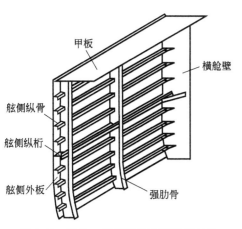

图 4-13 纵骨、舷侧纵桁和强肋骨结构

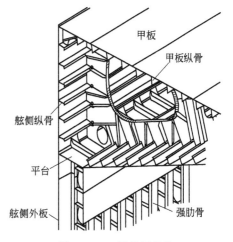

图 4-14 双层舷侧结构

三、船底结构

船底位于船体的最下部，是保证船体总强度和局部强度的重要板架结构。作用在船底上的力主要有总纵弯曲引起的拉伸和压缩应力、船底板架承受的水压力、货物的重力、船舶进坞时龙骨墩的反力、浅水航道船底可能与河床摩擦的力等。

船底结构可分为单层底结构和双层底结构，按骨架形式又可分为横骨架式和纵骨架式。

1. 单层底结构

(1) 横骨架式单层底结构　横骨架式单层底结构适用于拖船、渔船和一些小型船舶。这种单层底结构由肋板、中内龙骨和旁内龙骨组成。中内龙骨一般为 T 型材，是纵向连续的构件。旁内龙骨应有折边或面板，在肋板处间断，如图 4-15 所示。

(2) 纵骨架式单层底结构　纵骨架式单层底结构一般用于小型舰艇，同横骨架式单层底结构相比，它多了许多船底纵骨，如图 4-16 所示。

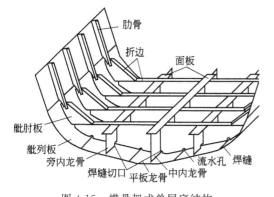

图 4-15 横骨架式单层底结构

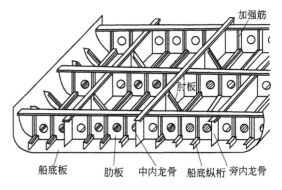

图 4-16 纵骨架式单层底结构

2. 双层底结构

(1) 横骨架式双层底结构　横骨架式双层底结构比较简单，纵向没有纵骨，设有纵桁，但肋板设置得较密，在机舱、锅炉舱及装重货部位都采用实肋板。实肋板是钢板制成的构件，上面开有人孔或减轻孔。一般货船可间隔 3～4 个肋距设一道实肋板，其余部分则用角钢和肘板组成所谓框架肋板，如图 4-17 所示。

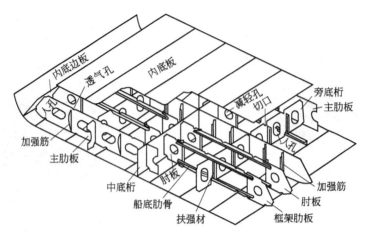

图 4-17 横骨架式双层底结构

（2）纵骨架式双层底结构　纵骨式双层底的内底和外底之间设有肋板、纵桁和纵骨。底部中央的纵向骨架叫做中底桁，是纵向连续的水密构件。两旁的纵向骨架叫做旁底桁，是非水密的间断的纵向构件。横向骨架叫肋板，纵骨在其切口上通过。肋板和旁底桁上都有人孔或减轻孔，水密肋板上无任何开口。纵骨在水密肋板处断开，用肘板与肋板连接，如图 4-18 所示。

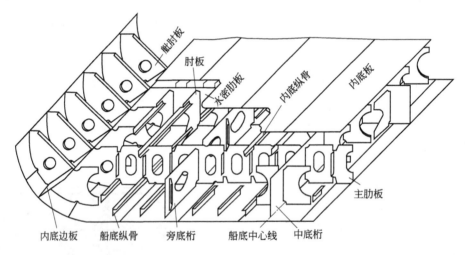

图 4-18 纵骨架式双层底结构

四、甲板及甲板结构

船舶的主体部分设有一层或几层全通甲板，按自上而下的顺序分别称为上甲板（即最上层连续甲板）、第二甲板、第三甲板等。上甲板以上的上层建筑部分还设有起居甲板、救生甲板、驾驶甲板等。

甲板是由许多钢板拼合焊接而成，钢板的长边通常沿船长方向布置。沿甲板外缘，即与舷侧邻接的一列甲板板称为甲板边板。

通常上甲板呈曲面形状。为了减少上浪，迅速排除积水，船的上甲板沿纵向和横向都做成曲线或折线的形状。上甲板边线沿纵向向首尾端升高的曲线称为舷弧，上甲板中心线沿纵向向首尾端升高的曲线称为脊弧,上甲板沿横向的拱形称为梁拱。一般采用曲线形的舷弧和梁拱居多,梁拱高度一般取为船宽的 1/100~1/50。而非露天的甲板和平台可做成水平的。

上甲板就是强力甲板,即船舶总纵弯曲时起最大抵抗作用的一层甲板,所以它的厚度较下层甲板厚。与外板的情况相似,由于上甲板参与船的总纵弯曲时,中部受力大,所以在船中 0.4 倍船长区域内的甲板板应大于首尾部。沿船宽方向,甲板边板是上甲板中最厚的一列板,它的厚度应不小于其他甲板板和舷侧外板。

甲板结构包括横梁、甲板纵桁和纵骨。普通横梁通常用角钢制成,甲板纵桁和强横梁通常采用焊接的 T 型材。小型船舶的甲板纵桁也可采用 L 形折边角钢或大的型材制成。纵骨架式的甲板纵骨通常是采用球扁钢或角钢制成的,大型船舶也有采用 T 型材制成的。

甲板上的人孔、梯口和货舱口等开口处,一般都采用局部加强措施。上甲板参与总纵弯曲,故采用纵骨架式结构,下甲板采用横梁架式结构。纵骨架式的甲板纵骨是连续的,穿过开有切口的横梁,横梁两端用肘板与肋骨上端连接,以增加连接处的牢固程度。肘板是船体结构中大量采用的连接构件。图 4-19 所示为纵骨架式的上甲板结构。

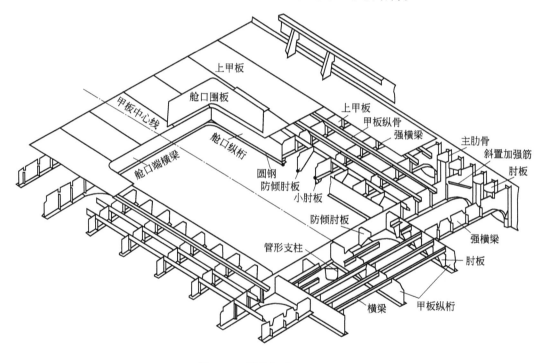

图 4-19 纵骨架式上甲板结构

第四节 船舶首、尾端结构

1. 首端结构

船舶的首端是指上甲板以下、首尖舱以前部分。首端与中部相比,所受总纵弯矩较小,其载荷主要是局部外力。船舶在波浪中航行发生纵摇、垂荡,首部甲板上浪、舷侧和船底受到波浪的冲击,波浪产生的动力载荷比静水压力大得多,也常造成严重损害,作用的部位在首部约 1/4 船长范围内。因此,在结构上必须采取加强措施。

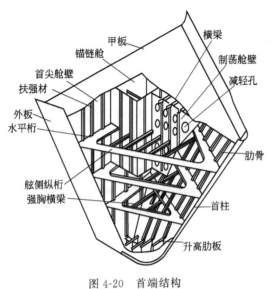

图 4-20 首端结构

船首部横剖面呈 V 形,船底外板与舷侧外板连在一起,没有明显的舭部。首部最前端一个舱叫首尖舱,首尖舱内设有平台甲板,平台甲板以上多用作锚链舱和储物舱,平台甲板以下多用作压载水舱。首尖舱一般采用单层底。

根据受力特点和简化施工,首端采用横骨架式比较合理。除了某些军舰外,多数船舶的首端采用横骨架式的结构。

首端结构与船体中部的结构相比,有特殊的要求和结构形式,如强胸结构(包括强胸横梁和舷侧纵桁)、制荡舱壁等,这些结构都设置在防撞舱壁前的首尖舱内。所有海船在首端都设有防撞舱壁,它的作用是防止船首部意外受损时海水进入舱内。在通常情况下,首尖舱舱壁也就是防撞舱壁。首尖舱内的压载水随船体运动而摇晃,这样会对船体产生冲击作用。所以,在首尖舱中心线平面处设有开孔的制荡舱壁或制荡板,如图 4-20 所示。

船首端水下部分结构一般都有加强措施。如采用升高的肋板,减小肋骨间距,加装舷侧纵桁与强胸横梁。所谓强胸横梁,就是上面没有甲板覆盖,起着撑杆作用的结构。在冰区航行的船舶首部还应加装中间肋骨。有些狭窄的尖舱底无法清除积水和进行油漆保养,就用水泥填塞,这样既可以防止锈蚀,又可起到增强作用。

近年来,许多大型货船都采用了球鼻形船首,这在一定条件下可以降低船的航行阻力,但装有球鼻的船首对抛锚、起锚和船舶停靠码头都有妨碍,并且球鼻突出体使得结构和工艺复杂化。球鼻是首尖舱向首部水线以下的延伸部分,突出体受力较大,每挡肋位要求设置肋板,大的球鼻内中线面上须设制荡舱壁,较小的可不设,但须装中内龙骨。球鼻内要用纵横交叉的桁板加强。对长、大的球鼻,除中纵制荡舱壁外,还要加装横向制荡舱壁。球鼻外壳板的厚度不小于水线以下首柱钢板厚度,在锚和锚链可能碰到的地方应局部加强。

2. 尾端结构

尾尖舱壁以后、上甲板以下的船体部分称为尾端结构。尾端结构包括尾尖舱和尾部悬伸端,结构比较复杂。

船的尾部除静水压力外,还承受舵和螺旋桨的重量及螺旋桨运转时的水动压力。螺旋桨工作时引起的水动压力产生周期性的脉冲振动,最大的振动约在尾部 1/8 船长范围内。对于机舱设在尾部,主机功率大的舰船常会引起激振,严重时会影响船上的正常工作,甚至造成局部结构的破裂,并可能迅速波及到更大的范围。因此,尾部结构应有较好的防振措施。

民用船的尾部多用横骨架式结构。船尾通常有巡洋舰尾、方尾和椭圆形尾等形式。单螺旋桨的尾部横剖面呈 V 形形状,V 形的下部位置狭窄,有螺旋桨轴通过,V 形的上部逐渐宽大,甲板平台上设有舵机舱,尾部有舵和螺旋桨。尾部悬伸部分结构的加强通常采用斜肋骨和斜横梁。尾部平台以下如作为压载水舱,则应设制荡舱壁以减少压载水摇晃产生的冲击。图 4-21 所示为巡洋舰型尾端结构。

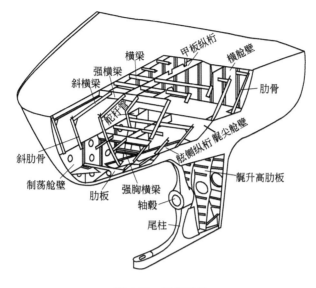

图 4-21 尾端结构

3. 首柱

首柱位于船的最前端,船的外板在首端结束于首柱。首柱的形状随船的首部线型而定。在水线附近,为了减少航行阻力,其剖面较瘦;水线以上向甲板部分,首柱逐渐加宽;水线以下与船底连接处也较宽。

首柱容易碰撞,这就要求首柱有足够的强度和刚性。首柱多为钢板焊接结构,也有铸钢结构或铸钢与钢板混合的首柱。在一些小船上,形状简单的首柱也有用锻钢或厚扁钢制造的。首柱与首端的舷侧纵桁和甲板端部以及下端的肋板必须可靠地连接。首柱本身用竖向的加强筋和水平的肘板加强。图 4-22 所示为混合式首柱。

4. 尾柱

尾柱上装有螺旋桨和舵。它除承受其重量外,还受到螺旋桨工作时产生的振动和转舵时的力矩的作用,故要求尾柱有足够的强度和刚性。大型船舶的尾柱采用钢板焊接和铸钢结构,小型船舶简单的尾柱也可以用锻钢结构。双螺旋桨船没有尾柱,但对伸出船体外面的螺旋桨轴需要用轴包架或轴支架予以支撑。钢板焊接尾柱如图 4-23 所示。

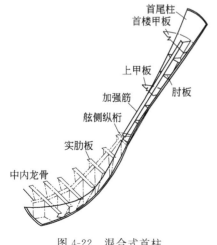

图 4-22 混合式首柱

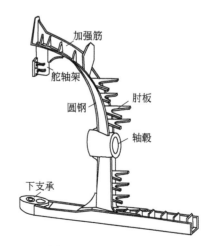

图 4-23 钢板焊接尾柱

第五节 舱壁及上层建筑结构

一、舱壁结构

1. 舱壁的作用

船上有许多横向和纵向布置的舱壁,并将船体内部空间分隔成若干用途不同的舱室。根据船舶抗沉性要求设置水密舱壁,将船体分隔成若干个水密舱室,一旦发生海损事故,船舶不致因破舱进水而沉没。横舱壁对保证船体横向强度和刚性有很大作用。较长的纵向舱壁能增加船的总纵强度,液舱或水舱用纵舱壁分隔,还可以限制液体摇荡,减少自由液面对船舶稳性的影响。舱壁也起到防火、防毒气蔓延的作用。

2. 舱壁的分类

舱壁按其用途可分为水密舱壁、液体舱壁、制荡舱壁和防火舱壁等;按结构形式可分为平面舱壁、槽形舱壁和轻舱壁。

(1) 平面舱壁 由舱壁板和骨架组成。骨架有扶强材和桁材两种,扶强材是较小的骨架,桁材是较大的骨架。骨架一般用角钢、T 型材或折边板做成。水密舱壁的舱壁板越往下越厚,因为它承受的水压力越大。扶强材通常是垂直布置的,仅对又高又窄的舱壁板才在水平方向布置,如图 4-24 所示。

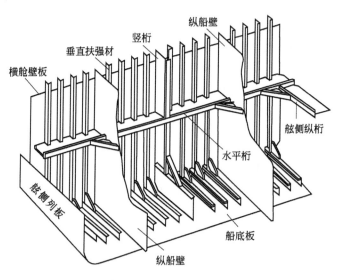

图 4-24 平面舱壁结构

(2) 槽形舱壁 由钢板压制而成,以它的槽形折曲来代替扶强材及肘板的作用,可以减轻结构重量,节省钢材,便于清舱。但在垂直于槽形方向上的承压能力较差,实用中要考虑加强。

槽形舱壁有垂直和水平布置两种。横舱壁的槽形体通常采用垂直布置,纵舱壁因参与总纵弯曲,槽形体常采用纵向水平布置。在槽形舱壁上须设与槽形体垂直的水平桁或竖桁。在水平桁和竖桁上要安装防倾肘板。槽形舱壁的剖面形状一般有三角形、矩形、梯形和弧形几种,其中梯形剖面应用较广。槽形舱壁通常应用在大型军舰、油船、散货船上,如图 4-25 所示。

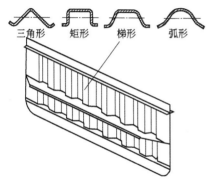

图 4-25　槽型材剖面图及槽形舱壁

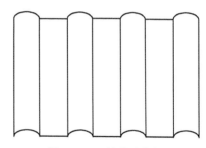

图 4-26　压筋舱壁结构

（3）轻舱壁　是指只起分隔舱室作用而不承受载荷的舱壁，多用于上层建筑。轻舱壁也须具有一定的刚性，它与前面讨论过的舱壁在结构上相似，只是其构件尺寸较小而已。钢质轻舱壁一般采用 2~4mm 的薄钢板制成。为了减轻结构重量，也有采用 1.2~3mm 铝合金板制成的。在舱壁板的周界与钢板条用铆钉铆接，钢板条与船体焊接。压筋舱壁是用压筋板作轻舱壁，其上压出的筋即小槽，能够增强板壁的刚性，可以省掉扶强材，减轻重量。为了便于装配和维修，在压筋舱壁周界装有加厚的板条外框。压筋舱壁如图 4-26 所示。

3. 舱壁结构的受力

舱壁结构的受力情况与其布置及用途有关。

（1）对于水密舱壁　承受舱壁平面内的压缩力，包括甲板载荷和舷外水压力，在船舶进坞时还受墩木的反力。但它主要是在海损破舱时，承受偶然性的舱内横向静水压力。

（2）对于液体舱壁　如深舱、燃油舱或油舱的舱壁，除受到上述的一般作用外，主要承受经常性的舱内液体的静压力，还有当船舶摇摆时产生的液体晃动载荷。

（3）对于纵舱壁　除作为液舱舱壁承受液体压力外，当纵舱壁的长度很大时，如油船的纵舱壁，还参与船舶的总纵弯曲。

4. 水密舱壁的数目

水密舱壁的数目和间距与船舶的类型有关，根据船长、舱室布置及抗沉性的要求而定。一般来说，抗沉性要求高的，舱壁的数目多。客船水密横舱壁的布置应符合《国际海上人命安全公约》等有关规定。油船上沿船长方向设置纵舱壁，通常在整个货油舱内有两道连续的纵舱壁，但船长小于 90m 时，可仅在中线面处设置一道纵舱壁。

二、上层建筑结构

船舶上层建筑是指位于上甲板以上的各种围蔽建筑物。上层建筑包括船楼和甲板室。船楼的两侧伸至船的两舷或距舷边的距离小于船宽的 4%；不符合此条件的围蔽建筑即为甲板室。甲板室侧壁与船舷之间的空间即为走道。根据所在位置的不同，船楼和甲板室又可分为首楼、桥楼、尾楼、中甲板室和尾甲板室等。

设置上层建筑与船舶的航行性能及居住条件密切相关。在上层建筑内可设客舱及船员的生活舱室，有的地方如首楼的甲板间还可以作为部分货舱使用，或存放缆绳、灯具和油漆等。驾驶室设置在船中部或尾部上层建筑的顶部，有利于扩大驾驶人员的视野。上层建筑还能增加船舶的储备浮力，首楼可减小甲板上浪。此外，当上层建筑具有足够长度时，它可以全部或部分参与主体的总纵弯曲,这样也就提高了船体的总纵强度。

上层建筑主要承受波浪冲击和总纵弯曲。由于船舶主体沿船长方向是连续的,而上层建筑却是间断的,船体在上层建筑端部附近结构发生突变,当船舶总纵弯曲时,在船中的上层建筑端部将会产生严重的应力集中现象,如果不采取相应的结构措施,船舶航行时就有可能使该处的上甲板、舷顶列板和上层建筑侧壁发生裂缝,必须引起充分注意。

甲板室与一般房屋建筑一样,由两边侧壁和前后端壁及甲板构成。一般在四周围壁的角隅处做成圆角,以减少这些地方的应力集中。为减轻重量,围壁和甲板都用较薄的板材,但其上都有骨架加强。图 4-27 所示为甲板室结构。

为了给机舱采光和补充自然通风,在机舱口的上方设置成机舱口四周有围壁直通至上部露天甲板的机舱棚结构,并设置机舱棚顶盖。机舱棚顶应高出露天甲板,以防止风暴天气时波浪海水的浸入。机舱棚围壁在干舷甲板以下的部分必须保证水密,该部分应尽可能设于上层建筑内,且结构要求坚固可靠。机舱棚顶可以设计成水平和倾斜两种形式,可根据天窗的采光要求而定。图 4-28 所示为机舱棚顶结构。

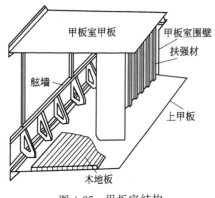

图 4-27 甲板室结构

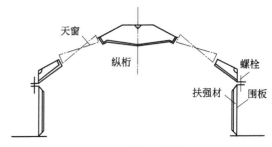

图 4-28 机舱棚顶结构

思考与练习

【问答题】

4-1 船体骨架有哪些结构形式?各有何特点?

4-2 船体强度包括哪些内容?说明其含义。

4-3 舷侧结构有哪些形式?各有何特点?

4-4 船底结构分为哪些形式?各有何特点?

4-5 说明船舶上甲板的结构与工作特点。

4-6 船上有许多横向和纵向布置的舱壁,其作用是什么?舱壁按其用途可分为哪些种类?

4-7 船舶产生总纵弯曲的原因通常有哪些?

【填空题】

4-8 总体上说,钢质船舶的全船结构可以分为主船体和上层建筑两大部分。主船体部分包括_____、_____、_____;上层建筑部分包括_____、_____、_____。

4-9 船体的板架结构中,主向梁布置采用横骨架式的_____强度较好,施工方便,一般应用于对横向强度要求较高的小型船舶、内河船舶和一些大型船舶的首尾段。

4-10 在实际生产设计中,习惯上称平板龙骨为 K 列板,相邻的列板称为_____列板,再其次为_____列板,依次类推,直至舷顶列板为_____列板。

4-11 甲板板是由许多钢板拼合焊接而成,钢板的长边通常沿船长方向布置。沿甲板外缘即与舷侧邻接的一列甲板板称为_____。

4-12 上甲板边线沿纵向向首尾端升高的曲线称为_____，上甲板中心线沿纵向向首尾端升高的曲线称为_____，上甲板沿横向的拱形称为_____。

【选择题】

4-13 船舶在航行时会产生总纵弯曲。当发生中拱弯曲时，_____。
A. 首部受拉，尾部受压缩　　　　　　B. 左舷受拉伸，右舷受压缩
C. 甲板受拉伸，底部受压缩　　　　　D. 锚链受拉伸，舵受压缩

4-14 通常上甲板呈曲面形状，其目的是为了_____。
A. 增加甲板的强度　　　　　　　　　B. 使得甲板美观
C. 节约钢材用量　　　　　　　　　　D. 减少上浪和迅速排除积水

【判断题】

4-15 船体的板架结构中，横骨架式的主向梁沿船长方向布置。　　　　　　　　（　）

4-16 船体的板架结构中，纵骨架式的主向梁沿船宽方向布置，由主向梁和交叉构件所形成的方格的短边指向两舷。　　　　　　　　　　　　　　　　　　　　　　　　　　　　　　（　）

4-17 总纵强度是指船体结构抵抗横向弯曲，不使其整体遭受破坏或严重变形的能力。（　）

4-18 船体总纵强度和横向强度都能满足要求，则局部强度就一定能保证，在设计时可以不予考虑。
　　　　　　　　　　　　　　　　　　　　　　　　　　　　　　　　　　　（　）

4-19 近年来，许多大型货船都采用了球鼻形船首，可以使得船舶美观。　　　　（　）

第五章
船舶动力装置概述与推进装置

第一节　船舶动力装置概述

船舶动力装置是为船舶提供各种能量和使用这些能量，以保证船舶正常航行、人员正常生活、完成各种作业而设置的动力设备。它是船舶的一个重要组成部分。

一、船舶动力装置组成

船舶动力装置主要由推进装置、辅助设备、管路系统、船舶设备、机舱自动化设备等几部分组成。

1. 推进装置

推进装置是保证船舶以一定航速航行的设备，它是船舶动力装置中最重要的部分，影响到整个船舶动力装置的性能，其工作的好坏又直接涉及船舶的正常航行和安全，故在进行设计选型和建造工作中应特别注意。

推进装置包括有以下几部分。

（1）主机　是推进船舶航行的动力机，如蒸汽机、汽轮机、内燃机等。

（2）船舶推进器　它是将船舶主机发出的功率转换为推船运动的推力设备，如螺旋桨和喷水推进器等。

（3）船舶轴系　用来将主机的功率传递给推进器，从而推动船舶运动。它包括传动轴、轴承和密封件等。

（4）传动装置　起接通或隔开主机传递给推进器功率的作用，并可达到加速、减速、反向、并车、分车、离合及减振的目的。传动装置包括离合器、减速齿轮箱和联轴器等。

2. 辅助设备

船舶辅助设备是指为船舶提供除推进装置以外的各种能量，以保证船舶航行、作业和生活需要的各种设备。辅助设备包括以下几部分。

（1）辅助机械　可分为水利机械、气体压送机械等。

（2）船舶电站　其作用是供给辅助机械及全船所需的电能。它由发电机组、配电板及其他电气设备组成。

（3）船舶辅助锅炉　供应全船加热、取暖所需的热能，包括辅助锅炉、余热锅炉、蒸汽系统等。

（4）制冷装置和空调装置　包括制冷机组、冷冻冷藏柜以及空气调节装置和系统等。

3. 管路系统

船舶管路系统是指能够保证船舶生命力及全船乘员正常生活的系统。船舶管路系统按其功能分为动力管路和船舶系统。

4. 船舶设备

船舶设备主要指甲板机械，是指保证船舶航行、停泊及装卸货物所需的设备，包括锚及系船设备、舵设备、吊艇设备、敷设设备、施放设备等。

5. 机舱自动化设备

机舱自动化设备能够保证实现动力装置远距离操纵与集中控制，以改善工作条件、提高工作效率、减少维修工作量等。它主要包括自动控制与调节系统、自动操纵系统及集中监测系统。

二、船舶动力装置能量流程

现代船舶大多以燃油为船舶的主要能源。来自燃料的热能能够转换为船舶的推进动力、电能和热能。典型民用船舶柴油机动力装置的能量转化流程如图 5-1 所示。

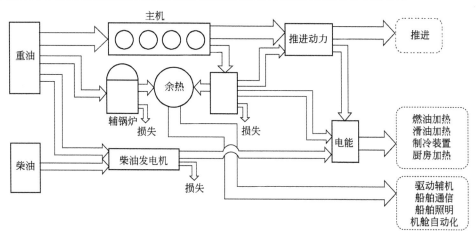

图 5-1　船舶柴油机动力装置的能量转化流程

船舶推进动力是决定船舶活动能力的根本依据，推进装置消耗的能量通常占总输入能量的 90% 以上。提高推进效率、降低能量消耗是船舶动力装置设计的重要目标。

三、船舶动力装置的类型

船舶动力装置中的主机和辅机都可以具有不同的形式。通常主机的功率比辅机的功率要大得多，而且推船运动的动力由它产生，因此，船舶动力装置的类型一般以主机的结构形式来命名。由于船舶主机的作用在于把燃料燃烧所产生的热能转化为机械能，用以推动船舶运动，所以根据主机使用的燃料，船舶动力装置可分为常规动力和核动力两大类；根据其工作方式特点，可分为蒸汽机、汽轮机、柴油机、燃气轮机和核动力装置等 5 类。现代运输船舶的主机以柴油机为主，在数量上占绝对优势。

（1）蒸汽机动力装置　始于 19 世纪初，盛行于 19 世纪末至 20 世纪初。优点是结构简单、造价低廉、使用方便；缺点是热效率低，重量大，目前几乎全被淘汰。

（2）汽轮机动力装置　始用于 19 世纪末。优点是单机功率大、使用可靠、运转平稳、无振动和噪声、检修工作量小、锅炉可燃用劣质油；缺点是汽轮机油耗比低速柴油机高 40% 左右。目前应用较少，只有某些大型客船、超级油船和高速集装箱船等仍采用汽轮机动力装置。

（3）柴油机动力装置　始用于 20 世纪初。优点是热效率高、能使用廉价的渣油、可靠性较高、故障率低，热效率接近 50%，燃料消耗明显地低于蒸汽机动力装置，因此成为目前应用最广的船舶动力装置。现在低速柴油机单机功率已达 50000 马力以上；超长冲程的低速机转速降到 70r/min 以下，可以直接驱动螺旋桨使之发挥最佳效率；中速机由于机身短小，特别适用于尾机舱船和机舱位于甲板下的滚装船和载驳船等。

（4）燃气轮机动力装置　始用于20世纪50年代。燃气轮机同柴油机和汽轮机比较，优点是单机功率大、体积小、重量轻、加速性能好，能随时启动并很快发出最大功率。燃气轮机在高温、高压下工作，对燃油质量要求很高，热效率也比柴油机低得多，因此在民用运输船舶上应用不多，仅在某些气垫船上用于驱动空气螺旋桨，目前主要用于军用舰艇。

（5）核动力装置　始用于20世纪50年代。核动力装置功率大，一次装填核燃料可以用上好几年。装备核动力装置的舰船几乎有无限的续航力。所以，核动力装置主要用于大型军舰和潜艇。

第二节　船舶柴油机

一、四冲程柴油机

1. 四冲程柴油机的主要组成

柴油机主要由运动部件、固定部件以及一些系统组成。四冲程柴油机的主要组成如图5-2所示。

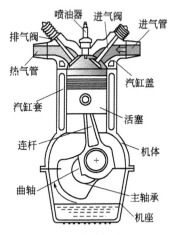

图 5-2　四冲程柴油机结构图

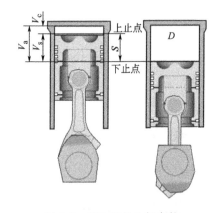

图 5-3　柴油机的几何参数

（1）运动部件　主要包括活塞组件、连杆组件、曲轴组件、飞轮等。连杆小端与活塞销相连，大端与曲轴的曲柄销相连，活塞组件在汽缸中做上下往复运动，构成曲柄连杆机构。

（2）固定部件　主要包括机座、机体、汽缸盖、汽缸套、主轴承等。机座支撑着柴油机所有部件的重量，并与船体上的基座相固定；汽缸盖、汽缸套及活塞组件三者组成燃烧室和工作空间；机体上装有各种附件，缸体内装有汽缸套，上平面与汽缸盖由螺栓固连在一起；主轴承正置在机座上或倒挂在机体下面或装在机体下部的隧道中用以支撑着曲轴的旋转；汽缸盖上装有进排气阀及其传动机构、喷油器、示功阀、空气启动阀等。

（3）系统　包括配气系统、燃油系统、冷却系统、润滑系统、启动系统、调速系统、换向系统等。

2. 柴油机的几何参数

柴油机的几何参数如图5-3所示。

（1）上止点　是指活塞在汽缸中运动离开曲轴中心线最远时的位置。

(2) 下止点　是指活塞在汽缸中运动离曲轴中心线最近时的位置。

(3) 缸径　是指汽缸的内径。用 D 表示。

(4) 曲柄半径　是指曲轴回转中心线到曲柄销中心线的垂距。用 R 表示。

(5) 冲程　是指上下止点间的直线距离。用 S 表示。

(6) 压缩容积（燃烧室容积）　是指活塞位于上止点时，由汽缸盖、汽缸套、活塞组件包围的连续空间。用 V_c 表示。

(7) 汽缸工作容积（活塞排量）　是指活塞从上止点运动到下止点时所经过的空间。用 V_s 表示：

$$V_s = \frac{\pi}{4}D^2 S \tag{5-1}$$

(8) 汽缸总容积　是指活塞位于下止点时，由汽缸盖、汽缸套、活塞组件所包围的连续空间。用 V_a 表示：

$$V_a = V_S + V_c \tag{5-2}$$

(9) 压缩比　是指汽缸总容积与压缩容积的比值。用 ε 表示：

$$\varepsilon = \frac{V_a}{V_c} = \frac{V_c + V_S}{V_c} = 1 + \frac{V_S}{V_c} \tag{5-3}$$

3. 四冲程柴油机的基本工作原理

任何柴油机的每个工作循环都有进气、压缩、燃烧膨胀、排气四个工作过程。四冲程柴油机是由四个冲程来完成一个工作循环的。

(1) 工作循环的完成　柴油机是在汽缸中把燃油的化学能通过燃烧转变为热能，并通过工质和活塞、曲柄连杆机构，再将热能转变成机械能的热机。因此，在汽缸中必须提供燃油燃烧所需要的充足的新鲜空气，并与喷入的雾化良好的燃油相混合，当达到燃油的自燃温度时，燃油便能迅速燃烧。整个工作循环过程如图 5-4 所示。

① 第一冲程　进气过程。在这一冲程，活塞从上止点移动到下止点，完成主要的进气过程，如图 5-4(a) 所示。当活塞从上止点向下止点运动时，进气阀在 1 位置早已打开，汽缸内的负压使新鲜空气经空气滤清器、进气管道、进气阀进入汽缸。为了充分利用进气的惯性多充入一些空气，进气阀并不是活塞到达下止点时就关闭，而是在活塞越过下止点又开始上行到某一时刻才关闭，即曲柄在图 5-5 中位置 3。进气终点时汽缸内气体压力略低于大气压力。由于进气时的受热，温度为 300～340K。

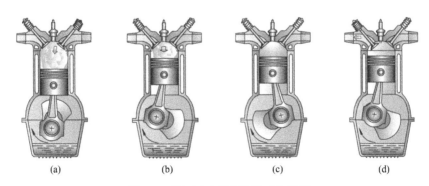

图 5-4　单缸四冲程柴油机工作原理

② 第二冲程　压缩冲程。在这一冲程，活塞从下止点到上止点，主要完成对空气的压缩，如图 5-4(b) 所示。当活塞上行到接近上止点时，汽缸内压力达到 3～5MPa，温度约为

800～950K，比柴油的自燃温度（600K 左右）高 200～300K。可见，压缩过程为燃油的燃烧和工质的膨胀做功创造了条件。实际工作中，图 5-5 中的位置 3 才是开始压缩的起点。

③ 第三冲程　燃烧膨胀冲程。在这一冲程，活塞从上止点到下止点，主要完成燃烧膨胀过程，燃气推动活塞做功，如图 5-4(c) 所示。在压缩冲程活塞到达上止点前某一时刻，燃油经喷油器以良好的雾化状态喷入燃烧室，与空气混合后自行发火燃烧。当活塞越过上止点后，汽缸内的气体压力、温度急剧上升，最高压力可达 6～9MPa 以上，温度可达 1800～2200K。活塞在高温高压的燃气作用下，从上止点向下止点运动，将动力通过连杆传给曲轴，曲轴以回转的形式输出功率。随着活塞的下行，汽缸容积逐渐增大，燃气的压力和温度也逐渐下降，直至排气阀打开时膨胀做功结束。实际上为了减少排气功，排气阀在活塞到达下止点之前的位置 5 时，排气阀就已打开，开始自由排气。需要说明的是喷油是在压缩冲程后期活塞到达上止点之前的位置 4 开始进行的。这是因为燃油喷入后不能立即燃烧，而要再经过蒸发成油气、与空气混合等准备过程，这样可获得较好的燃烧及时性，提高热能的利用率。

④ 第四冲程　排气冲程。在这一冲程，活塞从下止点到上止点，将汽缸中的废气强制排出，完成主要排气过程，为下一循环进气做好准备，如图 5-4(d) 所示。实际上，活塞到达上止点时排气阀并没关闭，而是在活塞又开始下行到图 5-5 中位置 2 时才关闭。

曲轴继续旋转，活塞又从上止点向下运动，重复上述过程，又开始新的循环。一般柴油机有多个缸，通过连杆和曲轴连接，进行动力合并输出。图 5-6 所示是型号为 6N330 船用柴油机外形图。

（2）配气喷油定时　为了表示上述的定时，用相应的曲柄位置图来表示它们的启闭时刻，称之为定时图。不同系列的柴油机具有不同的定时要求。四个冲程当中的曲柄转角，一般进气过程约占 220°～250°，压缩过程约占 140°～160°，排气过程约占 210°～250°。图 5-5 所示是 135 系列柴油机的定时图。它表示：进气阀在上止点前 20° 曲柄转角开启，下止点后 48° 曲柄转角关闭；排气阀在下止点前 48° 曲柄转角开启，在上止点后 20° 曲柄转角关闭；喷油在压缩冲程后期，活塞到达上止点前 28° 曲柄转角开始。

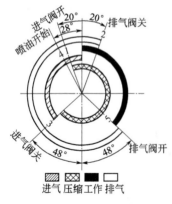

图 5-5　四冲程柴油机定时图

图 5-6　6N330 船用柴油机

（3）四冲程柴油机特点

① 完成一个工作循环需要四个活塞冲程，曲轴转两转。而且只有一个冲程为做功冲程，其余三个冲程都消耗功，因此单缸柴油机在启动时只能靠飞轮积蓄能量来供给其余三个冲程的消耗功。

② 在完成一个工作循环期间，进、排气阀和喷油器各启闭一次，因此凸轮轴的转速为曲轴转速的一半。

③ 每个工作过程并不是严格在活塞的一个冲程内完成，所占的曲柄角度各不相同。

二、二冲程柴油机

在四冲程柴油机中，一个工作循环是在活塞四个冲程内完成的。为了进一步提高柴油机的做功能力，减少专门的辅助冲程，研制出二冲程柴油机。

1. 二冲程柴油机的主要组成

二冲程柴油机分为筒形活塞式柴油机和十字头式柴油机。

（1）二冲程筒形活塞式柴油机　如图5-7所示，主要运动部件和固定部件的组成与四冲程柴油机基本相同。适用于高、中速柴油机。如E105c、E150c、E390等系列柴油机。

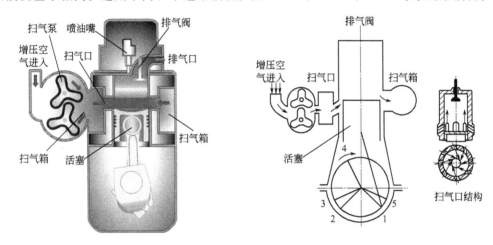

图5-7　气阀-气口式二冲程筒形活塞式柴油机

（2）二冲程十字头式柴油机　如图5-8所示，适用于低速大型柴油机。其主要件组成与筒形活塞式有所不同，但在系统组成上基本相同。其主要组成如下。

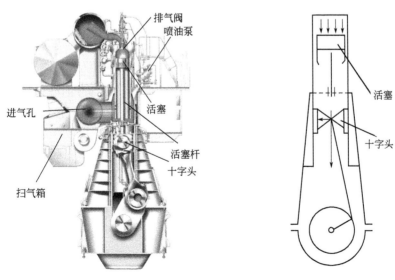

图5-8　二冲程十字头式柴油机

① 运动部件　主要包括活塞、活塞杆、十字头、连杆、曲轴等。活塞杆分别与活塞和十字头紧固在一起，连杆小端与十字头销铰连，连杆大端与曲轴的曲柄销铰连。

② 固定部件　主要包括机座、主轴承、机架、导板、汽缸体、汽缸套、汽缸盖、扫气箱等。导板承受由十字头滑块传来的侧推力。

③ 配气系统　扫气方式有直流扫气和弯流扫气。直流扫气又分为气阀-气口式和气口-气口式；弯流扫气又分为横流扫气式、回流扫气式和半回流扫气式。不管是哪种扫气形式，都设有专门的扫气泵或增压器，将外界空气压力提高后定时进入汽缸，并按照一定的路线将上一循环的废气驱扫出汽缸，同时完成进排气过程。

2. 二冲程柴油机的基本工作原理

以气阀-气口直流扫气式二冲程柴油机来进行分析。如图 5-7 所示，这种扫气形式的结构特点：在汽缸套下部开有一圈相对于汽缸中心线和汽缸半径有一定倾角的扫气口；汽缸盖上只设有排气阀。其工作原理如下。

(1) 第一冲程　扫气和压缩冲程。在这一冲程，活塞从上止点下行至曲柄的位置1～2区间时，扫气泵供给的具有一定压力的新鲜空气由扫气箱通过扫气口进入汽缸。由于扫气口倾角的作用，使进入汽缸的空气向上和绕汽缸轴线旋转运动，形成"气垫"，将上一循环残留在汽缸中的废气经过开启着的排气阀扫出。扫气一直进行到活塞将扫气口遮闭时为止，即曲柄在位置3。紧接着排气阀在配气机构的作用下定时关闭。活塞继续上行，留在汽缸中的扫气空气被压缩，压力和温度升高，当活塞接近上止点时，即曲柄位置4处，燃油喷射系统通过喷油器将燃油以良好的雾化状态喷入燃烧，并开始燃前准备与发火燃烧。

(2) 第二冲程　燃烧膨胀、排气和扫气冲程。在这一冲程，活塞从上止点到下止点，进行燃烧膨胀做功、自由排气和扫气过程。在上一冲程压缩终点附近，燃油喷入与空气混合并开始发火燃烧，当活塞刚越过上止点开始下行时，汽缸内的压力和温度迅速增高，最高压力达5～8MPa以上，最高温度达2000～2200K。高温高压的燃气推动活塞下行做功，一直到排气阀打开为止。排气阀是在活塞还没有让开扫气口之前（曲柄位置5处）时打开，这时具有一定压力的废气经排气阀自由排出。当汽缸内压力下降到接近扫气空气压力时，活塞将扫气口让开，于是扫气空气进入汽缸进行扫气，一直到该冲程的下止点并延续到下一冲程扫气口关闭时止。这样，活塞经过上下两个冲程完成了一个工作循环。

排气阀的启闭由配气机构控制，扫气口的启闭由活塞来控制。和四冲程柴油机一样，不同系列的柴油机有各自不同的最佳配气定时。

3. 二冲程柴油机与四冲程柴油机的比较

① 在柴油机结构和运转参数基本相同的情况下，理论上二冲程的做功能力为四冲程的2倍，但因二冲程存在气口的冲程损失和扫气损失，做功能力为四冲程的1.6～1.8倍。

② 二冲程换气质量不如四冲程完善，耗气量较大。

③ 在功率相同情况下，二冲程柴油机燃烧室周围部件的热负荷比较高，给高增压带来困难。

④ 四冲程柴油机的高压喷油系统工作条件比二冲程好，在同样转速下，四冲程柴油机每两转供油一次，喷嘴热负荷较低，可减少喷孔堵塞。

⑤ 二冲程柴油机由于省去了进气阀、排气阀或传动机构，维护保养简单。

⑥ 二冲程柴油机回转比四冲程柴油机均匀，并可减小飞轮尺寸。原因是其曲轴转一转就有一个工作冲程。

⑦ 二冲程柴油机在低负荷低转速情况下，增压器满足不了扫气要求，使燃烧恶化，性

能和经济性下降。

一般船用大型低速柴油机为了得到较大的单缸功率都采用二冲程。由于转速很低，所以换气质量和燃油系统的工作条件均能得到保证。高中速大功率柴油机大多数为四冲程，这主要是因为四冲程柴油机的热负荷低，易实现高增压。但随着二冲程柴油机的不断发展，逐步改善零件热负荷、换气质量以及增压系统等，高中速大功率二冲程柴油机有可能得到较快的发展。

三、船舶柴油机的分类与型号

1. 船舶柴油机的分类

(1) 按工作循环特点分　四冲程柴油机和二冲程柴油机。

(2) 按柴油机进气方式分　增压柴油机和非增压柴油机。增压是指柴油机的进气是经过压气机将压力提高后再进入汽缸，以提高进气密度，增加功率。

(3) 按增压的压比分　低增压柴油机、中增压柴油机、高增压柴油机和超高增压柴油机。

(4) 按柴油机转速和活塞平均速度分　高速柴油机（$n>1000$r/min 或 $C_m<6$m/s）、中速柴油机（$n=350\sim1000$r/min 或 $C_m=6\sim9$m/s）、低速柴油机（$n<350$r/min 或 $C_m>9$m/s）。活塞平均速度为

$$C_m=\frac{nS}{30} \tag{5-4}$$

式中，n 为曲轴转速，r/min；S 为活塞冲程，m。

民用大型船舶的主机是通过轴系直接驱动螺旋桨的，为了提高推进效率，选用低速柴油机。江河和沿海小型船舶、军用船舶选用中速大功率柴油机。高速炮艇、快艇等则要求功率大、体积小、重量轻的高速柴油机。船舶用发电柴油机为高、中速柴油机。作为船舶主机的高、中速柴油机必须配有减速装置。

(5) 按结构特点分　筒形活塞式柴油机和十字头式柴油机。十字头式柴油机活塞与汽缸套之间不承受侧推力作用，提高了活塞和缸套的使用寿命，工作可靠，维修方便，振动小，噪声低，可燃用重油，节省营运费用，尺寸、重量大。

(6) 按汽缸排列分　单列式柴油机和多列式柴油机。单列式通常用于低速柴油机。多列式包括双列式、V形式、W形式、X形式，Y形式及△形式等，如图5-9所示。

(7) 按柴油机能否倒转分　可倒转式和不可倒转式。

(8) 按动力装置的布置分　左机和右机。分别布置在船舶的左舷和右舷。

2. 船舶柴油机的型号

(1) 国产大型低速柴油机型号　型号主要包含汽缸数、技术特征、直径和冲程、改进序号等部分。例：

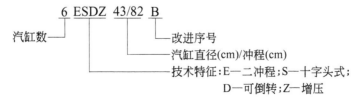

(2) 国产中小型柴油机型号　型号主要内容包含汽缸数、冲程数、缸径、技术特征、设计变形等。例：

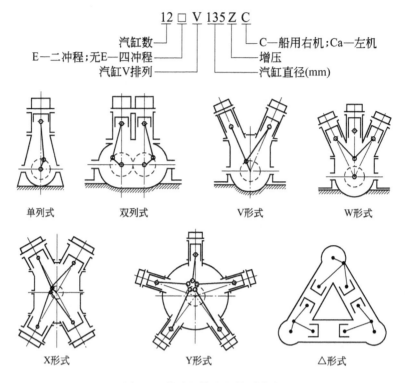

图 5-9 柴油机按汽缸排列分类

第三节 蒸汽轮机、燃气轮机和核动力装置

一、蒸汽轮机动力装置

1. 蒸汽轮机动力装置组成与原理

蒸汽轮机全称叫蒸汽涡轮发动机,是一种将高压水蒸气的动能转换为涡轮转动的动能的机械。它的优点是功率大,效率高,结构简单,易损件少,运行安全可靠,调速方便,振动小,噪声小,防爆等,在现代大型军舰上依然有广泛应用。

蒸汽动力装置是由锅炉、回转式汽轮机、冷凝器、轴承、管系及其他有关机械设备组成的。蒸汽动力装置的基本工作原理如图 5-10 所示。

工作原理 燃料在锅炉中燃烧→水吸热汽化成为饱和过热蒸汽→进入汽轮机高压缸和低压缸膨胀做功→使汽轮机叶轮旋转→通过齿轮减速器带动螺旋浆工作。做过功的乏汽→冷凝器中将热量传给冷却水,同时本身凝结成水→凝水泵抽出→低压给水预热器→锅炉给水泵→高压给水预热器→锅炉中的水鼓内,从而形成一个工作循环。冷凝器的冷却水用循环泵由舷外打入,吸热后又排至舷外。在蒸汽轮机中,蒸汽的能量要经过两次能量转换过程:先是蒸汽的位能转换成蒸汽的动能,然后蒸汽的动能再转换成机械能传递给汽轮机轴。

2. 蒸汽锅炉

蒸汽锅炉从结构上可分为烟管式锅炉和水管式锅炉。烟管式锅炉是由燃烧室出来的烟气流经烟管处,而水包围在烟管外边以吸收热量,如图 5-11 所示。水管式锅炉是烟气包围水包,并供给热量,烟气扫过水包及管束后,经烟道、烟囱排出。烟管锅炉与水管锅炉相比,

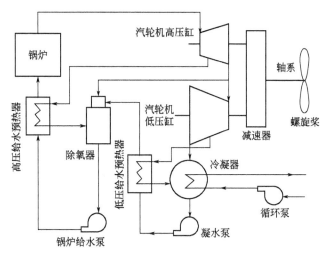

图 5-10 船舶汽轮机动力装置

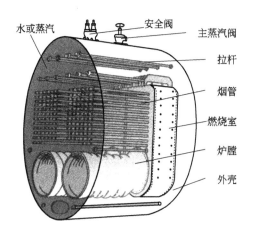

图 5-11 烟管式锅炉

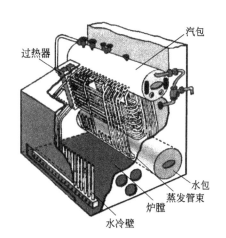

图 5-12 水管式锅炉

存在着许多缺点,首先烟管锅炉盛水量多,蒸发效率低,而水管锅炉则由于盛水量少,循环好,蒸发效率高,从生火到供应蒸汽的时间可大为缩短,如图 5-12 所示。其次,在烟管锅炉上,水和蒸汽的压力是作用在烟道的外侧和锅炉的壳体上,这种结构不适于承受高压,一般最高压力不超过 2.0~3.0MPa。水管锅炉的压力作用于汽包和水管内,这种结构是适合承受高压的。另外,烟管锅炉比较笨重,故现代船用动力锅炉全部采用燃油水管锅炉。

3. 蒸汽轮机

蒸汽轮机有单级冲动式和多级式两种。单级冲动式蒸汽轮机如图 5-13 所示。

工作原理 新鲜蒸汽进入一个或若干个固定的喷管,在其中进行膨胀,将蒸汽的一部分位能转换成动能,然后蒸汽以很大的速度进入运动的工作叶片间的汽道内。当蒸汽流过汽轮机叶片时,对叶片施加压力,使装有工作叶片的转轮转动,从而带动汽轮机轴旋转,并产生机械能。

多级式蒸汽轮机及齿轮传动装置如图 5-14 所示。它可以充分利用蒸汽的热能。

工作原理 来自锅炉的高压蒸汽依次在高、中、低压缸中完成能量转换,并经齿轮减速器将高、中、低压汽轮机的功率并连到一根轴上输出。功率传输给船舶轴系及螺旋桨,从而推进船舶。蒸汽轮机的喷管和叶片不能随时调节,所以它不能逆转。倒车汽轮机供船舶倒车使用。

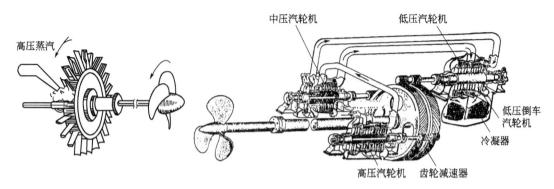

图 5-13　单级冲动式蒸汽轮机　　　　图 5-14　多级式蒸汽轮机

蒸汽轮机的特点是各个运动部件都属于旋转运动的部件，有条件做到很好的平衡，摩擦和振动都可以减到很小，因而转速可以很高。转速高可以提高机械的效率。同时由于高温高压蒸汽的采用，使蒸汽轮机在重量、体积方面都比往复式蒸汽机优越，所以近代高速大功率船舶、单机功率在 25000 马力以上的船舶广泛采用蒸汽轮机。

二、燃气轮机动力装置

燃气轮机动力装置的基本工作原理与蒸汽轮机相似，只是在做功的工质方面有所不同，如图 5-15 所示。蒸汽轮机的动力装置是燃料在锅炉内燃烧，使锅炉中的水受热产生蒸汽，推动叶轮做功；而燃气轮机动力装置则利用燃料在燃烧室内燃烧，产生燃气推动叶轮做功。它一般由以下三部分组成。

（1）压缩机　用来压缩进入燃烧室的空气。
（2）燃烧室　燃料燃烧的场所。
（3）燃气轮机　将燃料燃烧的热能转变为机械功。

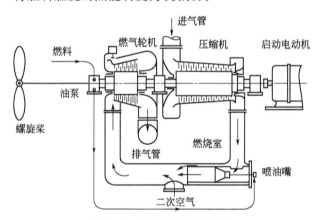

图 5-15　燃气轮机动力装置

工作原理　空气由进气管吸入→经压缩机→燃烧室，同时油泵将燃料通过喷油嘴喷入燃烧室→燃料在燃烧室中进行燃烧→燃料燃烧物与二次空气混合至许用温度→进入燃气轮机→燃气动能在叶片汽道内转换成机械能→驱动螺旋桨旋转。排气管用来将废气排至大气中。燃烧室温度可高达 2000℃，二次空气混合后温度在 600～700℃。

燃气轮机的工作过程是最简单的，称为简单循环。还有回热循环和复杂循环。为了提高热效率，利用排出废气的余热加热进入燃烧室的空气的方法，即是回热循环。

燃气轮机由于不使用锅炉，且在高温下工作，与汽轮机、柴油机比较，具有单机功率大、体积小、重量轻等优点。更为突出的是，它启动迅速，而且在短时间内能发出最大功率，在2～3min内可由冷态启动达到全负荷工作状态，加速性好、自动化程度高。其缺点是对燃油品质要求高、耗油率较大、效率较低、经济性差，主机不能反转。由于燃气轮机的叶片及燃气发生器均在高温高压状态下工作，故其使用寿命较短。

目前燃气轮机动力装置主要用在军用舰艇上，近年来在气垫船上也得到应用。

三、联合动力装置

联合动力装置是指由两种不同形式的推进装置组成的动力装置，分别称为巡航动力装置和加速动力装置。船舶在低速工况下巡航时，由一个推进装置单独工作；而高速直至全速工况航行时，由另一推进装置或两个推进装置共同工作。

联合动力装置主要用在军用舰艇上，其工况变化范围大，通常在低工况下运行时间长。为此，把寿命较长、油耗较低的柴油机或小型燃气轮机等作为巡航装置，把单机组功率大、重量轻、机动性好的燃气轮机作为加速装置，从而使舰艇既能在短时间内发出最大功率达到全速，以提高舰艇的战斗力，又能在长时间的巡航中减少燃料的消耗，而增加续航力。因此，国外先后出现了各种以燃气轮机为主导的联合动力装置。以燃气轮机为主导的联合动力装置主要有三类。

（1）蒸汽-燃气联合动力装置　是以小型蒸汽轮机作为巡航装置，燃气轮机作为加速装置的一种联合动力装置。它与蒸汽轮机动力装置相比较，无论从重量、尺寸上，或是启动加速性能上都有了很大的提高。

（2）燃气-燃气联合动力装置　有燃气-燃气联合使用及燃气-燃气交替使用两种形式。这种装置的巡航装置及加速装置均为燃气轮机。巡航燃气轮机可以经济地提供巡航所需的低功率，而在高航速下用加速机组。该系统具有操纵灵活、功率大、重量轻的优点，但装置的造价昂贵。而且进排气道占用了甲板很大的宝贵空间。

（3）柴油-燃气联合动力装置　有柴油-燃气联合使用及柴油-燃气交替使用两种形式。这种装置把柴油机作为巡航机组，燃气轮机作为加速机组。它具有耗油率低、加速性能好、可靠性好等优点。目前，它是比较合理的联合动力装置。

四、核动力装置

核动力装置是以原子核的裂变反应所产生的巨大热能，通过工质推动汽轮机或燃气轮机工作的一种装置。现有的核动力舰艇或民用船舶几乎全部采用压水型反应堆。压水型核动力装置如图5-16所示。

核反应堆里有反应堆芯存放着核燃料，控制棒可控制核裂变速度及释放出的能量，同时用控制棒控制启堆和停堆。核裂变时释放出的热能被压力水带走，压力水由冷却剂循环泵供给。压力水经过反应堆被加热后温度升高，然后经蒸汽发生器将热量传递给水，而本身温度下降。压力水放热后又进入冷却剂循环泵，重新被送入反应堆加热。因此，压力水形成一个闭合回路，称为第一回路。第一回路中的稳压筒，其作用是保持供入蒸汽发生器的压力水有足够的压力。第一回路吸收了核反应堆释放出的巨大能量，为防止水吸热后的汽化，需要把水加压到$(1.01～2.02)\times10^6$Pa，故称为压水型反应堆。

由蒸汽发生器产生的蒸汽，一路进入主高压汽轮机和低压汽轮机膨胀做功，通过减速器驱动螺旋桨推动船舶；另一路蒸汽进入辅汽轮机膨胀做功，驱动发电机供应全船电能。做过

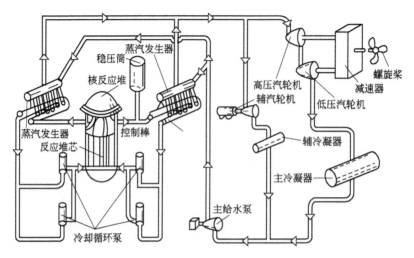

图 5-16　压水型核动力装置

功的乏汽分别经主冷凝器和辅冷凝器凝结成水，凝水由主给水泵送入蒸汽发生器，这样完成的一个工作循环，称为第二回路。第二回路的基本工作原理与一般汽轮机动力装置相同。

　　核动力舰船安装一次相当于一个人体重的核燃料，可以供其绕地球赤道航行 12 圈。核反应时不消耗氧气，可免除吸排气系统，因此能大大提高潜艇水下长期航行的能力，大大提高了潜艇的隐蔽性。但由于核燃料裂变时会发出中子和射线，因此，在反应堆和第一回路中带有放射性有害物质，对人体有杀伤作用，为此，必须设置严密的防护层，以保护船员的健康。

　　目前，核动力装置主要用在军舰或破冰船上，在民用船舶上的应用进展不大。

第四节　船舶推进器

　　船舶推进器的作用是将船舶动力装置提供的动力转换成推力，推进船舶。船舶推进器按照原理不同，分为螺旋桨推进器和特种推进器。由于船舶主机产生的动力经过轴系传递给螺旋桨，因此存在着能量损失。令传输给螺旋桨的有效功率为 P_C，主机输出功率为 P_M，则船舶推进系数为

$$P.C = \frac{P_C}{P_M} \tag{5-5}$$

　　由式(5-5)可知：$P.C$ 数值愈大，表示船的推进性能愈好。功率的单位为 kW。

　　欲改善船舶的快速性，首先应有良好的船型以降低航行阻力，还应有性能良好、效率较高的推进器。

一、螺旋桨推进器

　　螺旋桨推进器通常称螺旋桨或车叶，由若干叶面为螺旋面的桨叶与桨毂所组成，是目前使用最为普遍的推进器。船用螺旋桨桨叶的数目通常为 3 叶、4 叶或 5 叶，一些军用船舶可达 6～7 叶，各叶片间所夹角度相等。螺旋桨如图 5-17 所示。

　　螺旋桨通常装在船的尾部，螺旋桨与尾轴的连接部分称为毂。桨叶就固定在毂上，由船尾向船首看时，所看到的螺旋桨桨叶的一面称为叶面（压力面），另一面称为叶背（吸力面），桨叶的外端为叶梢，而与毂的连接处称为叶根。螺旋桨旋转时叶梢的圆形轨迹称为螺

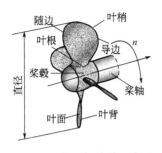

图 5-17 船用螺旋桨示意图

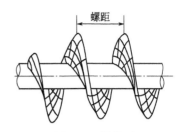

图 5-18 螺旋面

旋桨桨盘，圆的直径称为螺旋桨直径，其面积称为盘面积。

螺旋桨正车旋转时由船尾向船首看，旋转方向为顺时针的称为右旋桨，反之则为左旋桨。双桨船的螺旋桨装在船尾两侧，正常旋转时，若其上部向着船中线转动的称为内旋桨，反之称为外旋桨。

螺旋桨直径的大小往往受到船舶吃水的限制。一般说来螺旋桨直径愈大，转速愈低，则效率愈高。螺旋桨与船的尾框要有良好的配合以避免叶尖露出水面，影响效率，螺旋桨与船体间隙要适当，以避免引起严重的振动。

螺旋桨的运动情况与螺钉的运动情况极为相似。把螺钉旋转一圈，它就在螺帽中向前推进一段距离，这段距离称为螺距，螺旋桨的桨叶叶面（压力面）通常是螺旋面的一部分，就像螺钉的螺纹的一部分那样，如图 5-18 所示。不过螺旋桨是在水中运动的，水代替了螺帽的地位。螺旋桨旋转时，把水推向后方。根据力的作用与反作用原理，水就给螺旋桨以反作用，这就是推力，推船前进。

螺旋桨叶面各半径处的螺距相等的称为等螺距螺旋桨，不等的就称为变螺距螺旋桨。

螺旋桨在工作时，由于叶面要承受水的反作用力，所以桨叶要有一定的厚度来保证其强度，桨叶叶面为螺旋面的一部分，而叶背的形状则由桨叶各半径处的切面形状所决定。所谓桨叶的切面，就是用与螺旋桨同轴的圆柱面截切桨叶所得的截面将其展开后而得的形状，有弓形、月牙形、机翼形和梭形等几种，如图 5-19 所示。常用的为弓形或机翼形。螺旋桨在水中旋转工作时，桨叶的叶背压力降低而形成吸力面，当某处的压力降至该温度下水的饱和蒸汽压力时，该处的水就可能发生汽化现象，形成气泡，覆盖于叶背，这称为空泡现象。空泡产生后，可能使螺旋桨的效率降低或发生剥蚀和局部振动现象。一般说来在设计螺旋桨时应予避免。

图 5-19 桨叶切面形状

制造螺旋桨的材料有铜合金、铸铁和铸钢等几种。采用铜合金，如锰青铜和铝青铜螺旋桨，具有强度高、加工制造方便、抗海水腐蚀性能好、表面光滑等优点，这种材料的螺旋桨效率高，应用较广。铸铁螺旋桨价格便宜，但强度较低，多用于小船上。近年来，出现了钛合金、不锈钢、玻璃钢等材料制造的螺旋桨。

二、特种推进器

1. 喷水推进器

喷水推进器是利用喷水推进装置中推进泵喷出的高速水流的反作用力来推动水中舰船前

进的,并通过操舵倒航机构及改变喷流方向实现船舶操纵。它是由装在船内的水泵、吸水管系、喷水管系等组成的。水泵自船外吸水并经高压水泵加压后由船后的喷口喷出,以获得推力,推船前进。与螺旋桨推进相比,喷水推进装置具有的优点如下所述。

① 推进泵叶轮在泵壳内受约束的水流中工作,运行平稳,水下噪声小。

② 推进泵在高速范围内较螺旋桨有更好的抗空泡性能,从而能有更高的推进效率。推进泵较螺旋桨更适用于重载荷以及限制直径的场合。

③ 喷水推进适应变工况的能力强,在工况多变的载体上能充分利用主机功率,延长主机寿命。

④ 具有优异的操纵性和动力定位性能。

⑤ 推进泵叶片在管道中不易损坏、可靠性好。

喷水推进器常应用于浅水内河拖船上。近年来,喷水推进技术有了进一步的发展,提高了喷水推进的效率,喷水推进器已逐步应用于高速艇上。图5-20所示为喷水推进装置简图。

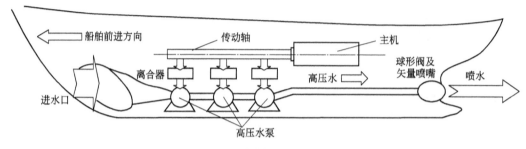

图 5-20 喷水推进装置简图

2. 导管螺旋桨

导管螺旋桨是在普通螺旋桨的外面套上一个截面为机翼形状的圆形套筒(称为导管),导管的外径一头较大,另一头较小,其最小内径比螺旋桨的直径稍大,如图5-21所示。

导管的作用是造成一个有利于螺旋桨工作的流场。一般说来,导管螺旋桨的效率比普通螺旋桨要高,这是因为装了导管后可以减少尾流的能量损失,从而提高了导管螺旋桨的效率。实践证明螺旋桨的载荷愈重,采用导管的收益就愈大。所以对于重载荷的螺旋桨采用导管是十分有利的,故广泛应用于拖船、拖网渔船及大型油船上。安装导管的主要缺点是使船舶的倒车性能变差。

图 5-21 导管螺旋桨

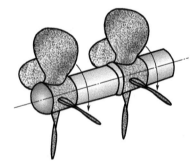
图 5-22 串列螺旋桨

3. 串列螺旋桨

串列螺旋桨是将两只普通螺旋桨安装在同一根尾轴上,工作时,两只螺旋桨的旋转方向和旋转速度皆相同。对吃水浅、螺旋桨的直径受限制的船舶,采用串列桨有其明显的优点。

由于把主机功率分配在两只桨上,所以使每一螺旋桨的载荷都不太高,这对改善推进情况及由螺旋桨引起的尾部振动都是有利的,故适宜于吃水浅而功率大的船舶。串列螺旋桨的缺点是尾轴较长、重量较大,造价也比普通螺旋桨高。串列螺旋桨如图 5-22 所示。

4. 可调螺距螺旋桨

可调螺距螺旋桨是指通过装在桨毂内的操纵机构,可以使桨叶转动而调节螺距的特种螺旋桨。船在航行过程中,根据需要,只要转动桨叶便可以改变螺距,从而改变螺旋桨推力的大小及方向,以适应不同工况的需要。可调螺距桨的主要优点是在各种装载和风浪下航行时,都能充分利用主机功率,船舶的操纵性也能得到改善,其缺点是操纵机构复杂、造价较高,而且因在桨毂内要安装操纵桨叶的传动机构,故毂径较大,所以其效率常较普通螺旋桨稍低。电动机械式可调螺距螺旋桨如图 5-23 所示。可调螺距螺旋桨常用于航行状态多变或机动性要求高的船上,如拖网渔船、港作拖船及扫雷舰等。

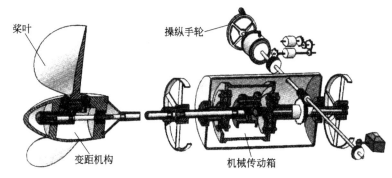

图 5-23 电动机械式可调螺距螺旋桨

5. 对转螺旋桨

对转螺旋桨又称双反桨。它是在两根同心的轴上安装两个转向相反的普通螺旋桨。一般后桨的直径较前桨稍小,如图 5-24 所示。采用对转螺旋桨时,由于前后桨的转动方向相反,使得尾流的旋转损失减少,故而效率较普通螺旋桨为高。在一定负荷下,对转螺旋桨所需直径较普通螺旋桨小,因而对于吃水受限制而不能采用普通螺旋桨的最佳直径时,采用对转螺旋桨有其特殊优点。另外,因为对转螺旋桨能产生较为稳定的扭矩平衡,故能改善船舶的稳定性和操纵性。对转螺旋桨的主要缺点是机构复杂、造价较高,多年来仅用作鱼雷的推进器。

图 5-24 对转螺旋桨

图 5-25 平旋推进器

6. 平旋推进器

平旋推进器也称直叶推进器,一般由 4~8 片叶片组成,叶片垂直装在船尾底部并可旋转的圆底盘上,如图 5-25 所示。叶片在圆盘上是等间距的,工作时,它的叶片同时进行两种运动:绕推进器的立轴做圆周转动,并同时受偏心装置的作用绕叶片自身的立轴转动,其运动轨迹为摆线。只要调节叶片的角度，就可获得任意方向的推力。这种推进器的最大优点是转向操纵灵活，不必用舵，效率也较高，因此常用于港口工作船或对操纵性有特殊要求的船舶上，其缺点是机构复杂、造价较高、叶片易损坏。

7. 全回转式螺旋桨

全回转式螺旋桨的桨叶外面有导管，如图 5-26 所示，具有推力较大、同时通过蜗轮蜗杆机构可做 360°的水平旋转的特点，所以取消了舵设备，改进了船舶的操纵性能，而且后退推力与前进推力相同，前进与后退的动作转换也很迅速，克服了导管螺旋桨倒航性能较差的缺点。拖船上安装这种螺旋桨是最合适的，但其缺点是机构复杂，易遭水上浮物的损害。

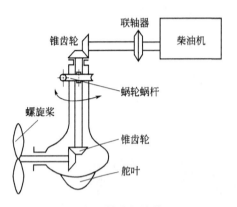

图 5-26 全回转式螺旋桨

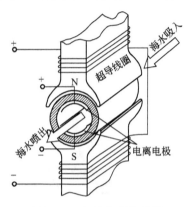

图 5-27 超导电磁推进器

8. 超导电磁推进器

超导电磁推进器是指利用电磁线圈作用于海水形成喷射实施推进的，如图 5-27 所示。超导电磁推进器采用了超导技术。电磁推进的基本原理：超导线圈通入直流电，产生径向超强磁场，与磁场方向垂直的推进装置导管置于海水中，并在其内部安装加有直流电的正负电极，使得海水处于电离状态；电离后的海水在强磁场产生的洛仑兹力的作用下，从导管的一端向另一端喷射而出，其反作用力便能驱动船舶前进。采用超导线圈，是由于海水电阻大，磁场强度必须达到 200000Gs（$1Gs=10^{-4}T$）以上，船体才能获得必要的推力，而一般铁芯电磁铁仅能达到 20000Gs 的磁场强度。

第五节　船舶轴系及传动装置

一、船舶轴系

船舶轴系的主要任务是将主机的功率传递给螺旋桨，进而产生推力实现船舶推进。它通常是由好几段位于同一直线上的轴段连接起来的。它是船舶动力装置的重要组成部分。

轴系位于主机的曲轴输出法兰至螺旋桨之间，包括传递主机功率的推力轴、中间轴、尾轴、连接轴与轴用的联轴器。支撑传动轴用的中间轴承、推力轴承与尾轴承及其他附件等总称为轴系。图 5-28 所示为轴系简图。

图 5-28 所示为直接传动的主机。推力轴、推力轴承用于将推力传给船体；中间轴用来连接推力轴和尾轴；隔舱填料函能够避免水的渗入，保持隔舱的水密；中间轴承承受中间轴的径向负荷；螺旋桨轴一端接中间轴，另一端连接螺旋桨，一般船舶尾轴就是螺旋桨轴；尾

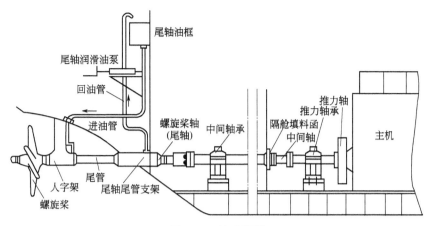

图 5-28 轴系简图

轴尾管支架用来支撑尾管及前尾轴承；尾管常用来支撑尾轴承和支撑尾轴的回转运动；人字架固定在船体上，用来支撑尾轴及尾轴管；附件尾轴润滑油泵、进油管、回油管、尾轴油框是用来保证尾轴承中滑油的供应及有关轴承的冷却等。

船舶采用几个轴系，通常是根据船舶的用途和需要来决定的。大型远洋货船多为单轴系，客船及军用舰船多采用双轴系，对有巡航机组和加速机组之分的军用舰船，则可采用三轴系、四轴系。一般单轴系的轴线常布置在船舶的中线面上，双轴系船舶的轴线往往对称地布置在两舷。

二、传动装置

传动装置是指把主机功率传递给螺旋桨的整套装置。船舶主机的转速一般不小于 1000r/min，有的会更高，而螺旋桨效率最高的转速一般为 100～200r/min，因而需要传动装置来实现动力传输、减速和通断离合。

1. 传动装置的传动形式

（1）直接传动 直接传动是一种最常见的传动形式，轴系与主机的曲轴直接相连，螺旋桨和主机具有相同的转速与转向，因此直接传动适合于低速柴油机。图 5-29 所示是一种单机单桨直接传动形式示意图。它具有结构简单可靠、操作方便、传动效率高、经济性能好等优点，应用极为广泛。需要注意的是直接传动时螺旋桨的倒转或慢车必须通过主机倒转或慢车来实现。

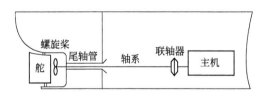

图 5-29 单机单桨直接传动形式

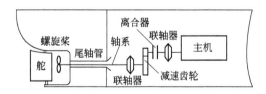

图 5-30 齿轮减速间接传动形式

（2）齿轮传动 采用齿轮减速传动，可通过选用合适的减速比，使主机转速不受螺旋桨低转速的限制，可以与螺旋桨的最佳转速相匹配，提高推进效率，如图 5-30 所示。对于高速或大型船舶，通过齿轮减速传动可实现多机并车，达到大功率输出的要求。采用倒顺离合齿轮减速传动后，还可选用操纵机构简单的不可反转柴油机作主机，并使船舶倒顺车和停车的操纵灵活、迅速。

齿轮传动在内河及沿海中小型船舶上广泛采用，而大型远洋货船采用齿轮传动的也日益增多。齿轮传动的布置形式很多，有单机单桨布置、双机双桨布置、多机多桨布置，也有双机并车及多机并车布置。

齿轮传动属间接传动，其缺点是增加了中间传动设备，降低了传动效率，同时齿轮传动装置的重量和尺寸随着主机功率的增大而相应增大。在采用中高速柴油机的情况下，燃料及润滑油消耗率比低速柴油机大，加之难以使用重油而使燃料成本增高。

(3) 可调螺距螺旋桨传动　可调螺距螺旋桨传动是通过改变螺旋桨的螺距来改变船舶航速和正倒航的传动方式，省去了减速齿轮箱和离合器等中间装置。这种装置在本章第四节中已有过介绍。采用可调螺距螺旋桨传动有如下优点。

① 在部分负荷下有较好的经济性。
② 能适应船舶阻力的变化，充分利用主机的额定功率。
③ 使推进装置简化和轻便。
④ 能够提高船舶的机动性和操纵性。

可调螺距螺旋桨传动适用于航行工况复杂多变以及对机动性、操纵性要求高的船舶。

(4) 电力传动　电力传动是由主机带动发电机，供电给推进电动机，再由推进电动机带动螺旋桨的一种传动方式，如图 5-31 所示。这种传动装置可以不设中间传动轴，主机和螺旋桨的转速可以分别独立选取，也可实施多机连用，布置较为方便。主机始终做恒向恒速运转。只需改变电动机的转向，就可实现螺旋桨的正反转。电力传动的突出优点是操纵性能好、动作迅速，便于实现遥控。因此，它适用于拖船、渡船、挖泥船、破冰船等操纵性要求高的船舶。

电力传动能量损耗较大，传动效率较低，造价和维修费用较高。

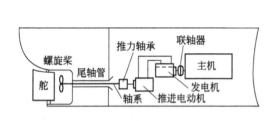

图 5-31　电力传动

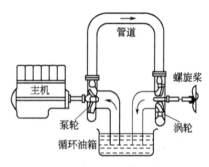

图 5-32　液力偶合器工作原理

(5) 液力传动　液力传动是利用液体来传递功率的装置。这种装置是将离心泵和涡轮机的工作原理结合而创造出来的，如图 5-32 所示。其原理是主机带动离心泵，泵的工作叶轮通过管路从循环油箱中吸油，经过离心泵提高压力后的液体，由管路输入涡轮机去冲动涡轮，从而驱动螺旋桨，这样离心泵和涡轮机组便组成一个传动装置。然而这种装置的传动效率很低，许多能量在传动过程中损失掉了。经过改进，将功率损失较大的涡壳等取消，并将工作叶轮泵轮和涡轮尽量靠拢，以便管路缩到最短。这就是实用型的液力传动装置。

图 5-33 所示是液力偶合器结构简图，它由两个工作叶轮组成离心泵叶轮和涡轮转轮。与主机相连接的泵轮的功用是将输入的机械能转变为工作叶片的动能，而涡轮转轮又将工作液体的动能还原为机械能，并通过输出轴带动螺旋桨旋转。

液力传动使主机和螺旋桨的连接成为挠性连接，它可以减速和反转，同时还可以使主机和螺旋桨离合。液力传动有如下优点。

① 可以起离合器作用，并为远距离操纵创造条件。
② 可以改变船舶牵引性能，增加船舶机动性。
③ 有缓冲和吸收扭转振动的作用，可以保护主机。
④ 当负荷改变时能自动改变转速而实现无级变速。
因此，液力传动适合于一些工程船舶应用。

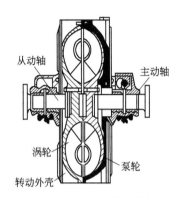

图 5-33　液力偶合器结构

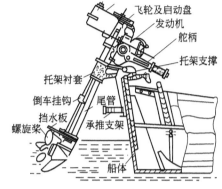

图 5-34　挂机

（6）挂机　为了减小尺寸及重量，以适应小型快艇的需要，有时采用舷外挂机装置，即把发动机挂在舷外直接与竖轴相连，如图 5-34 所示。整机和螺旋桨可绕托架衬套的中线回转，并起到舵的作用，扳起舵柄还能使螺旋桨上翘露出水面，对桨有一定的保护作用。

（7）全回转式螺旋桨传动　亦称 Z 型传动，在本章第四节中已经介绍。柴油机的功率经联轴器和带有万向接头的传动轴、上锥齿轮、传动轴、下锥齿轮传送给螺旋桨，并推动船舶运动。转动蜗杆，通过蜗轮可使尾管在支架中回转，同时也可使螺旋桨绕传动轴的轴线在360°范围内做平面旋转运动，用以控制船的转向。舵叶起着辅助控制船舶转向的作用。舵叶回转 180°即为倒车位置，所以，Z 型传动装置采用非反转的柴油机作主机。这种装置的突出特点是推进器沿水平方向可作 360°回转，轴系和舵叶维修非常方便，可大大缩短修船时间。

2. 传动形式的选择

传动形式的选择取决于船舶用途、航行工况、主机形式、功率和转速、外形尺寸以及经济性等。船舶和航区的不同，所采用的传动形式有很大差别。基本选择情况如下。

① 通常远洋或沿海航行的货船、油船等多采用直接传动，以提高装置的经济性。
② 在冰区航行的船舶，为了使主机和轴系不致因螺旋桨被冰块卡住而损坏，往往在采用低速柴油机的情况下还要加上液力偶合器。
③ 破冰船由于希望在破冰时获得较大的机动性及螺旋桨被卡住时有较大的扭矩，则采用电力传动。
④ 内河船舶由于受吃水的限制，常采用中、高速柴油机齿轮减速传动。
⑤ 对于工况多变的渔船和推、拖船，则用可调螺距桨比较适宜。

总体上说，影响动力装置经济性的有传动装置本身的效率、轴系效率、推进器效率及主机效率。在传动方式选择上要综合优化考虑。

思考与练习

【问答题】

5-1　船舶动力装置主要由哪些部分组成？各起什么作用？

5-2 说明四冲程柴油机有哪四个冲程？写出其工作原理。

5-3 二冲程柴油机与四冲程柴油机比较，各具有哪些特点？

5-4 说明蒸汽轮机有哪些优点？通常应用在哪些舰船上？

5-5 蒸汽锅炉从结构上可分为哪几类？各有什么特点？

5-6 燃气轮机具有哪些特点？主要应用在哪些类别的船舶上？

5-7 说明核动力装置具有哪些特点？通常应用于哪些船舶？

5-8 说明船舶推进器有哪些类别？各有什么特点？

5-9 简要说明船舶传动装置有哪些传动形式？各有什么用途？

【填空题】

5-10 船舶动力装置根据其工作方式特点可分为_____、_____、_____、_____和_____五类。

5-11 柴油机主要由_____、_____以及一些_____组成。

5-12 柴油机汽缸工作容积（活塞排量）是指活塞从_____运动到_____时所经过的空间。

5-13 船舶柴油机按工作循环的特点可分为_____和_____柴油机。

5-14 蒸汽汽轮机有_____式和_____式两种。

【选择题】

5-15 在柴油机结构和运转参数基本相同的情况下，理论上二冲程的做功能力为四冲程的_____倍。
A. 1.8 B. 2 C. 1.7 D. 0.5

5-16 以燃气轮机为主导的联合动力装置，主要有_____。
A. 蒸汽-燃气、燃气-燃气、柴油-燃气 B. 核能-燃气、燃气-燃气、柴油-燃气
C. 蒸汽-燃气、燃气-燃气、柴油-太阳能 D. 蒸汽-燃气、汽油-燃气、柴油-燃气

【判断题】

5-17 船舶辅助设备是指为船舶提供除推进装置以外的各种能量，以保证船舶航行、作业和生活需要的各种设备。（   ）

5-18 船舶辅助设备包括辅助机械、船舶电站、船舶辅助锅炉、制冷装置和空调装置。（   ）

5-19 船舶柴油机的系统包括配气系统、燃油系统、冷却系统、润滑系统、启动系统、调速系统、制冷系统等。（   ）

5-20 二冲程柴油机回转比四冲程柴油机均匀并可减少飞轮尺寸，因其曲轴转一转就有一个工作冲程。（   ）

5-21 船舶推进器的作用是将船舶动力装置提供的动力转换成推力，推进船舶。（   ）

第六章
船舶辅助设备与管路系统

第一节 船舶辅助设备

船舶辅助设备主要用于保证管路系统及时有效地输送工质，主、辅机的正常工作及船舶的安全航行，满足船上人员正常工作与生活的需要。船舶辅助设备包括船舶辅助机械和船舶辅助装置。

一、船舶辅助机械

船舶辅助机械按其所输送工质的不同，可分为水利机械、气体压送机械等。

1. 水利机械

水利机械主要用于输送液体工质，包括各种水泵、油泵、净油机等，其中以泵应用最为广泛。一般由电动机带动，在船舶上主要泵送水和油。水利机械主要有以下几种形式。

（1）活塞泵 活塞泵如图 6-1 所示。活塞在泵缸中做往复运动，当活塞由下往上运动时，泵缸容积增大，压力减小，池内液体经吸入管顶开吸入阀进入泵缸；当活塞由上往下运动时，活塞下部液体体积减小，压力增大，吸入阀关闭，具有一定压力的液体顶开排出阀，经排出管排出。活塞泵自吸能力强，通常用于舱底泵和总用泵。

（2）齿轮泵 齿轮泵是依靠特定形状的转子在相应形状的泵体中旋转时，通过改变工作腔容积，从而在吸入口与排出口产生吸排液体的作用原理来工作的，如图 6-2 所示。

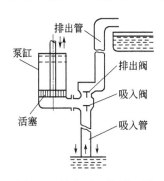
图 6-1 活塞泵工作原理图

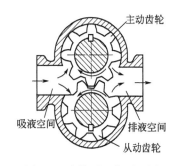
图 6-2 齿轮泵工作原理图

其工作原理是主动齿轮转动时，由于工作腔在吸入口处的容积增大，把液体吸入，在排出口处因齿轮的啮合又把液体挤出。齿轮泵在机舱中常用作泵送燃油与滑油。

（3）离心泵 离心泵是叶片式泵，如图 6-3 所示。它是依靠高速旋转的叶轮所产生的离心力把液体甩向叶轮外缘，并进入螺旋形的泵壳中，使液体获得较高的能量。与此同时，叶轮内缘区域因压力降低而将液体吸入泵内，以补充被旋转的叶轮所甩出的液体容积。

离心泵具有流量及压头范围广、适应性强等优点，在机舱中常被用来作为冷却水泵、消防泵、压载水泵和生活水泵等。

（4）喷射泵　喷射泵是一种依靠高能量的流体去抽吸低能量流体的泵，如图 6-4 所示。高压工作流体在压力作用下经管子进入喷嘴，并以很高的速度由喷嘴出口喷出。由于喷出的工作流体速度极高，因此使喷嘴附近的液体被带走，此时，在喷嘴出口的后部便形成低压区，从吸入管中吸进流体并和工作流体一起混合，经扩散管进入排出管。如果工作流体不断地喷射，便能连续不断地输送液体。

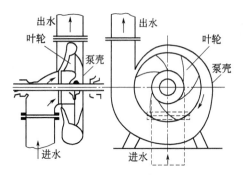

图 6-3　离心泵工作原理图　　　　　图 6-4　喷射泵工作原理图

喷射泵具有结构简单、无运动机件、不易损坏、有自吸能力等优点。喷射泵的效率较低，一般为 15%～30%。在机舱中喷射泵常用作舱底水泵，但它需要有离心式舱底泵供应高压水为能源。

（5）离心净油机　燃料油和润滑油中常含有固体杂质和水分，虽然用滤清器也能滤去一部分较粗的杂质，但对于水分和较细的固体杂质，就必须利用净油机来清除。离心净油机如图 6-5 所示，目前在船上应用广泛。净油机往往还带有两个油泵，用来吸入污油和输送净油。船上烧重油的燃油系统及滑油系统，一般均分别设有净油机。

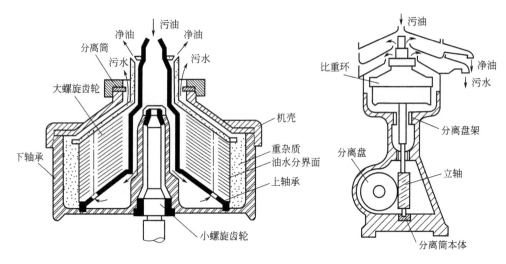

图 6-5　离心净油机结构图

离心净油机是依靠油、水与固体微粒物的离心力之差将其进行分离的。燃油、水分和机械杂质的密度是不同的，纯油的密度最小，水分的密度居中，机械杂质的密度最大。如果把污油置于高速回转的分离筒中，让污油与分离筒一起高速回转，也就是说把污油置于一个离心力场中，由于油、水和杂质所产生的离心惯性力各不相同，它们就会沿转动轴的径向重新分布。离心惯性力最大的杂质被甩到最外圈。纯油的离心惯性力最小，汇聚在转轴附近，水分则位于两者之间。由于杂质和水分所产生的离心惯性力要比本身的重力大几千倍，因此用分油机分油就能缩短燃油净化时间和提高净化效果。根据混合液体的这一特性，船舶上通常采用叠片式分油机净化燃油。这种分油机的核心部件是分离筒，分油作用主要由它完成。

2. 气体压送机械

气体压送机械有压缩机、鼓风机及通风机。输送的气体压力在 0.3MPa 以上的为压缩机；压力在 0.3Pa～0.015MPa 之间的为鼓风机；压力在 0.015MPa 以下的为通风机。船舶上的气体压送机械主要有空气压缩机和通风机。

（1）压缩机　压缩机在船舶上主要用于泵送空气或制冷剂。压缩空气可以用于船舶内燃机的启动、倒顺车、离合器操纵、鸣笛、海底门清洗、使潜艇上浮等。而船上所需的各种压力的压缩空气又是靠空压机来产生的。压缩机的另一用途是用于船舶制冷装置中，泵送制冷工质。

按活塞动作方式，压缩机有往复活塞式和自由活塞式两个类别，其中往复活塞式压缩机应用较多。按照空压机的结构可分为单级式及多级式。活塞式空压机如图 6-6 所示。单级空压机排出空气的压力不宜过高，否则压缩终点温度过高、润滑困难、效率降低。如果要求较高的空气压力，必须采用多级压缩，在两级之间装有冷却器，以降低气体温度，使压缩过程接近等温过程，从而减少空压机消耗的功率。

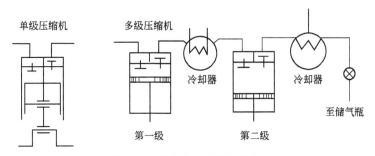

图 6-6　活塞式空压机示意图

（2）通风机　通风机主要用于船舶上客舱、货舱、燃料舱、机炉舱、弹药舱等的强制通风，以驱除有害气体，降低舱内温度，保证人员及货物的安全。

按照结构形式和工作原理的不同，通风机可分为离心式通风机和轴流式通风机两种。离心式通风机示意图如图 6-7 所示。它是利用高速旋转的叶轮对气体产生的离心力，使气体的能量增加，从而达到使气体增压及输送的目的。

轴流式通风机示意图如图 6-8 所示。它是利用叶轮高速旋转时在叶轮正、背面产生的压力差，产生轴向推力，使气体轴向流动，达到增压送风的目的。

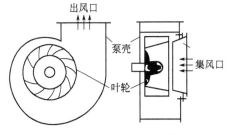

图 6-7　离心式通风机示意图

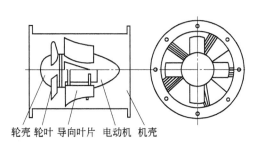

图 6-8　轴流式通风机示意图

二、船舶辅助装置

船舶辅助装置可分为船舶辅助锅炉、制冷与空调装置及制淡装置等。

1. 船舶辅助锅炉

船舶辅助锅炉主要用于柴油机动力装置中燃油、滑油的加热,船上日常生活供热等。船上通常装有1~2台蒸汽锅炉,其压力一般在980Pa以下。

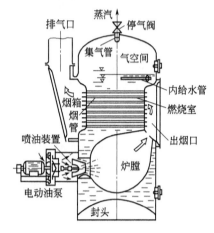

图 6-9 立式火管辅助锅炉

船舶辅助锅炉按其结构不同,可分为火管锅炉、水管锅炉和水火管联合锅炉;而按其加热的热源不同,可分为燃油锅炉、废热锅炉和混合式锅炉。燃油锅炉靠油料燃烧给水加热或产生蒸汽;而废热锅炉是利用柴油机排出的废热来加热水或产生蒸汽,提高了船舶动力装置的经济性;混合式锅炉是把燃油锅炉和废气锅炉合为一体,从而能够简化设备。

船舶在航行时所需要的蒸汽通常由废热锅炉供应,而由燃油锅炉补充其不足部分。船舶在进出港和停泊时,则由燃油锅炉供应。

图 6-9 所示为立式火管辅助锅炉示意图。炉壳为圆形,炉底部的圆形封头有利于承受更高的压力。电动油泵通过喷油装置向炉膛内喷油,在燃烧室燃烧形成高温烟气,温度可达 1300~1400℃,经过数量较多的烟管,把热量传导给锅炉中的水,水受热后变成高温蒸汽,并由集气管引出高温蒸汽,供船舶使用。

图 6-10 所示为火管废热锅炉示意图。废气流经炉管,将热量传输给锅炉中的水,在汽包中形成蒸汽,供船舶使用。

2. 制冷与空调装置

(1) 船舶制冷装置 船舶制冷装置主要用于为船舶某一舱室提供低温,以满足储备食物等的要求。制冷装置按其工作原理的不同,有压缩式制冷装置、吸收式制冷装置、蒸汽喷射式制冷装置和热电式制冷装置。其中,压缩式

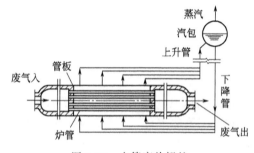

图 6-10 火管废热锅炉

制冷装置在船舶上应用较为普遍。压缩式制冷装置的结构简单、维护方便,制冷剂直接在冷库内吸收热量,因此冷量损失少。

在船上,考虑到不同类别的食品具有各自不同的最佳冷藏温度,通常设有好几个冷库,如鱼、肉、蔬菜、水果等,各冷库内布满了管子,即蒸发盘管。低压液态的制冷剂进入蒸发盘管后,吸收了库内被冷却物体的大量热量,变成气体,从而使冷库里的物品冷却剂压缩,使它的冷凝温度提高,然后进入冷凝器,用舷外水或空气冷却,使它凝结成液态制冷剂,再经过膨胀阀,使液态制冷剂的压力及温度下降,以便在蒸发器中循环吸收热量。

(2) 船舶空调装置 船舶空调的主要任务是对舱室内空气的温度、相对湿度、清洁度和流动速度进行控制,使之保持在一定范围内,以保证船员和旅客适当的工作和生活条件,或者满足某些货物或仪器设备对环境气候的要求。其主要功能包括通风换气、干燥或加湿、加热或冷却、净化再生、消毒杀菌等。

压缩式船舶制冷与空调装置主要是利用液体在汽化时需要吸收大量热量这一原理来制冷的。通常把能在低温下汽化吸热的液体作为制冷剂,在船上广泛应用 F-12 和 NH_3。

压缩式船舶制冷与空调装置的工作原理如图 6-11 所示。它由蒸发器、压缩机、冷凝器、膨胀阀 4 个主要部分组成。当用作制冷装置时,通过四通电磁阀将保温层内封闭空间设置成蒸发器,从空间吸热,以完成制冷工作。当用作空调装置时,通过四通电磁阀将保温层内封闭空间,在冬季设置成冷凝器,向生活空间放热,以完成制热工作;在夏季设置成蒸发器,从生活空间吸热,完成降温。

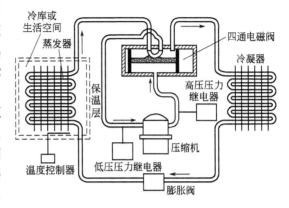

图 6-11　压缩式制冷装置工作原理图

船舶空调装置根据调节方法可分为集中式单风管系统、区域再热式单风管系统、末端再处理式单风管系统、双风管系统。集中式单风管系统如图 6-12 所示。它对空气处理的全过程都是在集中式空调器中完成,而且对各舱室的供风温差相同,要对各个舱室个别调节,只能改变布风器风门的开度来完成。这种系统简单,在货船上应用较多。其缺点是新风供给不稳定,个别舱室的温度调节容易影响其他舱室。

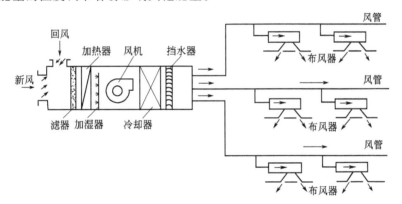

图 6-12　集中式单风管系统

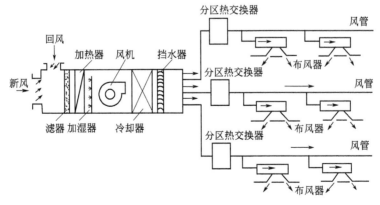

图 6-13　区域再热式单风管系统

区域再热式单风管系统如图 6-13 所示。几个相邻空调区的供风由同一台空调器完成，然后由分区热交换器根据需要对供风做进一步调节。该系统适合于分区较多的客船。

3. 制淡装置

制淡装置的主要任务是分离海水中的各种盐类和杂质，制造出一定数量和规定纯度的淡水，以满足不同的需要。海水淡化方法有蒸馏法、电渗析法和冷冻法等。船用海水淡化装置绝大多数采用真空蒸馏法。真空蒸馏法还可分为沸腾式和闪发式两种，前者因经济性好，在船舶上应用广泛。

真空沸腾式制淡装置利用动力装置的余热，使海水通过蒸馏装置加热蒸发，因盐分不易溶解于低压蒸汽中，蒸汽冷凝后即可获得淡水，如图 6-14 所示。来自加热工质的热量通过加热盘管，使蒸发器中的海水沸腾蒸发，经汽水分离器滤除盐分后的蒸汽引至冷凝器冷凝，凝水经凝水泵排至淡水柜。冷凝器循环的冷却水由海水泵供给。盐水泵可将高含盐浓度升高的海水泵送至舷外。空气抽除器保证制淡系统内部的真空度。

除沸腾式制淡装置外，近年来，真空闪发式制淡装置在一些海船上得到了广泛应用。真空闪发式造水工作原理如图 6-15 所示。加热盐水循环泵泵入的海水，经喷雾器喷入具有一定真空度的闪发室，海水蒸发器内的海水在 40℃ 左右就能沸腾，产生的大量蒸汽经汽水分离器进入冷凝器，冷凝成淡水并由凝水泵送至淡水柜。

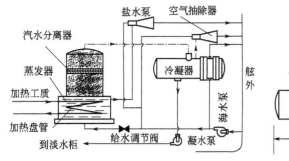

图 6-14 真空沸腾式制淡装置

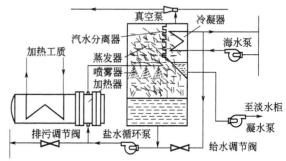

图 6-15 真空闪发式制淡装置

它的特点是海水加热器与蒸发器相互隔开，海水是在喷雾状态下蒸发的，因而有利于保证淡水的质量和防止水垢。这种造水装置造水量大、热经济性高，适用于需要大量淡水的大型客船和某些专用船舶。

第二节　船舶管路系统

船舶管路系统是指在船舶动力装置中，专门用来输送液体或气体等工质，完成一定任务的管路、机械设备、器具和检测仪表等，简称"船舶管系"，主要用于保证船舶生命力及全船乘员正常生活。

船舶管系按其功能分为动力管路和船舶系统。动力管路主要服务于船舶动力装置中的主、辅机，主要有燃油管路、润滑管路、冷却管路、压缩空气管路等。

船舶系统主要用于保证船舶航行安全和船上人员生活等需要，主要有舱底水系统、压载水系统、消防系统、生活水系统、通风系统、制冷与空调系统、货油系统等。

一、动力管路

1. 燃油管路

燃油管路的基本任务是供给主机、辅机、辅锅炉以足够数量的清洁燃油。它主要由以下几部分组成。

（1）燃油的注入、储存及驳运　由燃油注入口注入并储存于燃油舱中。一般利用岸上的油泵注入，也可用自带的驳运泵注入。

（2）燃油的清理及净化　燃油进入柴油机前要对其中的杂质及水分进行清理和净化，通常有沉淀、过滤和离心分离三种方法。

（3）燃油的供给　净化后的燃油存放在日用油柜中，由燃油输送泵将燃油抽出，经滤清器或高压油泵喷入汽缸或供给燃油辅助锅炉。

（4）测量和指示　燃油管路中还设有测量和指示油舱油柜液面高低的液位计；测量燃油温度的温度计等检测仪表及各种阀件。

2. 润滑管路

润滑管路的任务是保证供给各运动件摩擦表面以适量的润滑油，避免机件磨损、发热、生锈、振动等。柴油机动力装置中的机内滑油随柴油机本身所带滑油泵一起供应，并存放于柴油机油底壳内。机外的滑油系统多为压力式，滑油靠滑油泵强行压入各摩擦部位。一般在大型低速柴油机中有5个独立的润滑管路系统：

① 主轴承、十字头等传动部件润滑系统；
② 主机凸轮轴润滑系统；
③ 活塞与汽缸之间润滑系统；
④ 增压器润滑系统；
⑤ 辅机润滑系统。

由于不同润滑部位的工作温度等条件不同，故应采用不同种类的润滑油。

3. 冷却管路

冷却管路的任务是对柴油机动力装置在正常运转中散发出的大量热量提供充足的冷却液进行散热，使之维持在一定的温度范围内正常工作。在所有需要冷却的机械设备中，主机是主要设备。燃油燃烧时放出热量的20%～30%需经汽缸头、汽缸套及活塞的冷却液带走。柴油机动力装置需进行冷却的机械设备有以下几种：

① 主、辅柴油机的汽缸套、汽缸头、活塞、喷油器、增压器等；
② 主、辅柴油机的滑油冷却器、淡水冷却器、空气冷却器等热交换器；
③ 轴系中的轴承、尾轴管等；
④ 空气压缩机及其他辅机等。

4. 压缩空气管路

压缩空气管路主要用于船舶柴油机启动和换向、气笛的吹鸣、海底门冲洗、海水与淡水压力柜的冲气、气动仪表和阀件的操纵使用等；对军用舰艇，还用于发射武器及潜艇的上浮等。其任务是给动力装置中的各用气设备提供一定压力及质量的压缩空气。在柴油机动力装置中，压缩空气使用广泛。

压缩空气管路由空气压缩机、分离器、储气瓶、减压阀、滤器及管路等组成。

二、船舶系统

船舶系统的主要任务是为船上人员提供正常的生活条件,保障船舶航行安全,满足各种作业需要。船舶系统是船舶的重要组成部分之一。

1. 舱底水系统

舱底水系统是指为排除舱底积水,在船舶上设置的专用抽干设备和管路。在船舶的正常营运中,由于机舱设备的泄水、管路泄漏、冲洗水漏入、船体接缝渗漏、舱口雨水流入等原因,形成舱底水。舱底积水会腐蚀船体、浸湿货物,使机电设备受潮或浸水损坏,当舱底水积存过多时,将会严重地影响船舶稳性和危及航行安全。因舱底水未能排出造成翻船的事例在国内外航海史上亦有记载。当船舶破损时,舱底水系统还可用于排出进水。舱底水系统应满足如下要求。

① 所有机动船舶均应设置舱底水系统,并能有效地排除任何水密舱中的积水。

② 各吸入管的吸入口都应布置在每个舱底的最低处,以保证船舶在正常状态下及任何一舷倾角不大于 5°时,能抽干舱底的积水。

③ 为防止破坏隔舱的水密性,凡通过水密隔舱的舱底水管的吸入口,都必须装设可靠的单向流动的止回阀。

④ 在远洋船舶上应有两台以上排量符合要求的舱底水泵。对于国际航行的客船,舱底水泵的台数应较一般船舶多 1~2 台,以提高船舶的安全性。

⑤ 排出舷外的舱底水必须符合有关"排放标准"的要求。

2. 压载水系统

压载水系统的作用是能够根据船舶的需要,对全船压载舱进行注入或排出,以达到调整吃水、避免船体倾斜、防止推进器和舵露出水面、提高推进效率和转舵效率的目的。船舶吃水太浅,严重时会引起船体的振动甚至倾覆。为此,要在船上固定的压载水舱里注进海水,以维持一定的吃水深度。反之,船舶装满货物之后吃水变得太深,又要把压载水舱里的水向船外排出。压载水的用途就是利用海水的重量来调节船体在不同装载量时的吃水深度,使船舶处于最佳的吃水状态下航行或装卸货物。

压载水系统主要由压载水泵、压载水管路、压载舱及有关阀件组成。由于船舶的大小和用途不同,故压载水舱的位置、压载水量和注排压载水时间也有很大的差别。一般船舶可用首尖舱、尾尖舱、双层底舱、边舱、顶边舱与深舱等作为压载水舱。首、尾尖舱对调整船舶的纵倾最有效,边舱对调整船舶横向平衡最有效,而调节深舱压载水量可有效地调整船舶的稳心高度。

货船的压载水量一般占船舶载货量的 50%~70%;油船的货油舱可兼作压载水舱,有的还设专用压载舱,压载水量占货油量的 40%~60%。

3. 消防系统

消防系统的主要作用是在船舶发生火灾时扑灭火源。船舶无论在航行、停泊或是进坞修理时,都可能发生火灾,在战斗时发生火灾的可能性更大。由于船舶的用途、携带和运载物品的种类不同,火灾的起因和火情都不同,船上往往同时设置两种或两种以上的消防系统。一般船上多采用以下几种消防系统。

① 水灭火系统 一般由消防泵、消防管系、消防栓、消防水带、水枪和国际通岸接头等组成,包括自动喷水灭火系统、压力水雾灭火系统等。

② 二氧化碳或蒸汽灭火系统 可用于扑救图书资料、文件、贵重仪器等的火灾及少量

的油类火和一般物质的火灾。

③ 干粉灭火系统　以二氧化碳为驱动气,主要用于扑救电气火灾、油类火灾,可燃气体引起的火灾。

④ 溴化物灭火系统　具有灭火速度快、用量省、容易汽化、空间淹没性好、洁净、不导电的特点。

⑤ 泡沫灭火系统　内装碳酸氢钠、发泡剂及水溶液溶解成的碱性溶液,而瓶胆内装酸性药液。

4. 生活水系统

为满足船上人员正常生活的需要,船上设有生活水系统。生活用水有淡水系统和海水系统两种。淡水管路分成两条,即饮用水管路和洗涤水管路。洗涤水也可用作冷却水,其管路也有两条,即热水管路和冷水管路。航行时间长而又不能携带足够淡水量的船舶,需要装设海水淡化装置。海水系统从舷外直接吸取海水供厕所、洗脸间和浴室等处冲洗用。

生活水系统的主要设备有水泵、水柜、热水器、供水管和阀件等。其供水方式有重力式水柜供水、压力式水柜供水和淡水泵循环式供水。目前大中型海船基本上采用压力供水方式,至少应设有海水压力柜和淡水压力柜。

压力供水的特点是设置压力水柜,借助水柜中空气的压力将水送至各用水处。这种压力水柜的布置不受高度的限制。图 6-16 所示是压力式冷热水柜供水系统。其工作原理如下。

(1) 冷水供应　由于压力水柜密封,当水泵向冷水压力水柜进行充水时,随着水面的升高,柜内上部的空气逐渐被压缩而产生压力。当水充到规定液面时,水泵即停止供水,压力水柜内的水就依靠柜内上部空间被压缩了的空气的压力,经管路、阀件输至各用水处。

(2) 热水供应　密闭的热水压力水柜内设有蒸汽加热管,蒸汽通过调温阀进入加热管。一般加热温度控制在 70～80℃。从热水器出来的热水供应管路,一般均应包扎绝热材料,防止热量散失。

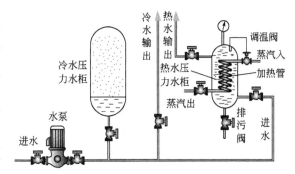

图 6-16　压力式冷热水柜供水系统

5. 通风、制冷与空调系统

通风系统主要用来排除舱室内浑浊和高温的空气,输进外界的新鲜空气,保证船上人员的工作和生活条件,提供设备正常运转的环境。通风的形式有自然通风和机械通风两类。自然通风受外界气候条件和船舶的航行情况所制约。机械通风受外界的影响不大,能按需要供给舱室内的通风量。通风系统根据舱室的性质可分为进气、排气和进排气组合三种通风形式,而根据舱室的工作性质又可分为全船通风、机炉舱通风和弹药舱通风等。

船舶在冬季较多采用蒸汽取暖系统。一般由主锅炉或辅锅炉提供饱和蒸汽,并通过管路进入取暖器内供有关舱室取暖。

制冷与空调系统为舱室提供具备有一定温度、湿度和清洁度的空气,使船上人员的工作和生活经常处在舒适的环境下,及满足精密设备的运转要求。

6. 货油系统

货油系统是指油船上专用的装卸、清洗等管路系统,包括货油输送系统、货油扫舱系统、货油洗舱系统、货油透气和回收系统等。

货油系统有专门的油泵和油管进行装卸，能在几小时到一昼夜间把全部货油装卸完毕。为避免油船吃水太浅，在卸下货油的同时装载压载水。为便于卸净舱底残油，设有扫舱管系。为降低重质货油的黏度以便装卸，设有加热管系。

思考与练习

【问答题】

6-1　船舶辅助机械中的水利机械包括哪些形式？各起什么作用？

6-2　说明离心净油机的作用和工作原理。

6-3　船舶辅助机械中的气体压送机械包括哪些形式？各起什么作用？

6-4　船舶辅助锅炉起什么作用？按其结构可分为哪些类别？各有什么特点？

6-5　说明船舶制冷装置的作用。按其工作原理的不同，分为哪些类别？

6-6　说明船舶制淡装置的作用。海水淡化方法有哪些？哪种方法在船舶上应用较多？

6-7　说明船舶动力管路的作用。主要有哪些管路？

6-8　说明船舶系统的作用。主要有哪些系统？

6-9　说明船舶压载水系统的作用。

6-10　说明船舶货油系统的作用。主要包括哪些系统？

【填空题】

6-11　水利机械主要用于输送液体工质，包括各种_____、_____、_____等，其中以泵应用最为广泛。

6-12　船舶辅助锅炉按其加热的热源不同，可分为_____锅炉_____锅炉和_____锅炉。

6-13　制冷装置按其工作原理的不同，分为_____制冷装置、_____制冷装置、_____制冷装置和_____制冷装置。

6-14　压缩式船舶制冷与空调装置是由_____、_____、_____、_____4个主要部分组成。

【选择题】

6-15　齿轮泵气体压送机械有压缩机、鼓风机及通风机，其输送的气体压力范围分别在_____。

A. 0.35MPa、0.35Pa～0.03MPa、0.03Mpa　　B. 0.4MPa、0.4Pa～0.015MPa、0.015MPa

C. 0.28MPa、0.28Pa～0.02MPa、0.02MPa　　D. 0.3MPa、0.3Pa～0.015MPa、0.015Mpa

6-16　压载水系统的作用是能够根据船舶的需要，对全船压载舱进行注入或排出，以达到_____、防止推进器和舵露出水面、提高推进效率和转舵效率的目的。

A. 节省燃油　　　　　　　　　　　　　　B. 提高推进速度

C. 避免船底碰触海底　　　　　　　　　　D. 调整吃水、避免船体倾斜

【判断题】

6-17　燃油锅炉靠油料燃烧给水加热或产生蒸汽；而废热锅炉是利用柴油机排出的废热来加热水或产生蒸汽，提高了船舶动力装置的经济性。　　　　　　　　　　　　　　　　　　　　　　　　（　　）

6-18　制淡装置的主要任务是分离海水中的各种沉淀物和杂质，制造出一定数量和规定纯度的淡水，以满足不同的需要。　　　　　　　　　　　　　　　　　　　　　　　　　　　　　　（　　）

第七章 船舶设备

船舶设备主要包括舵设备、锚泊设备、系泊设备、起货设备、救生设备、船舶导航仪器和设备等,其主要目的是为了满足船舶营运中的各项要求。

第一节 舵 设 备

一、舵设备组成及转舵原理

1. 舵设备的组成

舵设备是保障船舶操纵性的一种主要设备。船舶在航行中保持航向、改变航向、进行回转运动主要依靠舵来实现,如图 7-1 所示。舵设备由舵、转舵装置、舵机、传动装置、控制装置等组成。各部分作用如下。

(1) 舵 通常安装在船尾,承受相对水流的作用,产生转舵力矩使船回转。

(2) 舵机及转舵装置 安装在尾尖舱甲板平台上的舵机舱内。舵机为转舵的动力源,通过转舵装置将力矩传递给舵杆,从而带动舵叶转动。

(3) 传动装置 使得舵机能够按照控制装置的操舵信号产生相应驱动动作的装置。其形式有机械式、液压式和电动式等。机械式只在小船上还有使用,液压式和电动式在船上应用广泛。特别是电动式,因其操作轻便、动作灵敏、不受船体变形和气候的影响,新造船上应用更多。

(4) 控制系统 主要部件安装于驾驶室内,将舵令通过电力或液压控制系统由驾驶室传递给舵机,以控制其动作。其中包括舵角反馈装置。

2. 舵设备转舵原理

根据流体力学中的机翼理论可知,船在正常航行时,水流对称地流过舵叶两侧,不产生舵力,船不会产生偏转。而当舵偏离船中纵剖面某一舵角时,水流的对称性被破坏,舵叶两侧的流场随之发生改变,迎流面的流速较背流面的流速慢,从而产生垂直于舵叶的压力差,于是在舵上产生一个中纵剖面垂直的转船力,如图 7-2 所示。船舶在航行中舵角为 α,舵受到水流作用力称为舵力 F,则 F 可分解为船前进阻力 $F\sin\alpha$ 和转船力 $F\cos\alpha/2$,则船舶的转船力矩为 $M=FL\cos\alpha/2$。

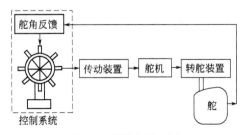

图 7-1 舵设备原理图

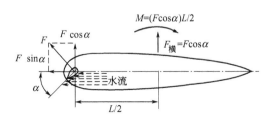

图 7-2 转船力矩原理图

当船舶在航行时，驾驶人员操纵舵轮或手柄，通过控制装置带动船尾部的舵机，再经转舵机构带动舵的转动，从而使船舶按照预定的路线航行。

舵力的大小与舵角、舵叶面积、舵速和舵叶断面形状等因素有关。在初始舵角范围内，舵角越大，舵力越大。当舵角约等于35°时舵力最大，若再增大舵角，舵力反而下降，因此一般把舵角35°称为极限舵角。

由分析可知，舵上产生舵力的大小不仅与舵的形式有关，而且与舵叶面积的大小有关，舵叶面积大，舵上产生的舵力也大。舵叶面积常以船舶满载水线下纵向侧投影面积的百分数表示，即

$$S = \mu L T \tag{7-1}$$

式中，S 为舵叶面积，m^2；μ 为舵面积系数；L 为船舶的满载水线长，m；T 为船舶的满载吃水，m。

在一定范围内，舵面积系数 μ 越大，则船舶的回转性越好。在实际选择中，应根据船舶的不同情况而定。表 7-1 所示是舵叶面积系数 μ 的一般统计情况，仅供参考。在舵的实际设计中，通常是通过操纵性良好的母型船来取定。

表 7-1 各类船舶的舵面积系数

类别	船型	μ/%	类别	船型	μ/%
海船	巨型远洋客船	1.2～1.7	海船	引航船和渡船	2.5～4.0
	快速客船	1.8～2.0	内河船	客船	4.0～8.0
	沿海客船	2.0～2.3		川江客货船	4.5～5.0
	拖船	3.0～6.0		长江中下游客货船	2.0～3.0
	渔船	2.5～5.0		内河拖船	6.5～13
	货船	1.6～2.5		长江拖船	7.0～9.0
	油船	1.3～1.9		驳船	4.5～7.0

二、舵

1. 舵设计要求

舵是实现对船操纵的关键设备，进行舵设计时，要满足以下要求。

① 在满足船体几何形状等条件下，应尽量使得舵上的转船力矩为最大，而转动舵时所需要的力矩为最小。这样可提高船舶的操纵性能，并可减小舵机的功率。

② 舵应布置在远离船舶转动中心的尾部螺旋桨的后面，以增大转船力矩。因经螺旋桨作用后的水流速度较高，能显著提高转船力矩。舵在船尾部能够受到尾型的保护。

2. 常用舵种类

舵的形式很多，其中最常用的有不平衡舵、平衡舵、导流管舵、襟翼舵。

（1）不平衡舵　不平衡舵的面积均在舵杆轴线的后方，如图 7-3 所示。这种舵支撑点多，强度易于保证，但因舵的水压力中心离转动轴较远，转舵时，需要较大的转舵力矩。

（2）平衡舵　平衡舵的部分舵面积在舵杆轴线的前方，且沿着整个舵的高度均匀分布，如图 7-3 所示。这种舵的特点是舵力离舵的转动轴线较近，转舵力矩小，可节省舵机功率。

（3）导流管舵　导流管舵是在螺旋桨外面套一有特殊剖面形状的圆短管，导管尾端装置一固定于导管上的流线型舵叶，导管可随舵杆转动，如图 7-4 所示。它可以改善船舶在低速和惯性航行时的船舶操纵性。

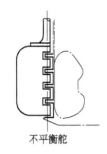  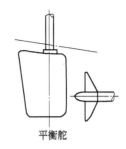

图 7-3　不平衡舵与平衡舵

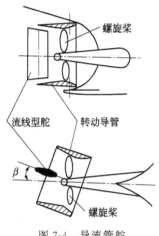

图 7-4　导流管舵

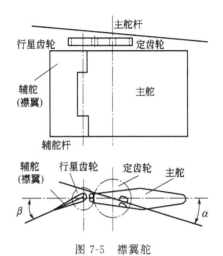

图 7-5　襟翼舵

（4）襟翼舵　襟翼舵是由主舵和辅舵组成，两者通过行星齿轮啮合，如图 7-5 所示。这种舵由于转舵时主、辅舵的转角不同，相当于增加了舵剖面的拱度，因而能产生更大的流体动力，从而改善船舶的操纵性能，能够减小船舶的回转半径。

三、舵机

舵机是指能够按预定要求迅速可靠地将舵叶转到并保持在指定的舵角，以使船舶航行在给定航线上的动力机械。舵机是确保船舶安全航行的重要设备。舵机安装在船尾的舵机舱内，包括转舵的动力和转舵机构。小型船上因转舵力较小，通过人力即可完成，通常不安装舵机。舵机主要应用在大、中型船舶上。

1. 舵机的种类

（1）手动舵机　手动舵机由于机械损耗大、舵角指示不够准确，只适用于技术要求不高的小船。

（2）蒸汽舵机　蒸汽舵机是以蒸汽为动力来驱动的转舵装置，一般多用在蒸汽机船上。由于蒸汽舵机不会产生火花，有利于防火、防爆，因此在油船上也有采用。蒸汽舵机启动迅速、工作可靠、使用检修容易，但其结构笨重、体积大、管路多、热效率低、振动大，现已逐渐被淘汰。

（3）气动舵机　气动舵机是以压缩气体来驱动的转舵装置。由于气动舵机响应较快，不会产生火花，有利于防水、防油、防火、防爆，能量的储藏和传输简单，易于做到体积小、重量轻、机构简单、性能可靠、比功率大，因此在油船上采用较多。气动舵机容易产生低频振荡。

（4）电动舵机　电动舵机多用于内燃机船。由于电动舵机需要较大的启动力矩和过载能力，因此一般多采用直流电动机为驱动电机。图 7-6 所示为齿扇传动的电动舵机。电动机运转时，须经减速箱减速后带动齿扇，齿扇是套在舵杆上的，它必须通过缓冲弹簧才能推动舵柄，使舵摆动。

电动舵机运行平衡、结构简单、占据空间小，但当舵机功率较大时，往往需要大功率的变流机组，较不方便。

（5）液压舵机　液压舵机是以液压油为工作介质，能够使船舶转舵并保持舵位的装置。它是根据油液不可压缩性及流量、流向、油压的可控制性，使输入给舵机的动能转化为液压能，再由液压能转化为机械能，从而达到转舵的目的。它与气动舵机和电动舵机相比，具有功率增益高、转动惯量小、输出力矩大、运行平稳、快速性好、体积小、灵敏度高、控制功率小及承受负载功率大等优点。液压舵机在船舶上应用广泛。

液压舵机包括电液伺服阀、动作筒、信号反馈装置，如图 7-7 所示。电液伺服阀是电液转换元件，它能够把微小的电气信号转换成大功率的液压能（流量和压力）输出。动作筒中的活塞在液体工质的作用下发生位移，带动舵按照给定角度偏移。信号反馈装置能够把舵角转换成电信号，反馈回自动操舵系统给定信号端，进行误差分析和比较。

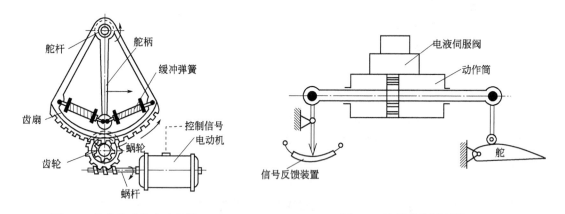

图 7-6　齿扇传动的电动舵机　　　　图 7-7　液压舵机原理图

（6）电动-液压舵机　电动-液压舵机是以电力方式来控制舵机驱动油泵中油液的流量、流向和油压，使舵保持或者偏转的装置。它主要由电动机、变量泵和转舵液缸组成。按转舵液缸的结构形式来分，电动-液压舵机有柱塞式和转叶式两大类。它具有转矩大、传动灵敏、动作平稳、无振动、操作轻快、噪声小、自重轻、外形尺寸小等优点。目前很多船舶都采用电动-液压舵机，尤其在大中型高速船上更为普遍。其不足是制造精度要求高、维修保养也较复杂。

2．对舵机的要求

① 能够产生足够的操纵力，克服作用在舵上的流体动力及各种摩擦力。

② 能使舵面产生足够的偏转角和偏转角速度。

③ 具有较好的快速性。

④ 体积小、重量轻。

⑤ 死区小，保证航行品质。

四、操舵装置的控制系统

操舵装置的控制系统是指将舵令由驾驶室传至操舵装置动力设备之间的一系列设备,由发送器、接收器、液压控制泵及电动机、电动机控制器、管路和电缆组成。目前海船上采用的主要有电力和液压两种操舵装置的控制系统。

1. 电力控制系统

现代海船广泛使用的是电力控制系统。该系统的主要优点是:轻便灵敏、便于遥控和操舵自动化、线路易于布置、不受温度变化和船体变形的影响、工作可靠及维修管理方便。

根据操舵的实际需要,目前采用电力控制系统的海船都可实现自动操舵、随动操舵和应急操舵的功能。其中,海船都应配备随动操舵控制系统和应急操舵系统,而且这两套系统的线路必须独立布置,当一套操舵系统发生故障时,可立即转换使用另一套操舵系统。

(1) 随动操舵系统　系统设有舵角反馈装置,并能进行追随控制的操舵系统称为随动操舵系统。目前,海船上常用的有液压舵机的随动操舵系统和电动舵机的随动操舵系统。

(2) 手柄应急控制系统　该系统是在自动和随动操舵控制装置发生故障时使用。它有独立的电源、操纵开关,手柄或揿钮直接控制执行电机使舵机工作。该系统无反馈装置。

2. 液压控制系统

液压控制系统主要适用于港作船等小型船舶,因其存在很多缺陷,目前海船上也不再采用。它由发送器和受动器组成,发送器装在驾驶台,受动器装在舵机舱,两者之间由充满甘油和水的混合液体的管路连通。

第二节　锚泊设备

锚泊设备是指利用抛锚入水,依靠锚的抓力而使船舶停泊在水面上某一位置的设备。船舶在港口装卸货物、上下旅客、躲避风暴、等候泊位、接受检疫及避让等,都需要把船舶停泊在指定位置,因此在各类船舶上都装备有锚泊设备。锚泊设备还可以用来协助船舶离港、调头、脱离搁浅及登陆艇退滩等。抛锚停泊的过程是将锚抛入水中着地并使其啮入土中,通过锚在水底产生的抓力把船舶牢固地系留在该处的过程。利用锚机收起锚链称起锚,放下锚链称抛锚。

船舶在营运期间只有两种状态,一种是航行,一种是停泊。停泊又有两种,一种叫锚泊,一种叫系泊。

一、锚泊设备的组成与作用

1. 锚泊设备的组成

锚设备由锚、锚链、锚链筒、掣链器、弃链器、起锚机等组成,如图 7-8 所示。锚泊设备主要布置在船舶的首部。

(1) 锚　锚是锚设备中产生抓驻力的重要设备。除小船外,通常设有两只首锚,称为主锚。较大的船舶还加设一只备用主锚。在有些船上设有一只尾锚,多采用大抓力锚。

(2) 锚链　锚链主要用来连接锚和船体,传递锚产生的抓驻力。锚泊时,在出链长度适当时,卧底与悬垂部分的锚链也能产生一定的系留力。

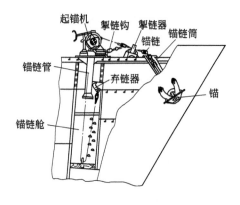 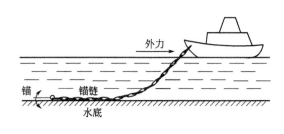

图 7-8 锚设备的组成　　　　　　　　图 7-9 锚设备的系船力

（3）锚链筒　锚链筒是锚链进出以及收藏锚干的孔道，由甲板链孔、舷边链孔和筒体三部分组成。筒体内设有冲水装置，用于在起锚时冲洗锚和锚链。有的船在甲板链孔处设有导链滚轮，以减轻锚链与甲板链孔的摩擦。

（4）掣链器　掣链器用于夹住锚链，在锚泊时，承受锚链张力以保护锚机；航行时，承受锚的重力和惯性力，防止锚链滑出。掣链器设置在锚机和锚链筒之间，三者保持在一条直线上。

（5）弃链器　弃链器是在紧急情况必须弃锚时，能使末端锚链迅速脱离船体的一种专用装置。

（6）起锚机　起锚机作为抛锚、起锚的机械，也可作船舶绞缆用。

2. 锚设备的系船力

船舶抛锚后，在外力作用下，拖着锚和锚链移动，最后使锚爪逐渐抓底。当锚抓牢海底时，锚和锚链的抓驻力与作用于船体上的外力达到平衡，船便被系留在该处，如图7-9所示。由图可以得出，锚设备的系船力等于锚及锚链的抓力之和：

$$F = F_a + F_c = \lambda_a W_a + \lambda_c W_c L \tag{7-2}$$

式中，F_a 为锚的抓力，kN；F_c 为锚链的抓力，kN；λ_a 为锚的抓重比；W_a 为锚的重量，kN；λ_c 为锚链的抓重比，约为2；W_c 为锚链每米重量，kN；L 为锚链卧底部分长度，m。

3. 抛锚与起锚

（1）抛锚　船舶抛锚方式随水域情况、气象条件和船只锚设备的布置情况而异，通常有以下几种方式。

① 船首抛锚　这种锚泊方式可使船舶所受的风力和水流力最小。有抛单锚和抛双锚两种。一般情况下只抛单锚即能系牢船只，只有在风浪特别大和锚地过于狭小时才抛双锚，如图7-10所示。

② 舷侧抛锚　有利于舱室的自然通风和在舷侧进行装卸作业，如图7-11所示。

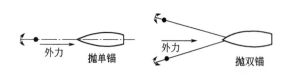 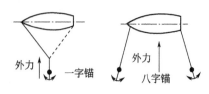

图 7-10 船首抛锚　　　　　　　　图 7-11 舷侧抛锚

③ 船尾抛锚　多用于内河船和登陆船艇。当内河船向下游顺水航行停泊时，船尾抛锚可以保障安全和避免调头。在登陆舰艇退滩作业中，依靠锚机的拉力将搁滩的舰艇拉下滩头。船尾抛锚如图7-12所示。

④ 船首尾抛锚　若想使停泊的船舶总是以船舷对着风向时，就采用首尾抛锚方式，如图7-13所示。

图7-12　船尾抛锚　　　　　　　　　图7-13　船首尾抛锚

⑤ 多点锚泊　海洋上的钻井船或半潜式钻井平台遭遇到的风、浪、流可能来自不同方向，一般采用呈辐射状的多点锚泊系统。

(2) 起锚　锚只有在离开船舶一定距离时且锚链呈倾斜状态，才有能够固定船舶的拉力。所以，起锚时首先要通过启动起锚机收紧锚链，然后船舶逐步向铁锚的方向移动，当锚链接近垂直时，锚就被收起。如果前后锚都被放下，则先放松一个锚链，收紧另一个锚链，起出一个锚，然后再起另一个锚。

二、锚

锚的作用是利用其特殊形状，在水下抓住泥土以固定船舶。

1. 锚的种类

锚的种类很多，可分为有杆锚、无杆锚、大抓力锚、特种锚等。

(1) 有杆锚　有杆锚也称海军锚，如图7-14所示。有杆锚的锚杆和锚爪为一浇铸整体，锚爪固定不会转动。在锚杆上有一活动横杆。抛锚时，锚杆与横杆处于垂直状态，使一爪入土，另一爪向上翘出，横杆促使锚爪顺利抓入土，锚爪入土后横杆起稳定锚的姿态的作用。

该锚结构简单，抓重比大，一般为4~8，最大可达12，抓底稳定性较好。但其操作不便，上翘锚爪在船舶旋回时容易缠住锚链，在浅水锚地可能刮坏过往船只的船底。抛起锚作业和收藏不方便，故不宜作商船首锚，多用作尾锚或备锚。一般多用于小船与帆船和渔船。

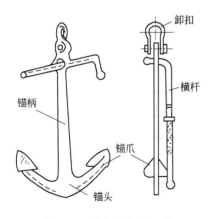
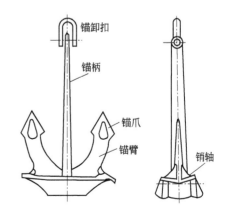

图7-14　有杆（海军）锚　　　　　　图7-15　无杆霍尔锚

(2) 无杆锚 无杆锚也称转爪锚。为目前海船上使用最广的锚。其锚杆与锚爪是分离的，没有横杆，锚爪和锚冠可绕穿过锚杆下端孔的销轴转动，锚冠用于在锚链拉力作用下使锚爪转动而啮入土中，使两爪同时入土，抓重比为2～4，最大不超过8。无杆锚结构简单，抛起锚作业和收藏方便，故适宜用作首锚，但其抓力较小，船舶偏荡时容易引起走锚，可以通过增大锚重来解决。常见的有霍尔锚、斯贝克锚和尾翼式锚等。无杆霍尔锚如图7-15所示。

(3) 大抓力锚 大抓力锚分有杆大抓力锚与无杆大抓力锚两种。其特点是锚爪宽且长、啮土深、稳定性好，抓重比可达10～34，多用于工程船舶和大型船舶。常用的大抓力锚有马氏大抓力锚、丹福斯锚、波尔锚等。大抓力锚可以用在船尾的后锚，适用于砂质或松软的底质，对坚硬底质不宜采用，其稳定横杆收放不便。马氏大抓力锚如图7-16所示。

(4) 特种锚 特种锚的形状比较特殊，以适应其特种用途。如浮筒、浮标、灯船和浮船坞等永久性系泊用锚，有单爪锚、多爪锚、伞形锚、螺旋锚等，如图7-17所示。

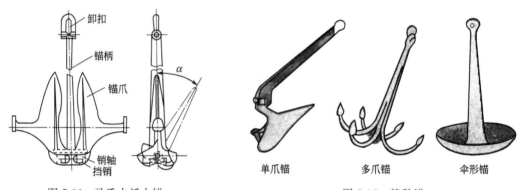

图7-16 马氏大抓力锚　　　　　　　图7-17 特种锚

2. 对船舶用锚的要求

① 一定锚重下尽可能具有最大的抓力系数。

② 抛锚时能迅速啮入各种底质中，起锚易出土，操作简便、收藏方便。

③ 结构坚固和成本低。

三、锚链

锚链是连接锚和船体之间的链条，用于传递和缓冲船舶所受的外力。

1. 锚链的种类

① 按制造方法可分为铸钢锚链、焊接锚链和锻造锚链。铸钢锚链强度较高、使用年限长、制造工艺复杂、成本较高、耐冲击负荷差。焊接锚链工艺简单、成本低，质量超过其他种类锚链，在船上应用广泛。锻造锚链韧性好、制造工艺复杂、成本高、质量不稳定，船上已不再采用。

② 按链环结构可分为无挡链和有挡链两种。在相同尺寸下，有挡链的强度大、变形小，堆放时不易绞缠，在商船上广泛采用；无挡链尺寸小，只用于小锚上。

2. 锚链的组成与连接

(1) 链环 链环按其作用和位置分为无挡普通链环、有挡普通链环、加大链环、链端卸扣、末端链环、转环、可拆有挡连接链环等，分别如图7-18至图7-25所示。

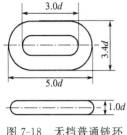

图 7-18　无挡普通链环

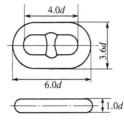

图 7-19　有挡普通链环

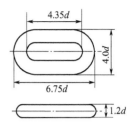

图 7-20　末端链环

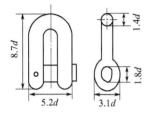

图 7-21　链端卸扣

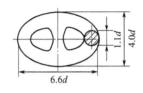

图 7-22　加大链环

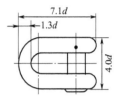

图 7-23　连接卸扣

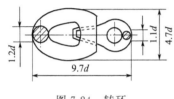

图 7-24　转环

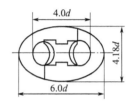

图 7-25　可拆有挡连接链环

（2）链节　锚链的长度以节为单位，我国规定每节锚链的标准长度为 27.5m，且每节锚链的链环数应为奇数。每根锚链由锚端链节、末端链节和中间链节组成，如图 7-26 所示。

① 锚端链节是与锚相连的第一个链节。

② 末端链节是锚链的最后一节，与弃链器相连。

③ 中间链节是锚端链节与末端链节所有链节的总称。

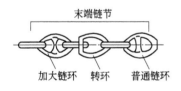　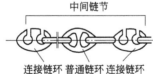　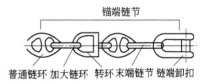

图 7-26　用连接链环组成的锚链

（3）锚链　锚链是由若干个链节串接而成的，每个链节有许多普通链环。节与节的连接方式既可采用连接卸扣连接，也可采用可拆有挡连接链环连接。

① 连接卸扣连接　连接卸扣是无挡的，其两端均依次连接末端链环、加大链环，然后再连接普通链环，以达到保证强度、尺寸过渡平顺、降低噪声的目的，如图 7-27 所示。

② 可拆有挡连接链环连接　可以省去过渡链环，可以将两节锚链通过此链环直接相连。

3. 锚链的标记

（1）锚链标记的作用

① 抛、起锚时，便于识别锚链在水中的节数。

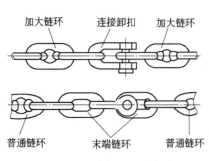

图 7-27 连接卸扣连接方式　　　　　图 7-28 锚链标记的方法

② 用于锚将进入锚链筒的警告。
③ 用于锚链将抛完的警告。
（2）锚链标记的方法

在第一节与第二节之间的连接链环（或卸扣）前后的第一个有挡链环的横挡上绕钢丝，两链环之间的所有有挡链环涂白漆，连接链环涂红漆，以表示第一节。在第二节与第三节之间的连接链环（或卸扣）前后的第二个有挡链环的横挡上绕钢丝，两链环之间的所有有挡链环涂白漆，连接链环涂红漆，以表示第二节。以此类推，从第六节开始，重复第一节的做法，最后 1~2 节可用醒目的颜色标记，以作危险警告，如图 7-28 所示。

四、锚链筒

锚链筒是锚链通向舷外的孔道，也是无杆锚的收藏处。一般设置在船舶首端的两侧，在有尾锚的船尾部，有时也可能设置尾锚链筒。因此，决定锚链筒在船上的位置，选择正确的倾斜角度很重要，有利于锚的收放。同时，也应注意合理地选取锚链筒的内径，根据使用经验，锚链筒的内径约为锚链口径的 9.5~10 倍。

常见的锚链筒形式有普通式和锚穴式两种。锚链筒体一般用两块厚度不等的钢板弯成半圆管焊接而成，而锚链孔常用半圆钢或铸钢制成。锚穴有利于锚的收藏并避免碰伤其他船，但制造工艺比较复杂。

五、掣链器

掣链器位于起锚机和锚链筒之间，当锚收进锚链筒后，用来夹住锚链的专用装置。掣链器的形式很多，一般常用的有螺旋式掣链器和闸刀式掣链器两种，如图 7-29 和图 7-30 所示。螺旋式掣链器工作可靠、操作方便，在大中型船上应用较广。闸刀式掣链器适用于口径较小的锚链。

图 7-29 螺旋式掣链器

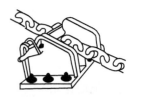

图 7-30 闸刀式掣链器

六．弃链器

当锚泊时，锚钩到河底的障碍物或因水流过急，锚链不断滑出而锚机刹不住时，应通过弃链装置把锚链迅速脱开而弃链。此种装置在锚链舱外或甲板上。其形式有螺旋弃链器，使用安全方便，在锚链受力绷紧状态时也能脱出，但结构复杂，如图 7-31 所示；横闩式弃链器结构简单，使用方便，只要敲出横闩即可松开锚链，如图 7-32 所示。

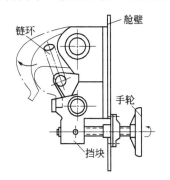

图 7-31 螺旋弃链器

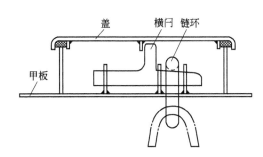

图 7-32 横闩式弃链器

七．起锚机

起锚机用于船舶起锚时，收进锚链，使锚爪出土并把锚收回到船上来。起锚机按链轮轴线位置分，有卧式起锚机和立式起锚绞盘两种。卧式起锚机原动机、传动机构均设在甲板上，操纵管理方便，民用大中型船舶常用。立式起锚绞盘的主要部分在舱室内部，占用甲板空间小，免遭风浪侵蚀，在战斗中有利于保护，军用舰船常用，如图 7-33、图 7-34 所示。

起锚机按动力不同，可分为手动、汽动、电动、液压和内燃机驱动几种，其中以电动锚机应用得最为广泛。

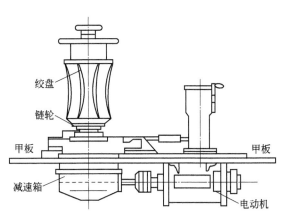

图 7-33 电动立式起锚机

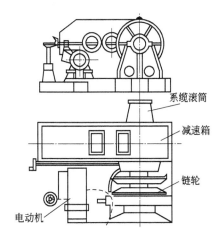

图 7-34 电动起锚系缆绞车

第三节　系泊设备

船舶除了锚泊之外，还有一种停泊方式就是系缆停泊，简称系泊。系泊是指利用系缆设备将船舶安全牢固地系结于码头、浮筒、船坞或其他船舶的一种停泊方法。系泊设备由缆索、挽缆装置、导缆装置和绞缆机组成。

一、船舶的系泊方式

船舶系泊方式是随船舶的大小、水域气候条件、港口情况以及作业要求而异的。船舶系泊方式通常有以下几种。

1. 船舷系泊

船舷系泊是将船舷侧靠于码头或其他目标物进行系结，是最常见的一种系泊方式。舷侧系泊时，缆索的根数由船舶所受外力大小而定。无风浪时，只需带首尾斜缆；若风浪较大时，需加设倒缆、附加缆，或者需要抛锚辅助。舷侧系泊方式如图 7-35 所示。

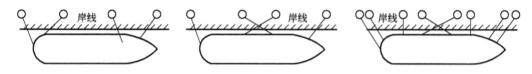

图 7-35　舷侧系泊方式示意图

2. 船尾系泊

船尾系泊是将船舶尾端系结于码头的一种系泊方式。一般在码头岸线长度受限制的情况下采用。在风和水流较大时可在船首抛锚辅助，多用于内河船，如图 7-36 所示。

3. 首尾系泊

首尾系泊是利用首尾系缆方式将船舶系结于港内或江中的浮筒上的方式，如图 7-36 所示。

4. 单点系泊

单点系泊码头通常由一个能够漂浮在海面上的浮筒和铺设在海底与陆地储藏系统连接的管道组成，如图 7-37 所示。浮筒漂浮在海面上，油轮上的原油通过漂浮软管进入浮筒后，从水下软管进入海底管线，输到岸上的原油储罐。为防止浮筒随海浪远距离漂移，用数根巨大的锚链将其与海床相连，这样浮筒既可在一定范围内随风浪流漂浮移动，增加缓冲作用，减少与巨轮间发生碰撞的危险，又不至于被海浪漂走。

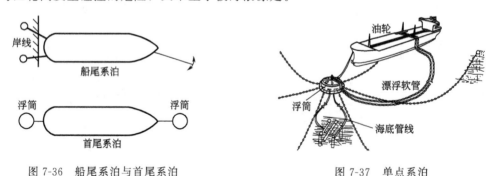

图 7-36　船尾系泊与首尾系泊　　　　　图 7-37　单点系泊

二、系泊设备

1. 缆索

缆索是指用于把船系于码头、浮筒、船坞或相邻船舶的专用绳索。常用的有钢丝缆、植物纤维缆、合成纤维缆及复合缆。钢丝缆有硬钢丝缆、半硬钢丝缆和软钢丝缆三种。钢丝缆强度大、重量轻、使用寿命长,为大、中型船舶的主要缆索。植物纤维缆通常有白棕绳、油麻绳等。植物纤维缆价格便宜、柔软,但强度和防腐性一般,多用于小船。合成纤维缆有锦纶绳、丙纶绳、尼龙绳等,锦纶绳、丙纶绳最为常用。合成纤维缆的特点是质地柔软、强度高、重量轻、耐腐蚀,应用广泛。复合缆是近年生产出的一种用金属与纤维复合而成的缆绳,缆绳每股均有金属丝核心,外覆纤维护套,有 3 股、4 股或 6 股,可用于系船缆或拖缆。这种缆绳强度较大。

2. 挽缆装置

挽缆装置主要用于固定系船索的自由端。船舶首尾楼和船中部左右舷甲板等部位设有挽缆用的带缆桩,用以系牢缆绳的一端。带缆桩的受力很大,要求基座必须十分牢固,缆桩附近的甲板均需加强。缆桩有铸造的,也有用钢板围焊而成的,因铸造带缆桩重量大,所以广泛采用焊接带缆桩。带缆桩类型很多,有单柱式、双柱式、单十字式、双十字式、斜式系缆桩和羊角桩等,大中型船舶多采用双柱系缆桩。不同形式的带缆桩如图 7-38 所示。

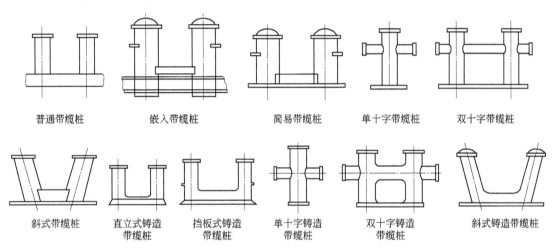

图 7-38 不同形式的带缆桩

3. 导缆装置

导缆装置一般设在船首尾及两舷,能使缆绳按一定方向从舷内通向舷外,引至码头或其他系缆地点,限制其位置偏移,并减少了缆绳与舷边的磨损,避免因急剧弯折而增大所受应力。导缆装置包括以下几部分。

(1) 导缆钳 导缆钳一般设置在首尾楼的舷墙上或甲板上。导缆钳的形式较多,有闭式和开式、无滚轮和带滚轮等种类,但主要是以无滚轮和带滚轮进行分类的。导缆钳都是铸造的,有整体式和组合式两种。为减轻对系缆的摩擦,大中型船舶都采用带滚轮的导缆钳,通常有单滚轮、双滚轮和三滚轮的导缆钳,如图 7-39 所示。

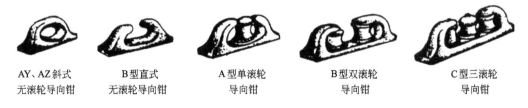

图 7-39 导缆钳

(2) 滚轮导缆器 滚轮导缆器是设在船舷、由数个独立滚轮组成的导缆器,有单滚轮、双滚轮等类型。滚轮导缆器制造工艺简单,节省材料,多用于大型船舶,如图 7-40 所示。

(3) 滚柱导缆器 滚柱导缆器设置在船舷边,由三个以上直立或者水平滚柱组成,用来引导来自各个方向的缆索,如图 7-41 所示。

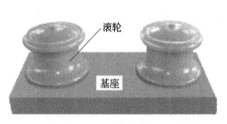

图 7-40 双滚轮导缆器

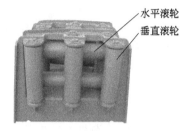

图 7-41 滚柱导缆器

(4) 导缆孔 一般设置在主甲板的舷墙处。导缆孔有圆形或椭圆形,通常由铸铁或铸钢制成,常安装在舷墙上,如图 7-42 所示。

(5) 导向滚柱(轮) 导向滚柱是装在甲板端部、带有柱状滚筒的导缆器。常用于上下两层甲板间的导缆等。导向滚轮一般设置在大中型船首尾部导缆钳或导缆孔与系缆机械之间的甲板上,有直立式和水平式两类。导向滚轮通常作为配合锚机绞缆的导缆装置,如图 7-43 所示。

图 7-42 导缆孔

图 7-43 导向滚轮

4. 绞缆机

绞缆机也称系缆绞车,主要用于收绞缆绳。船首绞缆机械一般由锚机的卷筒进行;船中部的缆绳一般由起货机副卷筒收绞,在船尾甲板则另设绞缆机。有些大型船舶在船首和中部专设绞缆机。

按动力源分,绞缆机有电动绞缆机、液压绞缆机、蒸汽绞缆机(适于油船);按卷筒轴线方向分,有卧式绞缆机和立式绞缆机。普通卧式绞缆机的卷筒是由电机经过减速后驱动运转的,甲板占有面积大。立式绞缆机(又称系缆绞盘)因其动力装置一般设在甲板下面,所以占用的甲板面积少,并有利于保护机器。电动绞缆机如图 7-44 所示。

图 7-44 电动绞缆机

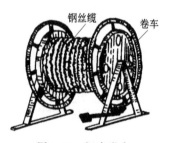

图 7-45 钢索卷车

钢索卷车是卷存缆绳的装置，简称缆车。凡是用钢丝绳作系船缆的船舶都配有专用的缆车，用来卷存钢丝绳，如图 7-45 所示。

现在，不少大型船舶将钢索卷车直接与绞缆机的载荷轴相连，组成专用的绞缆机滚筒，使之既能储存系船缆索，也能随时收绞和调节，使用更加方便。

三、系泊设备的布置

船舶系泊设备布置时，应该综合考虑锚泊设备以及拖带装置情况，应考虑以下几方面的要求。图 7-46 给出了大型船舶系泊设备布置图，可作参照。

① 系泊设备一般均为左右舷对称布置，以保证船舶两舷都能系靠。

② 带缆桩靠近舷侧。船首尾各一对兼作拖带用的带缆桩，布置在绞缆机械的前方和后方、缆索的外侧，所有带缆桩均应位于甲板构架的上方，否则甲板应加复板补强。

③ 导缆钳、导缆孔要与带缆桩对应配置。通常在带缆桩的前后配备一个或一对导缆钳或导缆孔。为使缆索受力合理，带缆桩与导缆钳（孔）、舷墙间的距离要符合规范。

④ 引进的缆索凡是用系缆机械绞拖的部位，都应布置滚轮导缆器。滚轮切线与绞缆筒中线应成直角。大型船舶则加导向滚轮，使缆索与滚筒成合适角度。

⑤ 凡是通过巴拿马运河等国际航道的船只，由于船闸内水位与岸上牵引机车之间的高度相差达数十英尺，需按相应规定配置特殊导缆装置。

⑥ 缆索卷车应靠近首尾楼舱壁布置，使之不妨碍人员通行，并便于引缆操作。

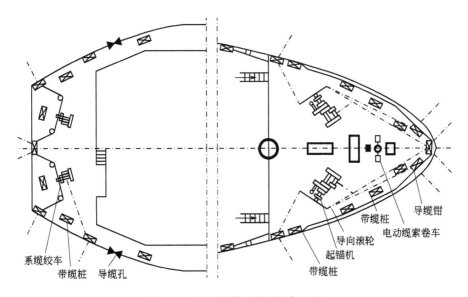

图 7-46　大型船舶系泊设备布置图

第四节　起货设备

起货设备是指船舶在营运过程中装卸货物的专用设备。利用起货设备来装卸货物，可以加速装卸过程，缩短船舶停泊时间，减轻工人劳动强度，提高船舶运转率，降低货物运输成本。一般用途的干货船等通常都在船上安装有起货设备。

起货设备按其结构不同可分为吊杆式起货设备和船用起重机;按其驱动能源的不同可分为蒸汽起货设备、电动起货设备、液压起货设备。目前电动起货设备和液压起货设备在船舶上应用较为广泛。

一、吊杆式起货设备

吊杆式起货设备具有结构简单、制造容易、操作方便、造价较低的优点,在运输船舶上有着广泛的应用。吊杆式起货设备由吊杆、起重柱(桅)、千斤索具、吊货索具、稳索索具和起货机等组成。起重量在10t以下的称为轻型吊杆起货设备;起重量在10t以上的称为重型吊杆起货设备。轻型吊杆在装卸货物时,有单杆操作和双杆联合操作两种方式。

1. 单杆操作起货设备

轻型单吊杆起货设备如图7-47所示。单吊杆式起货设备在装卸过程中,每一次都要用吊杆牵索来牵拉吊杆,使其摆向舷外或舱口,因此动作较慢、劳动强度较大,但有起吊量较大、落点多、落点准确从而可减少舱内理货工作量等优点。

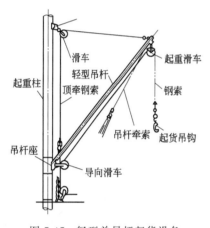

图7-47 轻型单吊杆起货设备

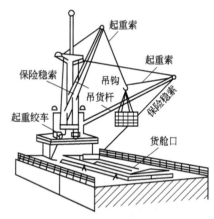

图7-48 双杆联合操作起货设备

2. 双杆联合操作起货设备

双杆联合操作起货设备是利用两根起货吊杆联合工作来实现货物的起吊和平移的,在平移过程中,一起重索收紧的同时,另一起重索放松即可,如图7-48所示。这种方式工作效率高,目前在船舶上应用广泛。

重型吊杆起货设备仅设在有特殊用途的船舶上,如专门运输火车机车的运输船,其起吊重量可达300t,普通船舶上应用较少。

二、船用起重机

船用起重机是一种将起货吊杆、传动装置和起货机械组装成一个整体,且可绕轴回转的起重机。它具有操作简便、装卸效率高、机动灵活、作业前准备工作简单等优点,通常在散装货船和客舱上应用。船用起重机用得最普遍的是电动液压回转式起重机,如图7-49所示。

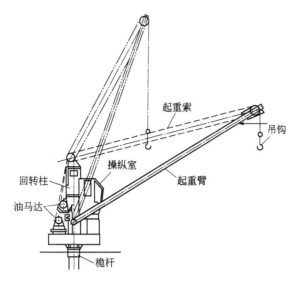

图 7-49 船用起重机

第五节 救生设备

救生设备是船上人员在水域救助落水人员或在本船遇难时，供船员和乘客自救而设置在船上的专门设备及其附属件的总称。救生设备包括救生艇、救生筏、救生浮、救生圈、救生衣等。

一、救生设备配置概述

船舶救生是国际上对保障船上人员生命安全的重要措施之一。1912年英国客轮"泰坦尼克"号首航时触冰山而沉没，由于船载救生设备等问题，造成了1500余人丧生的重大海难。这引起国际海事组织的高度重视，于1914年制定了《国际海上人命安全公约》。公约中对于海船的救生设备等提出了较高的要求，并作出了具体的明文规定。公约要求船舶海上施救的方式和救生设备的性能必须符合有关公约、规范和协议的要求。以后公约几经修订，日臻完善。1983年国际海事组织通过的修正案中，又对救生设备提出新的要求。据此，我国制定了《海船救生设备规范》，对船舶救生设备的配备、各种救生设备及各种救生设备的技术性能都作了明确的规定。

在各种救生设备上，要求装置灯光、反光材料、音响、烟光信号及无线电通信等设备，有助于营救人员搜寻目标，从而缩短待救时间。

在海上进行救生时，要充分考虑低温寒冷可能引起的后果。对许多海难事故的调查证实：海上遇险人员很多不是被淹死的而是被冻死的。研究表明，人体浸泡在水中的存活时间与水温度关系很大，如表7-2所示。

表 7-2 人在不同水温下的存活时间

水温/℃	0	4	10	15	21	27
时间/h	<1	1/2~3	1~6	2~24	30~40	不限

地球上绝大多数地区的水温都可能低于21℃，所以都必须考虑低温保护，使待救人员不致因体温降低而丧生。封闭式救生艇、气胀式救生筏、保温塑料袋、保温救生服可以不同程度地起到防寒保暖和避免风浪侵袭的作用。

二、救生设备

1. 救生艇及吊艇架

（1）救生艇　救生艇是船上主要的救生工具。救生艇应有足够的强度和良好的稳性。艇内设有水密空气箱或泡沫塑料浮体以构成储备浮力，保证艇体在载满额定乘员、属具并灌满水时也不致沉没。艇内应备有桨、帆、食品、淡水、药品及信号设备等。

近年研制成功并投放使用的具有自扶正能力的全封闭式救生艇，艇翻转时能自动停车，扶正后能继续运转，能在-15℃低温下和艇内有一定积水时启动，提高了救生设备在恶劣条件下使用的安全可靠性。

救生艇的分类方式很多，按艇体材料分为钢质救生艇或玻璃钢救生艇；按推进方式分为机动艇和非机动艇；按结构形式分为敞开式和封闭式。常用的有以下几种。

① 开敞式救生艇　艇体材料可以采用钢或玻璃钢。玻璃钢救生艇重量轻、强度高、耐腐蚀且便于维修，应用十分广泛。开敞式救生艇的特点是释放迅速，转移人员快，但抗沉性一般，风浪较大时容易翻沉，适用于内河、沿海船舶，如图7-50所示。

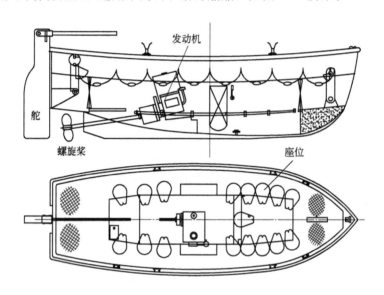

图 7-50　开敞式救生艇

② 全封闭式耐火救生艇　艇体采用耐火材料，它能在10～15min内安全冲出燃烧温度高达1000℃的海面。艇上有固定的封闭顶篷，可防止烟和热浪侵入艇内。顶篷上设有喷水装置，喷出的水幕使火焰与艇体隔开，可降低艇内的温度。艇内储有压缩空气供人员呼吸，适合于油船。艇的两侧有水密移门供乘员登艇。在顶篷上首、中部各设一组水密移门，驾驶员操作座位设在尾部。艇上全部水密门、盖关闭后密性良好，短时间冲入水中艇不会出现渗漏。座位上配置有三根安全带，乘员腰部、背部、头部各一根，以防入水时人员受到撞击。

动力装置与空气瓶等全部安装在地板下面,艇重心低,倾覆后能自行扶正。地板上除装防滑条外,无其他设施。艇内宽敞舒适,座位安排与客机相似,设有通道。座位与防滑条均与水平成35°,乘员在艇内呈半躺姿态。除驾驶员的座位可以转动和翻转外,其余座位均为固定式。全封闭式耐火救生艇如图7-51所示。

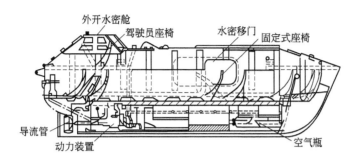

图7-51 全封闭式耐火救生艇

③ 全封闭自由抛落式救生艇 在风力9级以上或浪高大于14m时,用升降机下放救生艇是非常危险的,狂风巨浪随时可能把小艇撞碎在母船上。采用全封闭自由降落式救生艇,可以在危难之时,人们从船的尾部甲板直接进入救生艇,在艇内揿动按钮,救生艇便从船尾部的斜轨上滑进大海。因入水初速度较高,救生艇会在钻入水下一定深度后,快速地脱开母船冲到安全距离以外。冒出水面后,可以继续航行。该型艇可以省去常规的吊艇架,但要用专用的降落装置来代替。全封闭自由降落式救生艇如图7-52所示。

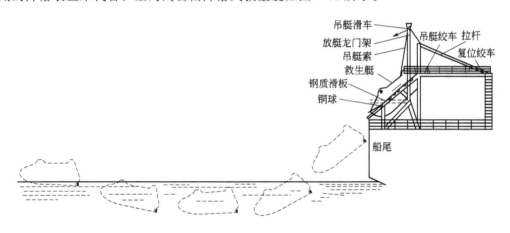

图7-52 全封闭自由抛落式救生艇

(2) 吊艇架 船上用以起卸救生艇或工作艇的专用设备。一般位于船甲板的两边,平时在船舷内,用时伸出舷外,将艇吊起或放下。对吊艇架的基本要求如下所述。

① 能迅速将艇转到舷外位置。

② 全部构件和属具必须有足够的强度。

③ 必须使救生艇载足全部额定乘员和救生艇属具后,船舶在规范规定的横倾和纵倾范围内,将艇安全可靠地降落至水面。

吊艇架形式很多,其中转出式吊艇架和摇倒式吊艇架属于手动作业,速度慢、效率低,只适合小船或者内河船。自由抛落式救生艇吊艇架能使救生艇通过滑道自动滑落到水中,也可通过绞车将其吊入到水中或者从水中吊起回收。

重力式吊艇架属于机动型，最大优点是放艇迅速，被海船广泛采用。重力式吊艇架是由斜坡式的底座架和弯曲形的吊艇滑架组成的。底座架固定在甲板上，吊臂的滑轮嵌在底座架上的滑槽内。艇和吊臂都用吊艇索拉住，吊艇索经过导向滑轮引至电动的或压缩空气的起艇机，用起艇机控制吊艇索的收放。这样利用一根吊艇索不但可以收放吊艇滑架，而且可以用来收放救生艇。利用艇的自重，通过艇架机构，使艇迅速而安全地到达舷外。重力式吊艇架按结构可以分为重力式倒臂型和重力式滚动型吊艇架，如图7-53、图7-54所示。

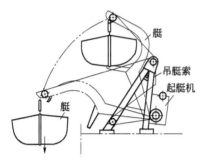

图7-53 重力式倒臂型吊艇架图

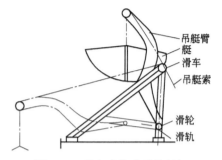

图7-54 重力式滚动型吊艇架

2. 救生筏

救生筏是船舶配备用于紧急情况下脱离危险区域或从遇难船舶紧急撤离的救生设施和装备。虽从结构上小于救生艇，但当船舶遇险产生严重纵倾和横倾，救生艇无法吊放时，救生筏仍可以有效地起作用，因此在船上救生筏与救生艇有着同样重要的地位。现代的船舶除了需按全体乘员人数配备齐救生艇外，还按全体乘员人数的25%～50%配备救生筏。救生筏上不配备动力机械，只配备几支小桨。救生筏的载人量因规格不同而异，载4～45人不等。

救生筏有刚性救生筏和气胀式救生筏两种。刚性救生筏周边有空气箱或硬质泡沫塑料浮力块提供浮力，比较笨重，现已基本被淘汰。气胀式救生筏使用方便、安全可靠、重量轻，收起时体积小，目前应用最为普遍。

图7-55所示为气胀式救生筏充气后的外形。救生筏底外部设有四个平衡水袋，用以提高救生筏的稳性。平时气胀式救生筏内不充气，折叠后储放在玻璃钢筒内或帆布包内。使用时，连同玻璃钢筒一起抛入水中，拉动充气拉绳，就打开了二氧化碳瓶的充气阀，在不到1分钟的时间内能自动充气完毕。顶部帐篷可使遇难人员免受风浪、寒冷和日曝的侵害，筏内还备有食品、淡水、药品、信号设备和划桨等属具。

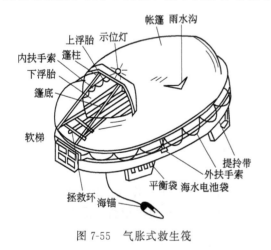

图7-55 气胀式救生筏

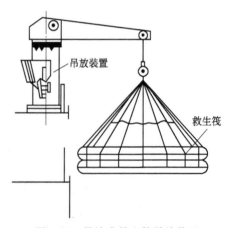

图7-56 吊放式救生筏吊放装置

气胀式救生筏的缺点是遇难者只得先跳入大海,然后通过爬软梯才能进入筏内,不适合寒冷地区和较大风浪时的救生,也不适合老弱病残者。为此,又出现了吊放式气胀救生筏。它可以在甲板上充气成型,载满遇难人员后再吊放至水面,其装置如图7-56所示。它已在客船上广泛使用。近年来,国外还研制成功并已实际投入使用了几种新型的气胀式登筏滑梯,颇受航运界欢迎。

船舶突然沉没,有时来不及释放救生艇筏等水上生存设备。所以,救生艇能在船沉之前有效地脱开沉船并漂浮在水面上是至关重要的。近年来,在船沉前能使救生艇筏自动浮起、自动解脱的装置已经逐步地应用到船上。

3. 救生浮

救生浮是一个用钢质空气箱或泡沫塑料包以帆布、玻璃纤维增强塑料等制成的矩形或椭圆形的浮体,如图7-57所示。它的外围装设有一圈救生索及若干浮子把手,供落水人员在水面攀扶用;中间设有绳网和木格踏脚板,供体弱的遇难人员登乘用;还备有划桨两支及自亮浮灯等属具,但无食品、淡水。救生浮的乘员定额一般为6~20人。救生浮的重量应不大于180kg。救生浮不储备粮食、淡水,也不设座位,仅在内河或沿海短程船舶上被允许使用。

4. 救生圈

救生圈是供落水人员套于腋下,能在水中提供浮力的环状浮体。它是以泡沫塑料等材料制成的,外面包帆布或塑料,漆上醒目的颜色。救生圈外径不大于760mm,内径不小于440mm,质量不小于2.5kg,它能于淡水中支持不小于14.5kg的铁块达24h,其强度应保证10m高度投入不损坏,不产生永久变形,如图7-58所示。

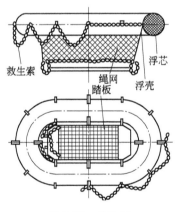

图7-57 救生浮

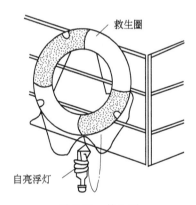

图7-58 救生圈

救生圈四周应有合成纤维制成的把手索,长度约为救生圈外围的4倍。救生圈还配备有自亮浮灯。自亮浮灯有电池式和电石式两种,其亮度应不低于两支烛光,点燃时间不少于45min。它还带有烟雾信号,用以显示遇险者的位置,一般要求能见距离不小于2n mile,持续时间不少于15min。

救生圈通常带有烟雾信号释放装置,当救生圈抛出时能自动把烟雾剂点着,在海面上发出橙黄色烟雾,指出救生圈位置。

5. 救生衣

救生衣是供落水者穿着后,在水中能提供浮力以承托落水人员的背心状救生用具。要求救生衣穿在身上具有足够的浮力,使落水者头部能露出水面。船上人员每人均应配有一种救生衣。客船上还应附加船上总人数的5%。平时存放在明显易见且容易取出的处所。

救生衣分类方法很多，按制造材料分有浮力材料填充式救生衣和充气式救生衣。浮力材料填充式救生衣采用尼龙布或氯丁橡胶作面料，中间填充浮力材料。充气式救生衣采用强度高防水材料制造而成，两个充气室中任意一个充气时，都应达到所需要的浮力。应该注意的是要绝对避免尖锐物戳穿或磨破防水层，漏气后会造成不堪设想的严重后果。

救生衣和救生服上根据需要应附加一些属具，如救生衣电池浮灯、救生衣哨笛以及防鲨粉等，供待救人员使用，以便引起救援者的注意，并防御鲨鱼侵袭。

第六节 船舶导航仪器和设备

船舶导航就是借助导航设备可以随时确定船舶所处的位置，正确指导船舶按预定航线安全地、经济地航行至目的地。导航仪器和设备为船舶航行提供航向、航速、位置、姿态等各种实时信息。它是保证船舶航行安全的重要设备。

根据船舶的用途、航区、船舶总长和主机功率等，不同船舶应配备不同的导航设备。船舶导航仪器设备主要有磁罗经、陀螺罗经、航海雷达、测深设备、船用计程仪、无线电测向系统、双曲线导航系统、卫星导航系统及自动化导航系统等。

一、磁罗经

磁罗经是利用地磁场对磁针具有吸引力的现象而制成的一种航海指向仪器，可为船舶指示航向、定位和导航。磁罗经作为重要的导航仪器在海洋船舶上安装使用已有十分悠久的历史。目前，现代化船舶虽已装配有陀螺仪、卫星导航仪等先进航海仪器，但由于现代磁罗经具有构造简单、性能可靠、使用方便、不受供电影响等特点，故仍作为必备导航仪器而被海洋船舶安装使用。国际海事组织（IMO）、船级社及各国船舶检验机构均明确规定：海洋船舶应配备磁罗经，并应正确地校正自差和备有自差表。

磁罗经分类方法很多。按磁罗经罗盆内是否有液体分，有液体罗经和干罗经两类。液体罗经的罗盘悬浮在盛满液体的罗盆中，由于液体的阻尼作用，当船舶摇摆时，罗盘的稳定性较好。另外，由于液体的浮力作用，可减少罗盘支撑轴针与轴承间的摩擦力，因而提高了罗盆的灵敏度。干罗经的指向系统不在液体内，指向性不够稳定，已逐渐被淘汰。

按磁罗经的用途分，主要有标准罗经、操舵罗经。标准罗经一般为立式，安装在驾驶室顶甲板上；因其位置高、无遮蔽、受船磁影响小，被用于观测航向和测定物标方位及校正操舵罗经，故称为标准罗经。操舵罗经一般为台式，安装于驾驶室内，用于观测航向及操舵。

一般船上使用的磁罗经均由罗经柜、罗盆和自差校正器三部分组成。

（1）罗经柜 一般由铜、铝等非磁性材料制成，用来支撑罗盆和安放自差校正器，如图7-59所示。罗经柜由柜帽和柜身两部分组成，柜身上端装有常平环，罗盆装在常平环上，可使罗盆始终保持水平状态。罗经柜底座固定在船舶的安装甲板上。柜身内装有纵横向支架，供安放水平校正磁铁。柜身内还有一根垂直向非磁性金属圆筒，供放置可上下移动的垂直磁铁。在柜身上端朝向船舶左右舷方向有安放软铁球的支架。柜帽用来罩住罗盆，保护其不受风吹雨打日晒等的侵蚀。

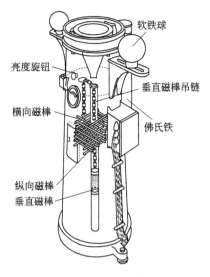

图 7-59 罗经柜

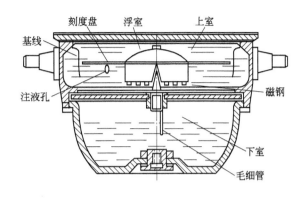

图 7-60 罗盆

(2) 罗盆　由罗盆本体和罗盘两部分组成，如图 7-60 所示。罗盆系铜制成，内通常充满酒精与蒸馏水的混合液，酒精的作用是降低冰点。在罗盆的侧壁有一注液孔，供灌注液体以排除罗盆内的气泡。罗盆分上下两室，上室安放罗盘，并充满液体；下室液体不满，留有一定的空间，由毛细管连通罗盆的上下两室。当温度升高时，上室液体受热膨胀，一部分液体通过毛细管流到下室；反之，当温度降低，上室液体收缩时，在大气压力下，由下室又向上室补充一部分液体，起到调节液体热胀冷缩的作用，避免上室出现气泡。

罗盘是磁罗经的核心部分，是指示方向的灵敏部件。液体罗经的罗盘均由刻度盘、浮室、磁钢和轴帽组成。刻度盘由云母等轻型非磁性材料制成，上面刻有 $0°\sim360°$ 的刻度和方向点。罗盘中间为一水密空气室，称为浮室，用以增加罗盘在液体中的浮力，减轻罗盘与轴针间的摩擦力，提高罗盘的灵敏度。一般罗盘在液体中的重量约为 $8\sim12\mathrm{g}$。

(3) 自差校正器　在罗经柜上安装有佛氏铁、软铁球、横向磁棒、纵向磁棒、垂直磁棒等，用于校正磁罗经的各类自差。

二、陀螺罗经

陀螺罗经亦称电罗经，是船舶的一种重要的导航仪器，是陀螺仪在导航上的一种应用。根据法国物理学家列昂·福科 1852 年提出的陀螺指向理论，德国发明家海尔曼·安许茨凯姆弗于 1904 年制造出了世界上第一台能用于舰船导航的陀螺罗经。按照陀螺罗经的结构特点和工作原理，分为安许茨、斯伯利和阿玛-勃朗三个系列。

与磁罗经相比较，陀螺罗经的优点是指向精度高、能带多个复示器、不受磁干扰影响、安装位置不受限制等。其缺点是必须有电源才能工作、结构复杂、启动时间较长。为了达到精确和安全导航的目的，在备有陀螺罗经的船上，还需配有磁罗经，以便配合使用。

陀螺罗经的工作原理与磁罗经完全不同。陀螺仪是指绕高速旋转的对称物体及其悬挂装置的组合，主要由转子、内环和外环组成，如图 7-61 所示。当陀螺不旋转时，其轴线可以

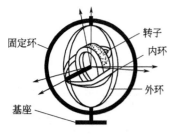

图 7-61 陀螺仪原理示意图

任意改变;当其高速旋转而又没有受到外力影响时,它就不会改变轴线的方向,维持空间一定的指向,这种特性称为陀螺的定轴性。当旋转的陀螺受到某种外力作用时,它又按一定的规律不断地改变其轴线的空间指向,这叫陀螺的进动性。

陀螺罗经正是应用了陀螺仪的定轴性和进动性,使其旋转轴线精确地跟踪地球子午面,并且始终准确地指向地理北极,这样,无论船舶航行到哪里,都可以依此确定航向。

三、航海雷达

航海雷达主要用于航行避让、船舶定位、狭水道引航等。航海雷达在能见度不良时为航海人员提供了必需的观察手段。

航海雷达是利用无线电波对外界进行探测的导航设备。雷达通常由天线、发射机、接收机、显示器和电源几部分组成。其工作原理如图 7-62 所示。

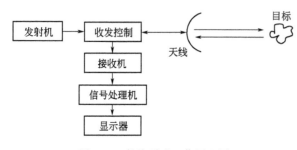

图 7-62 航海雷达工作原理图

(1) 天线 早期用抛物面反射天线,现已为波导隙缝天线取代。发射和接收一般合用一个天线,由双工器转换。天线由电动机驱动做 360°连续环扫。为保证方位测量精度和方位分辨力,天线波束水平宽度要窄,很多航海雷达在 1°以内。为防止船舶摇摆时丢失目标,波束垂直宽度较宽,约为 25°。

(2) 发射机 采用脉冲体制。脉冲宽度约为 0.05~2μs。近距离挡用较短脉冲,以提高距离分辨力;远距离挡用较长脉冲,以增大作用距离。工作波段以 X 波段(9320~9500MHz)和 S 波段(3000~3246MHz)为主,这两种波段的雷达通常分别称为 3cm 雷达和 10cm 雷达。在天线尺寸相同的情况下,前者有较高的方位分辨力,有利于近距离探测;后者受雨雪杂波和海浪杂波的干扰较小,有利于远距离探测。

(3) 接收机 采用直接混频超外差式,设有海浪干扰抑制电路、雨雪干扰抑制电路、相同波段雷达干扰抑制电路。发射机和接收机组装在同一机柜内,合称收发机。

(4) 显示器 采用距离方位极坐标的平面位置显示,扫描线和天线同步旋转,有若干挡距离量程可供选用。

(5) 电源 现已普遍采用逆变器,或直接用船电。

雷达设备的发射机通过天线把电磁波能量射向空间某一方向,处在此方向上的物体反射碰到电磁波;雷达天线接收此反射波,送至接收设备进行处理,提取有关该物体的距离、速度、高度、方位等信息。

测量距离实际是测量发射脉冲与回波脉冲之间的时间差,因电磁波以光速传播,据此就能换算成目标的精确距离。测量目标方位是利用天线的尖锐方位波束测量。测量仰角,靠窄的仰角波束测量。根据仰角和距离就能计算出目标高度。测量速度是根据雷达接收到的目标回波频率与雷达发射频率不同来实现的,两者的差值为多普勒频率。从多普勒频率中可提取的主要信息之一是雷达与目标之间的距离变化率。

航海雷达的类型和型号很多，选用时，必须对雷达的性能、电源、结构、体积等有必要的了解，同时应结合本船的具体需要进行选配。

四、测深设备

测深设备是为了确保船舶的安全，用来测量船舶所在的水域是否有足够的安全水深。回声测深仪就是现代船舶普遍使用的一种利用超声波在水中以一定速度传播，遇到障碍又会反射回来的原理制成的，如图 7-63 所示。

回声测深仪是在船底安装发射超声波的换能器和接收反射回波的换能器。超声波的传播速度一般可视为常数，在海水中约为 1500m/s，淡水中约为 1400m/s，因而只要知道声波由发射到接收所需的时间，就能知道声波的传播距离。

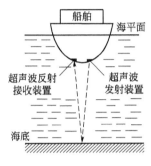

图 7-63　回声测深仪

五、船用计程仪

船用计程仪是用来测量船舶运动速度和累计船舶航程的仪器，是现代船舶上重要的航海仪器之一。它不但为推算船位提供精确的航速数据，还将航速信息输入到自动雷达标绘仪、电子海图、综合导航仪等航海仪器，提高了船舶自动化程度。计程仪不但能够测量船舶前进、后退的速度，还能够测量船舶的横向运动速度，非常有利于大型船舶的操纵。

船用计程仪按其测量参照物不同，分为相对计程仪和绝对计程仪两种。

相对计程仪的测量参照物为水，称为对水跟踪，测量的航速、航程均为相对水的速度和相对水的累计航程。船舶在有水流的海区航行时，相对计程仪测量的航速、航程与实际航速、航程有一定的误差。

绝对计程仪也可以选择海底为测量参照物，称为对海底跟踪。测量的航速和累计的航程就是相对海底的航速与航程，也称为绝对航速和绝对航程。绝对计程仪除了当航行水深较浅时测量参考点为海底外，当航行水深很深时，计程仪发射的能量不能到达海底时，测量参考点只能选择为水层，称为对水层跟踪。测量相对水层的航速和航程，测量精度受水流的影响。

现代船用计程仪按工作原理分为水压计程仪、电磁计程仪、多普勒计程仪和声相关计程仪等。水压式、电磁式计程仪属于相对计程仪，多普勒计程仪和声相关计程仪属于绝对计程仪。

电磁计程仪是根据电磁感应原理来测量船舶航程的。其优点是线性好、灵敏度较高、可测后退速度，因此使用广泛。下面以电磁式计程仪为例进行说明。

电磁计程仪的测速器件即传感器安装在船底，是由铁芯、励磁绕组、信号电极等组成，

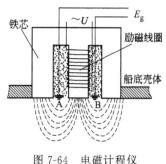

图 7-64 电磁计程仪

如图 7-64 所示。绕在铁芯上的励磁绕组接通交流电源后产生交变磁场,通过铁芯和船底的水层构成磁路。当船舶停止不动时,船底下的水对船体相对静止不动(假设没有水流流动),传感器下面的水层不切割传感器磁场的磁力线,两个电极无感应电势产生,航速指示为零。当船舶以某一速度前进或后退时,则相当于船底的水层以与船舶相同的速度反向流过船底传感器下面,水层切割传感器磁场的磁力线,两个电极 A、B 有感应电势产生,通过转换电路再将电动势转换为航速和航程。

六、无线电测向系统

无线电测向系统是采用中频、近程、时分制、振幅测向的无线电导航系统,是由无线电测向仪和无线电发射台两部分组成的。无线电测向仪可以测定无线电发射台的方向,用于船舶的救助定位和导航等。无线电测向仪的作用距离和定位精度等方面远不如其他一些无线电导航设备,但其测定无线电发射台方位的能力仍是独一无二的。无线电测向仪是最早的无线电导航设备,它以岸上两个以上全方向发射的无线电指向标台或无线电广播台的来波方向决定船位,也可用于测定发射无线电波的目标所在方位。

1. 无线电信标与接收天线

(1) 无线电信标 无线电信标是专门供无线电测向用的无线电信号发射台。通常设置在沿海岸边或岛屿边缘处,使无线电信标的信号传播主方向与海岸线的交角近于 90°。一般由 2~6 个组成一个台链,用莫尔斯电码,按时间分隔制,依次以相同的发射频率发射无线电测向信号。无线电信标先用莫尔斯码发射识别信号,再发射测向信号。无线电信标在海图上用图式和缩写标示出其准确位置。无线电信标的地波信号沿地球表面传播到测向仪接收天线,一般传输距离只有 100n mile。

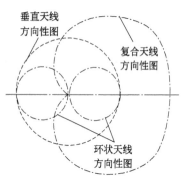

图 7-65 天线接收特性图

(2) 无线电接收天线 无线电接收天线有垂直天线、环形天线和复合天线。其接收特性如图 7-65 所示。

① 垂直天线 为无方向性天线,其接收方向特性图为圆形图。

② 环形天线 具有方向性,信号来向与环形天线平面夹角为 0°或 180°时,其感应电势最大;信号来向与环形天线平面夹角为 90°或 270°时,其感应电势为 0,感应电势为 0 时的接收方向为哑点。环形天线旋转一周,会有两个哑点方向,哑点具有双值性。

③ 复合天线 环形天线和垂直天线同时用于测向,称为无线电测向仪的复合天线。复合天线的接收特性为心形曲线。采用垂直天线解决了环形天线的双值性问题,既起到了"定边"作用,又起到了提高环形天线哑点清晰度的作用。

2. 无线电测向系统工作原理

无线电测向系统工作原理框图如图 7-66 所示。该系统由环形天线、垂直天线、测角器、信号放大处理与合成电路、接收机等组成。无线电测向是利用具有方向性的天线来接收无线电波,根据信号幅度与电波传播方向之间的关系,测出电波的传播方向。这种方法为振幅测

第七章 船舶设备

向法。当接收天线方向和无线电信标方向精确对应时，接收信号最强，音频输出的声音和代码最清晰。

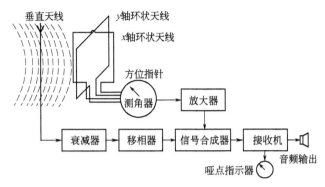

图 7-66　无线电测向系统工作原理框图

七、双曲线导航系统

双曲线导航系统是利用双曲线位置线实现导航定位的无线电导航系统。据解析几何可知，距两个固定点的距离差为常数的动点之轨迹，是以这两个点为焦点的一条双曲线。船舰（动点）在航行过程中利用无线电接收装置，接收陆地导航发射台对（两个固定点）发射的无线电波，测定距两个固定点的距离差并画出双曲线；再接收另外一陆地导航发射台对（两个固定点）发射的无线电波，再画出另一条双曲线，则两条双曲线的交点就是船位点，如图 7-67 所示。

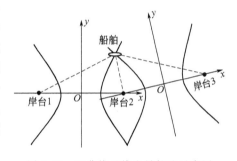

图 7-67　双曲线无线电导航法示意图

双曲线无线电导航法主要有脉冲双曲线系统，如劳兰 A；相位双曲线系统，如台卡、奥米伽；脉冲相位双曲线系统，如劳兰 C、劳兰 D。

八、卫星导航系统

卫星导航系统即"全球卫星导航系统"，简称 GPS。卫星导航系统在海洋开发与运输上能够完成远洋船最佳航程航线的测定、船只实时调度与导航、海洋救援、海洋平台定位、海平面升降监测等。

1. 卫星导航系统的特点

美国经过 20 余年的研究实验，耗资 300 亿美元，于 1994 年布设完成了全球覆盖率高达 98% 的 24 颗 GPS 卫星星座，建立了全球卫星导航系统。

全球卫星导航系统的主要特点是全天候、全球地面连续覆盖、实时定位速度快、三维定速定时高精度、抗干扰性能好、保密性强等。

2. 卫星导航系统的组成与作用

全球卫星导航系统由空间星座部分、地面控制部分和用户设备部分组成。

（1）空间星座部分　星座部分的主要设备有太阳能电池板、原子钟（2 台铯钟、2 台铷钟）及信号生成与发射装置。GPS 星座的作用是接收、存储导航电文，生成用于导航定位的信号（测距码、载波），发送用于导航定位的信号（采用双相调制法调制在载波上的测距码和导航电文）。

（2）地面控制部分　地面控制部分包括主控站、监测站、注入站，如图7-68所示。

① 主控站　管理、协调地面监控系统各部分的工作，收集各监测站的数据，编制导航电文，送往注入站，将卫星星历注入卫星，监控卫星状态，向卫星发送控制指令，进行卫星维护与异常情况的处理。

② 监测站　接收卫星数据，采集气象信息，实时监测卫星，并将收集到的数据传送给主控站。

③ 注入站　将导航电文注入GPS卫星。

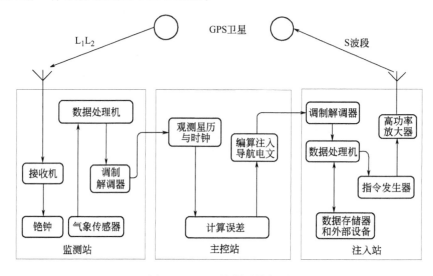

图7-68　地面控制系统框图

（3）用户设备部分　用户设备部分包括GPS信号接收机和其他仪器设备，如图7-69所示。用于接收并测定卫星信号、记录原始数据，获得导航定位信息。

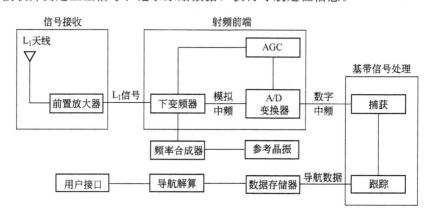

图7-69　GPS接收机基本功能结构图

3. 卫星导航系统原理

24颗GPS卫星在离地面12000km的高空上，以12h的周期环绕地球运行，使得在任意时刻，在地面上的任意一点都可以同时观测到4颗以上的卫星。

由于卫星的位置精确可知，在GPS观测中，可得到卫星到接收机的距离，利用三维坐标中的距离公式,利用 3 颗卫星,就可以组成 3 个方程式,解出观测点的位置(x,y,z)。考虑到卫星的时钟与接收机时钟之间的误差,实际上有 4 个未知数:x、y、z 和钟差,因而需要引入第 4 颗卫星,形成 4 个方程式进行求解,从而得到观测点的经纬度和高程。对于船舶来说,3 颗卫星即可满足定位要求,不需要进行高程计算。

事实上,接收机往往可以锁住 4 颗以上的卫星,这时,接收机可按卫星的星座分布分成若干组,每组 4 颗,然后通过算法挑选出误差最小的一组用作定位,从而提高精度。民用 GPS 的定位精度只有 100m 左右。采用差分 GPS(DGPS)技术,可以使得定位精度提高到 5m。

九、自动化导航系统

自动化导航系统是通过计算机将各种导航方式综合起来,使各种导航系统互相取长补短,形成精度高、功能全、可靠性高的导航系统。

目前自动化导航系统是把定位、航行计划、自动避碰、自动操舵等系统综合成为一个自动导航系统。更多的是采用各种定位系统的组合。导航设备在导航系统中的作用如图 7-70 所示。图中船体是控制对象,自动操舵仪和主机控制装置分别按指令航向和指令航速控制船舶的航向、航速。自动操舵仪和主机控制装置构成一个典型的负反馈自动调节系统。导航计算机能够根据航行计划和周围海况、位置浓度等信息进行综合计算处理,实现自动航行。

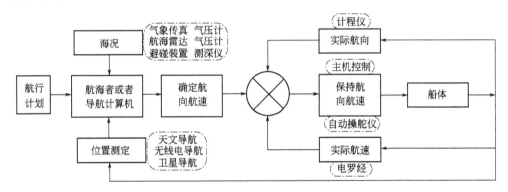

图 7-70　导航设备在导航系统的作用

思考与练习

【问答题】

7-1　说明舵设备的作用和组成。进行舵设计时,要满足哪些要求?
7-2　常用舵的形式有哪些?说明其特点。
7-3　舵机有哪些种类?各有什么特点?
7-4　在进行舵机设计时,应满足哪些要求?
7-5　说明锚泊设备的组成和作用。
7-6　船舶抛锚时要考虑哪些因素?船舶抛锚方式有哪些?
7-7　说明船舶的系泊方式。
7-8　船舶系泊设备包括哪些种类?说明其作用。
7-9　说明船舶起货设备的作用。它包含有哪些种类?
7-10　船舶为什么要配备救生设备?救生设备包括哪些?

7-11 船舶导航仪器和设备包括哪些？简要说明其作用。

【填空题】

7-12 船舶设备主要包括_____、_____、_____、_____、_____、船舶导航仪器和设备等。其主要目的是为了满足船舶营运中的各项要求。

7-13 舵力的大小与_____、_____、_____等因素有关。

7-14 舵应布置在远离船舶转动中心的尾部螺旋桨的后面，以增大_____。

7-15 船舶利用锚机收起锚链称_____，放下锚链称_____。

7-16 船舶在营运期间只有两种状态，一种是航行，一种是停泊。停泊又有两种，一种叫_____，一种叫_____。

7-17 液压舵机与气动舵机和电动舵机相比，具有功率增益高、快速性好、体积小、灵敏度高、_____、_____、_____、控制功率小及承受负载功率大等优点。

7-18 船舶抛锚方式通常有_____、_____、_____、_____。

7-19 锚链按制造方法可分为_____、_____和_____。_____工艺简单、成本低，质量超过其他种类锚链，在船上应用广泛。

7-20 系泊设备由_____、_____和_____组成。

7-21 船舶系泊方式通常有_____、_____、_____和_____几种。

7-22 船舶起货设备按其驱动能源的不同可分为_____、_____和_____。

【选择题】

7-23 弃链器是在____必须弃锚时，能使末端锚链迅速脱离船体的一种专用装置。
   A. 遇到风浪时　　　B. 船在码头时　　　C. 船航行在深海时　　　D. 紧急情况

7-24 船舶导航就是借助导航设备可以随时确定_____，正确指导船舶按预定航线安全地、经济地航行至目的地。
   A. 船舶所处的方位　　B. 船舶所处的位置　　C. 船舶的吃水线　　D. 船舶的航速

【判断题】

7-25 舵设备是保障船舶稳性的一种主要设备。　　　　　　　　　　　　　　　　　　（　　）

7-26 船舶在航行中，保持航向、改变航向、进行回转运动主要依靠舵来实现。　　　　（　　）

7-27 在满足船体几何形状等条件下，应尽量使得舵上的转船力矩为最大，而转动舵时所需要的力矩为最小。这样可提高船舶的操纵性能，并可减小舵机的功率。　　　　　　　　　　　（　　）

7-28 液压舵机是以高压空气为工作介质能够使船舶转舵并保持舵位的装置。　　　　　（　　）

7-29 锚链是连接锚和船体之间的链条，用于传递和缓冲船舶所受的外力。　　　　　　（　　）

7-30 船舶系泊设备一般均为左右舷对称布置，以保证船舶两舷都能系靠。　　　　　　（　　）

7-31 救生设备是船上人员在水域救助落水人员或在本船遇难时，供船员和乘客自救而设置在船上的专门设备及其附属件的总称。　　　　　　　　　　　　　　　　　　　　　　　（　　）

第八章 船舶电力系统

第一节 船舶电力系统概述

船舶电力系统是现代船舶的重要组成部分，主要任务是把其他形式的能量转换成电能，并将电能输送、分配给各处电气设备，保证船舶安全可靠供电。随着船舶向自动化方向的发展，船舶电力系统的应用越来越广泛。船舶航行于江河海洋之中，难免会遭遇到恶劣的天气条件和突发情况，因此要求船舶电力系应该能够承受住在横倾15°、横摇45°、纵倾10°、横摇周期为3～14s及战斗等情况下所引起的猛烈冲击，并能承受住船舶主机、螺旋桨引起的船体振动。

一、船舶电力系统组成

船舶电力系统从工作原理上分，主要由电源、配电装置、电力网及电气负载组成。船舶电站是由电源装置和配电装置组成的。船舶电力系统组成如图8-1所示。

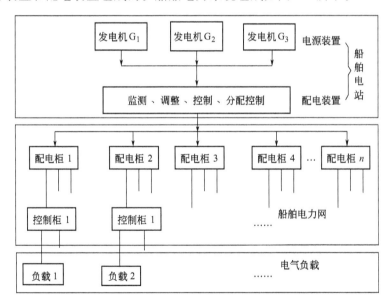

图 8-1 船舶电气系统的组成框图

1. 电源装置

电源装置是将机械能、化学能、核能等其他形式的能量转换成电能的装置。目前船舶常用的电源有发电机组和蓄电池组。

2. 配电装置

配电装置主要用于控制、保护、监测和分配船舶电源产生的电力，并对船舶正常航行或应急状况下使用的电力和照明负载进行配电的开关设备和控制设备的组合装置，可分为主配电板、应急配电板、区域配电板、分配电板、充放电板和岸电箱等。

3. 船舶电力网

船舶电力网是全船电线、电缆的总称，主要完成电能的输送、分配、线路监测与保护等任务，可分为动力电网、照明电网、应急电网、低压电网和弱电电网等。

4. 电气负载

电气负载消耗电源装置的电能，并将电能转变为船舶工作所需要的机械能、光能、热能等。船舶电气负载包括采用电动机拖动的甲板机械设备、舱室机械设备和电力推进设备、船舶电气照明设备、船舶通信导航设备、电加热及生活用电设备等。

二、船舶电力系统的特点

船舶电力系统由于受水上环境条件及船舶自身运行情况的影响，与陆地电力系统比较有如下特点。

1. 船舶电站容量小

船舶电站一般设有 2~4 台同型号机组，正常工作时仅有 1~2 台运行供电。一般船舶电站容量为 1000~2000kW。由于船舶上大的用电负载如起货机等，其功率可与发电机容量相比拟，电动机的启动电流在电网上产生的电压降较大，因而要求船舶电力系统中的发电机的动态特性要更好、过载能力更强并具有强励磁能力等。

2. 配电装置功能完善

船舶上的电源主要来自主发电站、应急发电站、应急蓄电池等。主发电站中有主发电机和主配电板；应急发电站中有应急发电机和应急配电板、蓄电池组和充放电控制板。船舶在停靠码头时，岸上电源可以通过岸电箱向船舶供电。配电装置功能完善、简单、可靠，只采用低压开关电器就可以完成控制和保护。

3. 船舶电力网距离短

船舶设备多而集中，所以船舶电力网距离短，输送电压低，一般长度小于 200m，电压小于 500V。船舶电力网多采用电缆输送电能，而不用架空电线和电力变压器，供电效率高。采用直接低电压供电，设备相互之间影响较大，电网电压易于波动。

4. 工作条件恶劣

船舶电力系统工作在环境温度高、相对湿度高、金属部分易于腐蚀、冲击振动大的条件下，电气设备会出现绝缘老化加速、使用寿命减少、绝缘性能下降、工作稳定性变差等情况。

三、船舶电力系统的主要参数

船舶电力系统的主要电气参数有电制、电压等级、频率等级，正确地选择合适的电气参数，能够保证船舶电力系统的工作的可靠性。

1. 电制

船舶电力系统采用直流和交流两种电制。

（1）直流电制　直流电制具有的特点：直流发电机调压、并车简单；直流电动机可以实现较大范围内的平滑调速；直流配电板较交流配电板简单；直流电网没有集肤效应，效率高；蓄电池组无需整流设备，可直接充电。因设备维护工作量大，目前直流电制很少采用。

（2）交流电制　交流电制具有的特点：三相异步电动机无整流子，结构简单、体积小、运行可靠；启动设备简单、控制设备少；通过变压器，可以方便地将电压变换成各种负载所需要的电压等级，各分支电力网相互影响小；连接岸电更加容易；船舶电气设备的维修、保养工作大大简化。

大功率整流器件的出现和发展使得直流电的获得更加容易,从而促进了交流电制的普及。目前,不论货船、液货船、集装箱船,还是客船和调查船,都优先采用交流电制。

2. 电压等级

世界各国对电压等级的选用均要求与本国陆用电制参数一致,以使船舶电气设备具有通用性。对船舶供电系统的额定电压和最高电压均有明确的规定,IEC 92—201《系统设计-总则》中关于供电系统直流电压的推荐值、交流供电系统的交流电压值如表8-1所示。

表8-1 船舶供电系统电压

用 途		额定电压/V	最高电压/V
直流电	动力	110、220	500
	炊具、电热	110、220	250
	照明和插座	24、110、220	250
交流电	固定、永久动力电、电热和炊具设备	三相:120、220、240、380、415、440、660、3000/3300、6000/6600、10000/11000 单相:120、220、240	三相:1000、1100 单相:500
	固定照明和插座	单相:120、220、240	单相:250
	防止触电插座	单相:24、124、220、240	单相:55、250

我国《钢质海船入级规范》规定:非电力推进船舶的限制电压为500V,动力负载、具有固定敷设电缆的电热装置等的额定电压为380V,照明、生活居室的电热器限制电压为250V,额定电压为220V。

随着现代船舶的发展,船舶电气设备的应用越来越多,用电负荷急速增加,对发电机的功率的需求也随之增加,给供电系统也带来压力。为了满足大功率的电气设备的需要,降低工作电流以减小电缆的截面和传输损耗,可考虑采用中压等级标准的3.3kV来供电。采用中压供电系统,保护装置、接地、变压器、配电方式、开关形式、电缆端头的构造及处理方法有很大变化,工作时应注意。

3. 频率等级

对于船舶电力系统的频率,我国规定为50Hz,与陆用电力系统的频率相同,国外一些国家采用60Hz。对于一些弱电设备,则采用500Hz和600Hz的中频电源。

第二节 船舶电站、电力网及电力系统的保护

船舶电站是产生并连续供应全船电能的设备,是船舶电力系统的核心部分。船舶电站主要完成所需电源电压的建立、稳定、调整、监测、保护等任务。

一、船舶电站

船舶电站是指能够产生连续供应全船电能,并保证船舶辅助机械正常运行的设备。它是船舶电力系统的重要组成部分。

1. 船舶电站的组成

船舶电站是由原动机、发电机及附属设备、配电装置组成的,是船舶的主要动力设备。原动机、发电机及附属设备组合成发电机组。发电机组是把化学能转化为电能的装置,因此是船舶电站中最重要的装置。

发电机组发出的电力通过配电装置进行控制及分配，以实现向船舶上所有电气设备提供足够的工作能源，并满足船舶的正常航行和船上人员的日常生活用电的需要。

为了保证船舶的连续航行，要求船舶电站能长时间地不间断工作。大型船舶一般都装有两台以上的发电机组。随着负载的增减，可以用一台发电机，也可以用 2～3 台发电机并联运行。

船舶电站的发电机组有柴油发电机组、汽轮发电机组、燃气轮机发电机组及主机轴带发电机组，其特点如下。

① 柴油发电机组工作效率高、使用方便、维护保养容易，在船舶上应用最多。

② 汽轮发电机组转速均匀、调速特性好、体积小、效率高、维护成本高。除在舰艇上有一定应用外，在普通船舶上应用较少。

③ 燃气轮机发电机组具有体积小、重量轻、功率大、启动力快、停车容易等优点，在军用舰船上的应用较多。

④ 主机轴带发电机组是利用推进动力装置的主柴油机带动发电机，从而可以节省一台发电用的柴油机，降低了船舶自重，减少了机舱噪声，降低了成本，减少了维护工作量。由于主柴油机的油耗低且能燃用廉价重油，因而提高了发电效率。

2. 船舶电站的种类

为使船舶在各种不同工况下，如航行、作业、停泊、战斗、应急等情况，都能连续、可靠、经济、合理地进行供电，舰船上常常配置多种电站。

（1）主电站 主电站是指正常情况下向全船供电的电站。对船舶主电站有如下要求。

① 应满足全船各使用工况下的用电量。

② 每台发动机的最高负荷量为 80% 左右。

③ 必须装有备用发电机组，其容量应在其中最大容量一台发电机组损坏时，仍能充分满足正常航行和应急情况下的需要。

④ 使用的发电机台数较少，且维修方便。

⑤ 电站中要求发电机并联运行时，应采用同类型的发电机组，并联方便，运行稳定。

⑥ 军用舰艇可设有两个或多个主电站，各主电站的间距要大于常规武器的爆破半径。

（2）停泊电站 停泊电站是指船舶在停泊状态又无岸电供应时，向停泊船舶供电的电站，其容量较小。

（3）应急电站 应急电站是指船舶在机舱进水、战斗损伤等应急情况下，主发电机不能工作时，向保证船舶安全所必需的负载供电的电站。应急电站是保证船舶安全的重要设施。应急电站的电源可以是蓄电池，也可以是应急柴油发电机组，分别要求如下。

① 采用蓄电池作为应急电源时，蓄电池的容量应至少能满足 3～6h 连续供电的要求。

② 采用应急发电机组时，可采用手动或自动应急启动的方式。有的船上以停泊电站兼应急电站，但其布置必须按照应急电站的要求进行。

（4）专用电站 专用电站是指对电源电压、频率及其稳定性有特殊要求的设备进行特别供电的电站。这类用电设备的特点是耗电量不大。对供电有特殊要求的设备有全船无线电通信设备、船内通信设备、雷达、测向仪、测深仪、信号报警系统及电磁扫雷设备等。

二、配电装置

配电装置是用来接收和分配船舶电能，并能对发电机、电网等各种用电设备进行切换、控制、保护、测量和调整等工作的装置。它是由各种开关、自动控制与保护装置、测量仪表与互感器、调节与信号指示装置等按一定要求组合而成的一个整体。随着现代电力电子技术的发展,船舶配电装置正朝着小型化、自动化、智能化、大功率化的方向发展。

1. 配电装置作用
① 正常运行时接通和断开电路。
② 电力系统发生故障时,保护装置动作并报警,切断故障电路的供电。
③ 测量和显示运行中的各种电气参数,例如电压、频率、电流、电能、绝缘电阻等。
④ 可以进行电压、频率、转速等电气参数及相关参数的调整。
⑤ 可以对电路运行状态、开关通断状态及偏离正常工作状态进行信号指示。

2. 配电装置种类
配电装置种类主要有主配电板、应急配电板、蓄电池充放电板、岸电箱、区配电板、分配电板等。

(1) 主配电板 主配电板是用来控制、监视和保护主发电机的工作,并将主发电机产生的电能通过主电网或直接传输给电气负载的配电装置,一般安装在发电机组附近,主要包括发电机控制屏、并车屏、负载屏。
① 控制屏是用来控制、调节、监视和保护发电机组的工作状态的。每台发电机组均需配备单独的控制屏。控制屏内配置有各种开关、仪表、按钮及指示灯等。
② 并车屏用来控制发电机的调速、投入运行、脱离电网、并车等。
③ 负载屏通过低压断路器将电能输送给各重要负载或区配电板。

(2) 应急配电板 应急配电板是用来控制、监视和保护应急发电机产生的电能,通过主、应急电网或直接给应急用电设备配电的装置,设有应急发电机自动启动装置及船用蓄电池充放电装置。当主电网断电并延时确认后,应急发电机组一般在 45s 内可以自动启动并向应急电网供电;而主电源恢复供电后,应急发电机组便自动脱离并自动停车。

(3) 蓄电池充放电板 蓄电池充放电板是用来控制、监视和保护充电发电机和充电整流器对蓄电池组的充电与放电工作,并将蓄电池组的电能通过低压电网或直接给用电设备配电的装置。

(4) 岸电箱 船舶停靠码头或大修时,船上发电机停止供电,将岸上电源线接到船上岸电箱,再由岸电箱送电到应急配电板和主配电板进行分配。岸电箱应装指示灯,以指示外来电源是否带电。

(5) 区配电板 区配电板是介于主配电板或应急配电板与分配电板之间,用以向分配电板和最后支路供电。

(6) 分配电板 分配电板是指将由主配电板输送来的电能向不同区域的成组用电设备进行输送,并装有保护装置、控制装置、仪表、指示灯等的配电装置。主要有动力分配电板和照明分配电板两种。

三、船舶电力网

船舶电力网是指将电能通过主配电板和应急配电板、分配电装置、电缆等输送到电气负载而形成的输电网络。依船舶负载性质不同,可以直接从主配电板、应急配电板、区配电板、分配电板供电。

1. 船舶电力网的分类
根据供电电源、负载的性质和用途的不同,船舶电网可分为以下几种。
(1) 主电网 是指由主发电机通过主配电板完成电能配送的网络。

（2）应急电网　是指由应急发电机通过应急配电板完成电能配送的网络，或由蓄电池通过蓄电池充放电板完成电能配送的网络。

（3）小应急电网　是由 24V 蓄电池提供的直流电供给小应急照明、主机操纵台、主配电板前后、信号灯、通信和导航设备等。

（4）一次网络　由主配电板直接向区配电板、分配电板和负载供电的网络。

（5）二次网络　由区配电板或分配电板向负载供电的网络。

（6）动力电网　指供电给三相异步电动机负载及三相电热负载的供电网络。该网络输送的电能约占全部电能的 70%。

（7）照明电网　是指向照明设备、电风扇及小容量电热设备供电的网络。

（8）弱电网络　是向全船无线电通信设备、各种助航设备、信号报警系统等设备供电的低电压直流电网或中频电网。

2．船舶输电电网的接线形式

接线方式是指电源、配电装置及用电设备之间电缆的连接方式。输电电网的连接方式有馈线式、环路式、干线式、棋盘式、两舷供电式和混合式。其中馈线式、环路式应用较多。在设计电力系统时应合理地确定其接线方式。

（1）馈线式　馈线式输电电网以主发电机馈电的主汇流排作为主干，配电网络像树枝式地分布，如图 8-2 所示。其特点是电缆总长度小、便于增加新负载、继电保护装置与开关电器数量比较少、造价低、主要供电开关便于集中控制。这种方式在船上应用最为普遍。

（2）环路式　在环路式输电电网中，发电机主汇流排与各分配电板通过低压断路器串联成环状，负载分别从各段汇流排上引出，如图 8-3 所示。其特点是配电可靠性

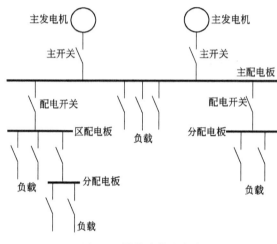

图 8-2　馈线式供电方式

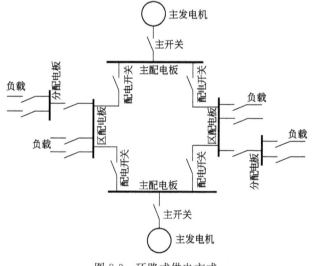

图 8-3　环路式供电方式

高、电压损耗和功率损耗小、维修保养复杂、造价较高。这种供电站方式主要用在军舰和客轮的配电网络中。

船舶电力系统单线图如图 8-4 所示。结合本节配电装置内容的描述,可以分析该图中各部分的作用。

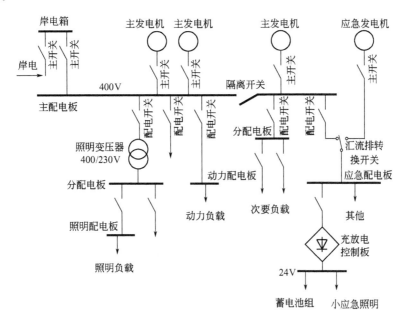

图 8-4 船舶电力系统单线图

四、船舶电力系统的保护

为保证船舶正常安全地航行,船舶电力系统必须要充分保证能连续可靠地供电。要求船舶电力系统出现故障时保护装置的动作迅速、准确、可靠并发出警报,且保证不影响其他设备的运行。船舶电力系统的保护有以下几个方面。

1. 发电机过载保护

船舶电站在运行中因负载过大等情况,可能造成发电机过载。长期过载会使发电机过热、绝缘老化或损坏。但发电机允许有一定时限的过载而不立即跳闸。发电机过载保护应具有反时限特性,整定值一般为 125%～135%,延时为 15～20s。通常由低压断路器来完成。

2. 发电机外部短路保护

导线绝缘老化、误操作等都可能形成很大的短路电流,从而对电力系统构成破坏,因此要求保护装置能正确、可靠、快速而有选择地切断故障电路。在整定参数时,要对主开关设置一短延时,以保证分路开关优先动作,从而避免整个电网断电。通常由低压断路器来完成。

3. 发电机的欠压保护

当调节器失灵或发电机外部短路故障没被切除时,可能产生电压下降情况。欠压保护的任务是当发电机电压低于一定值时,将使主开关不能合闸或从电网上自动断开。在系统中如果有大电动机启动或突加较大负载时,可能引起电压的下降,但这是暂时的正常现象。此时欠压保护不应动作,所以主开关需要有延时,以躲过暂时性的电压下降。通常由低压断路器来完成。

4. 发电机的逆功率保护

当几台同步发电机并联工作时，如果其中一台发电机的原动机发生故障，结果将使该台发电机不但不能输出有功功率，反而从电网吸收功率，成为同步电动机运行，这时将使其机组产生过载，甚至跳闸，使全船供电中断。当出现逆功率时，要将故障发电机从电网上切除，以保证其他发电机正常工作。可由逆功率断电器来实现。

5. 对电网的保护

电网的保护分为短路保护和过载保护两种，船舶电力系统保护装置设置在配电装置中。在采用岸电供电时，应设有相序和断相保护。

第三节　甲板机械的电力拖动与电气控制

船舶甲板机械包括锚机、绞缆机、起货机及甲板起重设备。甲板机械的拖动方式有蒸汽拖动、液压拖动和电力拖动等方式。现代船舶上的甲板机械大都采用电力拖动方式。电力拖动就是指用电动机作为原动机来拖动各种甲板机械。

一、甲板机械电力拖动特点

① 电动机的启动容易，投入运行快速。
② 与液压拖动相比，无需管道、连接方便、振动和噪声小。
③ 便于能量分配，可用多台电动机来拖动，能灵活地满足各种机械转速特性要求。
④ 操作控制方便灵活，可远距离操作。
⑤ 有利于实现自动化控制。
⑥ 甲板机械中的电动机单机功率占船舶电站容量权重较大，拖动电机的启动、制动、运行状态都会直接影响到船舶电网参数的变化。
⑦ 甲板机械对于电力拖动的各项调速指标一般要求调速范围在 1∶8～1∶10 左右，目前多用 PLC 控制交流变频调速，调速可靠。

二、甲板机械电力拖动系统组成

电力拖动系统一般由电动机、传动机构、工作机构、电气控制设备、电源五部分组成，如图 8-5 所示。传动机构的任务是把电动机的动力传递给工作机构。传动机构通常有轴直接连接、齿轮连接、油泵或油缸连接三种方式。电源提供能量，电动机为工作机构提供动力，电气控制设备对电动机进行启动、停止、调速、反转等控制，电气控制设备也可对电液元件等进行控制。

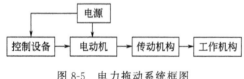

图 8-5　电力拖动系统框图

三、对甲板机械电力拖动系统的要求

总体上说甲板机械电力拖动系统要适应海上的高温、潮湿、海水侵蚀、撞击和摇摆等恶劣海况，具有很高的可靠性，要操作灵活，维修和管理方便。发生意外故障时，要求故障部分能迅速恢复和切除，尽最大可能保持供电和继续运行。同一用途的设备应具有统一规格，以保证有良好的互换性。目前由于电力电子器件在船舶中的大量运用，必须要抑制各种电磁

干扰，以保障电子设备、计算机等系统的正常工作。

1. 锚机、绞缆机械对电力拖动系统的基本要求

① 在锚机和绞缆机的控制系统中应设置自动逐级延时启动电路和应急保护电路。

② 电动机应具有足够大的过载能力，应能满足任何一种起锚状态所需要的最大转矩，并且能在最大负载力矩下启动（在30min内允许启动25次）。

③ 电动机在堵转情况下能承受堵转电流时间为1min。在堵转时，对直流而言，应能使电动机自动转到人为机械特性上运行；对交流而言，应能自动转换到低速运行。

④ 为满足必需的起锚速度和拉锚入孔时的低速，要求电动机有一定的调速范围，一般要求在5∶1～3∶1。

⑤ 在电动抛锚时，由于是位能性负载，所以要求控制系统必须具有稳定的制动抛锚功能，匀速抛锚。

⑥ 电动机启动次数不宜过于频繁，应能连续工作30min，且要满足30min内启动25次的要求。

⑦ 采用电气和机械联合制动，以便满足快速停车及系缆时具有轻载高速性能。

⑧ 电力拖动装置应能满足在给定航区内，单锚破土后能收起双锚。

⑨ 电动液压锚机应具有独立的电动机驱动，其液压管路应不受其他甲板机械的管路影响。

2. 船舶起货机对电力拖动的基本要求

① 一般直流起货机调速范围为10∶1，交流起货机的调速范围为7∶1。

② 电动起货机必须选用防水式、重复短期工作制的电动机，以适应甲板工作条件。

③ 对直流起货机，一般采用启动力矩大而机械特性软的复励电动机，以承受冲击负载。

④ 对交流起货机，宜选用启动力矩大、转差率高而启动电流较小的深槽式变极调速笼式异步电动机或绕线式异步电动机。

⑤ 对发电机-电动机系统的起货机，宜选用具有差复励绕组的发电机，使电动机获得适用于起货机的下坠特性。

⑥ 选用转动惯量小的专用电动机，使启动和制动过程中的能耗降低。

四、电力拖动基础

甲板机械电力拖动有直流电动机电力拖动和交流电动机电力拖动两种方式。随着交流变频技术的发展，目前甲板机械采用交流电力拖动最为广泛。

1. 直流电动机的电力拖动

（1）直流电动机的工作原理 由毕-萨电磁力定律：通电导体在磁场中受到电磁力的作用，若通电导体与磁场垂直，则作用在导体上的电磁力为

$$f = Bli \quad (8\text{-}1)$$

式中，B 为磁场的磁感应强度；l 为有效导体长度；i 为线圈中的电流。

图 8-6 所示为直流电动机，把直流电源接在两电刷之间，从而使电流通入电枢线圈。当线圈在图 8-6(a) 所示位置，处于 N 极下的 ab 边中电流从 a 流向 b，处于 S 极下的 cd 边中电流从 c 流向 d，两线圈所受电磁力的方向按左手定则确定，这一对电磁力形成了作用于电枢的转矩，称为电磁转矩，转矩的方向是逆时针方向，使电枢旋转。转到图 8-6(b) 所示位置，这时处于 N 极下的 cd 边中电流从 d 流向 c，处于 S 极下的 ab 边中电流从 b 流向 a，按左手定则确定两边所受电磁力的方向，形成的电磁转矩仍然是逆时针方向。由此可见，电枢

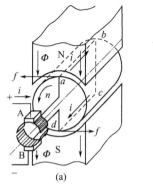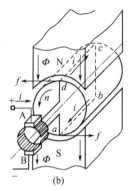

线圈中电流的方向：N 极下的有效边中电流总是从接到电源正极的电刷 A 通过换向片流入，S 极下的有效边中的电流总是通过换向片，由接电源负极的电刷 B 流出，这样各极下线圈有效边中电流始终是一个方向，产生的电磁转矩也均为一个方向，从而使电动机连续旋转。

图 8-6 直流电动机的工作原理

（2）直流电动机的励磁方式　主磁极上励磁绕组通以直流励磁电流产生的磁场称为励磁磁场，亦称主磁场。励磁绕组的供电方式称为励磁方式。按励磁方式的不同，直流电机可分为以下几类。

① 他励直流电机　励磁绕组由其他直流电源供电，与电枢绕组之间没有电的联系，如图 8-7(a) 所示。

② 并励直流电机　励磁绕组与电枢绕组并联，如图 8-7(b) 所示。励磁电压等于电枢绕组端电压。机械特性较硬，适用于离心泵、通风机等负载不变的机械。

③ 串励直流电机　励磁绕组与电枢绕组串联，如图 8-7(c) 所示。机械特性较软，启动转矩大，适用于启动转矩大或过载能力要求高的的负载机械。

④ 复励直流电机　每个主磁极套有两个励磁绕组，一个与电枢绕组并联，一个与电枢绕组串联，如图 8-7(d) 所示。两个绕组产生的磁动势方向相同时称为积复励，两个磁动势方向相反时称为差复励，通常采用积复励方式。复励电动机介于并励和串励之间，具有两者的优点，适合起重负载机械。

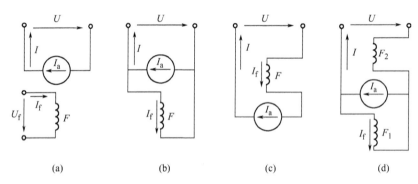

图 8-7 直流电动机的励磁方式

（3）直流电动机的机械特性　直流电动机使用直流电作为电源，主要优点是启动转矩大、调速范围宽、调速平滑，且在一定范围内进行无级调速。他励直流电动机的机械特性是指电枢电压 U_{fN}、励磁电流 I_{fN}、电枢总电阻 R_a 为恒值时，转速 n 与电磁转矩 T 的关系曲线 $n = f(T)$，如图 8-8 所示。直流电动机的机械特性基本公式为

$$n = \frac{U_N}{C_e \Phi_N} - \frac{R_a}{C_e C_T \Phi_N^2} T \tag{8-2}$$

式中，n 为电动机的转速，r/min；U_N 为电动机电源电压，V；R_a 为电枢回路电阻，Ω；C_e 为电势常数；Φ_N 为气隙磁通，Wb。

（4）直流电动机的启动、调速与制动　直流电动机由静止状态到稳定运行状态的过程称

为电动机启动。启动时,电动机通过的启动电流是额定电流的 10~20 倍,启动转矩很大。特别是容量大的电动机启动时,使电网电压波动,影响正常工作,同时对电动机和机械产生冲击。如果电动机容量小于 0.5kW,可采用直接启动方式;如果电动机容量大于 0.5kW,可采用降压启动方式,即在电机绕组中串入电阻,分级启动,这样可降低启动电流过大造成的不利影响。

船舶机械要求能在不同的速度下工作,如起货机、锚机等,实现调速的方法有机械调速、电气调速和机电联合调速。电气调速简单方便、易于实现,这就要求电动机能在一定范围内进行调速。直流电动机调速有降低电源电压调速、转子串电阻调速和减弱励磁调速三种方式。他励直流电动机调速时机械特性分别如图 8-9、图 8-10、图 8-11 所示。降低电源电压调速方式只能在额定转速以下进行,能实现无级调速。转子串电阻调速方式只能在额定转速以下进行,且为有级调速。减弱励磁调速方式只能在额定转速以上进行,且能实现无级调速。

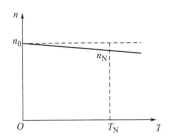

图 8-8　他励直流电动机的机械特性

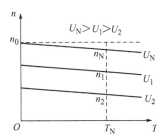

图 8-9　降低电源电压调速

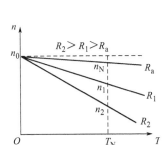

图 8-10　转子串电阻调速

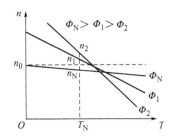

图 8-11　减弱励磁调速

船舶甲板机械运行需减速或停止时,需要制动力矩。制动方式有机械制动和电气制动两种。机械制动利用机械摩擦产生阻力矩,如抱闸。电气制动利用电动机产生与机械运动相反的电磁转矩来阻止机械运动。电气制动不存在机械摩擦,容易实现。在起重设备中常将两者结合使用。电气制动有三种方法:能耗制动、反接制动、回馈制动。电气制动通常用于起重机匀速下放货物,也用于减速制动停车。

2. 三相异步电动机的电力拖动

三相异步电动机相对直流电动机具有结构简单、维护方便、体积小、价格便宜的特点,分为三相笼式异步电动机和三相绕线式异步电动机。三相笼式异步电动机启动转矩较小,适用于小容量且不要求调速的负载,如泵、风机等。三相绕线式异步电动机启动转矩较大,可在绕组中串入电阻进行调速,适用于起货机、锚机等较大容量负载。

(1) 三相异步电动机的工作原理　如图 8-12 所示,将异步电动机的 3 个定子绕组接成 Y 形,并将它的 3 个首端 U_1、V_1、W_1 分别与三相电源相连接。3 个定子绕组的尺寸、匝数和其他特性是完全相同的,仅空间位置彼此相差 $120°$。当接通三相对称电源后,其中将产生对称的三相电流，且在定子铁芯和气隙中产生一个旋转磁场。旋转磁场的转速称为同步转速，即 $n_0=60f/p$。旋转磁场的产生如图 8-13 所示。

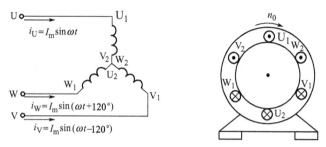

图 8-12　定子绕组通入三相交流电原理图

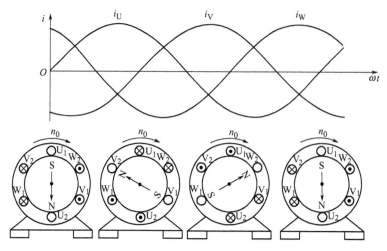

图 8-13　旋转磁场的产生

如图 8-14 所示，当旋转磁场顺时针方向旋转时，通过闭合铝（铜）条所包围面积的磁通量将发生变化，因此，在闭合铝（铜）条中将产生感应电流，感应电流的方向由右手螺旋定则确定。反过来，具有感应电流的转动铜条又将受到磁场力的作用，形成一个电磁转矩，使转子也顺时针方向转动起来。从电动机转动的过程可以看出：转子的转速 n 与旋转磁场的同步转速 n_0 有关，但它不可能超过和完全等于旋转磁场的转速，即 $n<n_0$。转子之所以与旋转磁场同向旋转，是因为它们之间存在着相对运动，这样转子的导体才能切割旋转磁场的磁力线，感应出转子电流，并受到磁场力矩的作用而旋转。因此把这种电动机称为"异步"电动机。

显然，转子转动的方向与磁场的旋转方向相同。通过改变三相电源的相序，可以改变旋转磁场的方向，从而达到改变转子的旋转方向的目的。

(2) 三相异步电动机的机械特性　三相异步电动机的转子的转速 n 与电磁转矩 T 的关系称为机械特性。而机械特性很容易通过转矩特性获得。电动机转子的转差率定义式为

$$s=\frac{n_0-n}{n_0}\times 100\% \tag{8-3}$$

电动机转矩表达式为

$$T=KU_{1P}^2\frac{sR_2}{R_2^2+(sX_{20})^2} \tag{8-4}$$

式中，K 为常数；U_{1P} 为定子绕组的相电压；R_2 为转子每相绕组的电阻；X_{20} 为转子静止时每相绕组的漏磁感抗。

将式（8-3）代入式（8-4）中即可得到三相异步电动机的机械特性，如图 8-15 所示。三个重要转矩：启动转矩为 T_{st}、最大电磁转矩 T_{max}、额定电磁转矩 T_N。

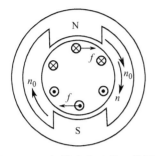

图 8-14 三相异步电动机工作原理

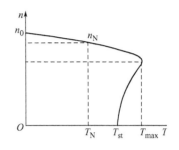

图 8-15 三相异步电动机机械特性

（3）三相异步电动机的启动　启动时，$s=1$，$n=0$，转子感应电动势大，使得转子电流很大，定子电流必然增大。启动电流一般是额定电流的 4~7 倍。三相异步电动机启动方式有全压直接启动和降压启动两种。对电动机的启动性能要求是启动电流小，启动转矩能满足需要。

负载容量小时可以直接启动，负载容量较大时应采用降压启动。降压启动分为定子绕组串电阻或串电抗器降压启动、自耦变压器降压启动、Y/△降压启动。降压启动时，启动电磁转矩会成平方倍地降低，只适合空载或轻载启动，如图 8-16 所示。对于三相绕线式异步电动机，可采用电枢绕组串电阻启动，此时在一定电阻值范围内启动转矩会有所增加，如图 8-17 所示。

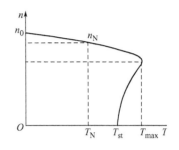

图 8-16 降压启动（调速）电路和机械特性

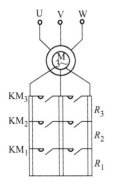

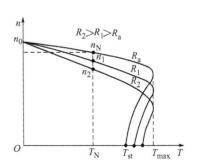

图 8-17 电枢串电阻启动（调速）电路和机械特性

（4）三相异步电动机的调速　根据公式 $n=60f(1-s)/p$ 可知：改变电动磁极对数 p、改变电源频率 f、改变电动机转差率 s 都可以改变电动转速。笼式异步电动机常采用改变磁极对数方式来调速，由于结构限制，因此只做简单 2 或 4 倍调速，如图 8-18 所示。绕线式异步电动机常采用电枢绕组串入电阻改变转差率 s 进行调速，可应用于船舶甲板机械进行 2～4 级的调速，如图 8-17 所示。改变电源频率 f 调速如图 8-19 所示，需要一套逆变电源，通常采用晶闸管来实现电源逆变。变频调速具有良好的动、静态特性和调速指标，是三相异步电动机调速重要方向，一般应用在调速要求较高的场合，在船舶机械电力拖动中应用较少。

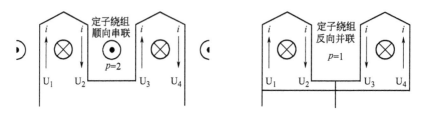

图 8-18　变极调速相绕组接线图

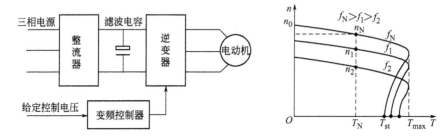

图 8-19　变频调速控制电路和机械特性

（5）三相异步电动机的电气制动　三相异步电动机的电气制动有两个内涵：一是在负载转矩为位能性负载转矩的甲板机械中，能使设备保持一定的运行速度；二是在机械设备需要减速或停止时，电动机能实现减速和停止。

电气制动的方法有能耗制动、电源反接制动、倒拉反接制动和回馈制动。能耗制动制动力较小、制动平缓，适合于停车制动，如图 8-20 所示。电源反接制动制动力矩大、制动迅速，适合于停车制动，速度接近零时一定要切除电源，否则会反向启动，如图 8-21 所示。倒拉反接制动适合于起重机货物的匀速升降控制，可实现货物空中悬停，如图 8-22 所示。回馈制动向电网回馈电能，适合于高速下放重物，如图 8-23 所示。

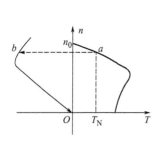

图 8-20　能耗制动机械特性

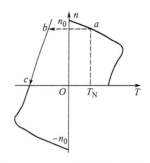

图 8-21　电源反接制动机械特性

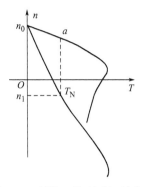 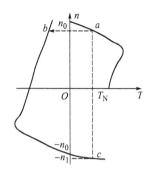

图 8-22　倒拉反接制动机械特性　　　　图 8-23　回馈制动机械特性

五、甲板机械的电气控制

由电动机拖动的各种甲板机械要完成启动、制动、调速、反转等动作，需要将接触器、继电器、按钮、位置开关等元件及监测、显示、报警、保护等装置按一定规则组合成船舶电气控制线路。将所有电气元件组装在一个箱内即可形成电气控制设备。

为了便于对控制系统进行设计、研究分析、安装调试、使用维修、阅读等，需要对电气控制系统中各电气元件及其相互连接用规定的统一符号、文字和图形表示出来，这种图就是电气控制系统图。电气控制系统图主要有电气原理图、电气设备安装图、电气设备接线图。

电气原理图是指用规定的图形符号和文字符号代表各种电器、电机等元件，依据机械设备对控制的要求和各个电器的动作原理，用线条代表导线连接起来，表示它们之间的联系，而不考虑电气元件实际安装位置和实际连接情况的线路图。原理图分为主电路、控制电路、信号电路、照明电路、保护电路等。主电路是指从电源到电动机的大电流通过的电路，控制电路等辅助电路通过的电流较小。电气原理图中，所有电气元件都按没有受电和没有外力作用下的状态画出。无论是主电路还是辅助电路，各元件应按动作顺序从上至下、从左至右依次排列。交叉连接点用实心圆点表示，交叉不连接点不画点，测试点用空心圆点表示。同一元件的各部分不在一起时，用同一文字符号标注；同一种元件用同一文字符号表示，用数字区别。

电气设备安装图表示各种电气设备在机械设备和电气控制设备中的实际安装位置。安装位置是由机械设备的结构和工作要求所决定的，如电动机的安装、控制箱及各种检测元件的安装。电气安装图还包括各种控制元件、保护元件等在控制箱中的实际安装位置。电气安装图用于电气设备的安装、调试、维修、管理等工作，保证机械设备安全运行。

电气设备接线图表示电气设备之间的实际接线情况，应把各电气元件的各个部分画在一起；文字符号、元件连接顺序、线路号码编制都必须与电气原理图一致。电气接线图有利于安装接线、检查维修和故障处理等工作。

第四节　舵机的电力拖动与自动控制

一、舵机对电力拖动的基本要求

我国《钢质海船入级与建造规范》根据《国际海上人命安全公约》的规定，对从事于国际航行的大于500总吨的货船或仅从事于非国际沿海航行的大于1600总吨的货船的舵机提出了明确的要求。基本技术要求如下。

① 每艘船舶均应设置主、辅助操舵装置各一套，且满足当其中一套发生故障时不致引起另一套也失效。

② 主操舵装置和舵杆要具有足够的强度，并能在最大吃水和最大营运航速前进时进行操舵，使舵自任一舷的35°转至另一舷的35°，且于相同条件下自一舷的35°转至另一舷的30°所需时间不超过28s。

③ 任一台操舵装置动力设备的动力源发生故障时，应在驾驶室发出声、光警报。

④ 辅助操舵装置应具有足够的强度和操纵性，并能在应急情况下迅速投入工作。

⑤ 辅助操舵装置应能在船舶最大航海吃水和以最大营运前进航速的1/2但不小于7kn时进行操舵，使舵自一舷15°转至另一舷的15°，且所需时间不超过60s。

⑥ 对辅助操舵装置的动力设备应满足：当动力源发生故障失效后又恢复输送时能自动再启动；能从驾驶室控制使其投入工作；驾驶室与舵机室之间应设有通信设施；操舵装置应设有有效的舵角限位器；舵装置应有保持舵位不动的制动装置。

二、操舵方式及原理

1. 单动舵

单动舵是在自动舵及随动操舵都不能用的情况下，作为应急操舵。单动操舵控制原理框图如图8-24所示。其操作方式为左右扳动操作手柄或左右按钮，使得舵叶向左或向右偏转。在操舵的同时观察舵角指示器来确定操作的方向和程度。在操舵控制信号较弱时，不足以直接推动执行机构工作，或即使能推动工作，但其灵敏度太低，必须加放大环节。单动舵操作困难，左右摆幅大，需要有熟练的操舵经验。

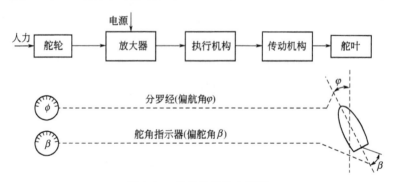

图8-24 单动舵操舵方框图

2. 随动舵

随动舵控制系统只要操作人员给出某一操舵指令，系统就能自动地按指令把舵叶转到所要求的舵角上，并且自动使舵叶停转。它是按偏差原则进行调节的。如图8-25所示，随动舵是一个闭环操作系统，系统的停舵指令是在舵叶偏转过程中，由它本身通过反馈机构发出的。只有当舵角反馈信号和操舵信号相等时，即偏差为0时，舵叶才会停止偏转。舵轮从β角回到零位，舵叶也从β角回到首尾线上。随动舵操舵简单，降低了劳动强度，减小了船舶航行时的摆幅。

3. 自动舵

(1) 自动舵的基本原理　自动舵是根据电罗经送来的船舶实际航向与给定航向信号的偏

差进行控制的。在舵机投入自动工作时,如果船舶偏离了航向,不用人的干预,自动舵就能自动投入运行,转动舵叶,使船舶回到给定航向上来。自动舵是一个闭环系统,它包括给定航向环节、航向检测环节、给定航向与实际航向比较环节、航向偏差与舵角反馈比较环节、执行机构、传动机构、舵叶、舵角反馈机构等,如图 8-26 所示。在自动舵中,陀螺罗经被用作航向的检测元件。

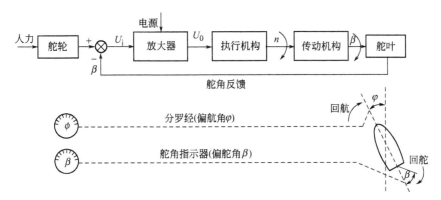

图 8-25 随动操舵系统方框图

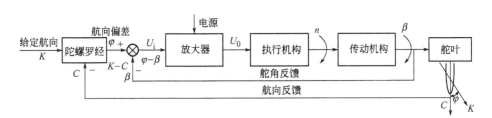

图 8-26 自动舵方框图

(2) 自动舵的分类 自动舵按其调节规律可分为比例舵、比例-微分舵和比例-微分-积分舵。

① 比例舵 比例舵调节中,偏舵角 β 与偏航角 φ 成比例关系变化,即

$$\beta = -k_1\varphi \tag{8-5}$$

式中,k_1 为比例系数;负号"−"表示偏舵的方向是消除偏航。

船舶因风浪等影响引起偏航时,采用比例舵操舵有纠正偏航的能力。但是它使船舶周而复始地围绕正航向左右摇摆,船舶的航迹呈 S 形振荡,衰减很慢,消耗主机功率,使得效率降低。

② 比例-微分舵 按比例操舵的偏舵角仅考虑了偏航角的大小,没有考虑偏航角速度。其实,偏航速度高时,应当加大偏舵角,以有效地抑制船舶继续偏航。另外,该船舶回到正航向后,虽然偏航角等于零,但由于惯性,船舶仍然有一个偏航角速度,使船舶又继续朝另一侧偏航。因此比例操舵会造成船舶沿航向做 S 形航行。比例-微分舵就是为解决这个问题而产生的。它的调节规律符合关系式

$$\beta = -\left(k_1\varphi + k_2\frac{\mathrm{d}\varphi}{\mathrm{d}t}\right) \tag{8-6}$$

式中,k_2 为微分系数。

加入微分环节,可以在偏航过程中提前施以最大舵角,在回正过程中提前施以反舵角,使 S 航迹的振幅变小,并很快衰减,能减轻舵机负担,提高航速,提高燃油效益。

③ 比例-微分-积分舵　为提高航向调节的精度，减少甚至消除静态误差，在比例-微分舵的基础上设置积分调节，亦即比例-微分-积分舵。它满足下面的关系式：

$$\beta = -\left(k_1\varphi + k_2\frac{\mathrm{d}\varphi}{\mathrm{d}t} + k_3\int\varphi\,\mathrm{d}t\right) \tag{8-7}$$

式中，k_3 为积分系数。

系统加入积分环节后将对偏航角进行积分，并发出与偏航角相应的恒定偏舵角指令。利用恒定的偏舵来抵消持续的外力作用，保证船舶的航向。

第五节　船舶电力推进

一、船舶电力推进组成与分类

船舶电力推进是指采用电动机械带动螺旋桨来推动船舶运动的推进方式。船舶电力推进装置一般由螺旋桨、电动机、发电机及控制设备组成，如图 8-27 所示。

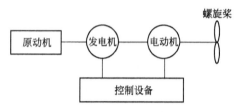

图 8-27　船舶电力推进装置组成

船舶电力推进分类方法很多，按原动机类型可分为柴油机电力推进、汽轮机电力推进、燃气轮机电力推进和原子能电力推进。其中柴油机电力推进因经济、高效，应用最为广泛。

按电力推进电流种类分为直流电力推进、交流电力推进。直流电力推进调速性能好、体积大、故障率较高。交流电力推进体积小、维护工作量小、造价低，交流调速性能逐步提高，应用广泛。

按电力推进装置功能分为独立电力推进和联合电力推进。独立电力推进是指螺旋桨专由推进电动机带动，如图 8-28 所示。联合电力推进是指螺旋桨由电动机和柴油机联合推进，如图 8-29 所示。

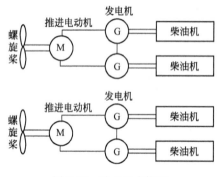

图 8-28　独立电力推进

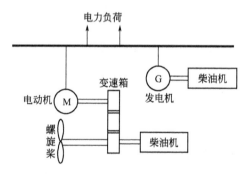

图 8-29　联合电力推进

二、船舶电力推进的特点与应用

1. 船舶电力推进的特点

① 可采用中高速原动机，以减小体积和重量。

② 原动机标准化，减少了备品数量，提高了互换性。

③ 采用两台原动机，相互备用，船舶运行可靠性高。

第八章 船舶电力系统

④ 推进电动机设在船尾，机舱可任意布置，能缩短传动轴，节省空间，便于密封。

⑤ 电气调速和反转代替了原动机调整速和反转，减少了启动次数，提高了原动机使用寿命。

⑥ 螺旋桨与原动机之间无机械联系，波浪与冰块等对螺旋桨的作用不影响原动机工作。

⑦ 电动机操纵灵活，可无级调速和快速反转，船舶机动性好，易于实现驾驶遥控和自动化。

⑧ 电力推进需把原动机的机械能转换为电能，再通过电动机把电能转换为机械能，比原动机直接推进螺旋桨方式效率低。

⑨ 由于增加发电机和电动机，造价提高、重量增加。

⑩ 采用高速柴油机需用轻质柴油，费用高、噪声大。

2. 船舶电力推进的应用

① 一般运输船舶电站容量不大，对操纵性能要求不高，采用电力推进的优点不突出。

② 对于拖网渔船，吨位小，因有冷藏加工，船舶电站容量大，采用电力推进可改善操纵性，利于作业。

③ 破冰船在工作时负载随时变化，采用电力推进可适应不同的负载，以保护机组。

④ 挖泥船采用电力推进，可减少原动机组数量，功率分配合理，经济性好，效率高。

⑤ 布缆船、航标工作船、消防船等采用电力推进，可实现船舶在较宽的转速范围下航行。

⑥ 潜艇水下作业采用电力推进，可降低噪声，提高生存能力。一般采用蓄电池-电动机电力推进。

⑦ 水下各种潜水测量装置大多采用电力推进装置。

三、对电力推进装置的要求

① 主发电机组至少两台，以便一台故障时，船舶可继续航行，提高生命力。

② 电力推进装置应采用可靠的保护方法，停止推进时一般切断主发电机励磁电路，而不是主电路开关。

③ 应设有检测电动机内部温度和轴承润滑的信号装置，其信号应在操纵板上反映出来。

④ 电机应能承受在额定转速120%时运行2min。

⑤ 原动机应设有限速器、反转保护装置，能在允许的调速范围内经受短时功率的过载。

⑥ 发电机采用防溅式，与原动机安装在同一机座上。发电机应具有一定的过载能力。

⑦ 推进电动机采用防水式，转动惯性小，具有一定的过载能力和耐冲击能力。

⑧ 发电机组和推进电动机采用强迫通风式冷却，以减小体积。

第六节 船舶照明系统

船舶照明系统包括电光源和照明器、航行信号灯、照明配电系统等。船舶照明通常包括保障航行安全和人员安全照明、船舶工作场所照明以及生活区域照明等，如航行灯、信号灯、登放艇区域照明及驾驶室、机舱、甲板装卸照明等。

一、电光源和照明器

1. 电光源

船舶照明电光源分为热辐射光源和气体放电光源。热辐射光源包括白炽灯、卤钨灯等。

气体放电光源包括荧光灯、高压汞灯、高压钠灯、超高压汞氙灯、金卤灯等，气体放电光源需高压点燃装置和限制放电电流装置。随着照明光源技术的发展，除上述灯具外，一些新的光源也应用到船舶上，如 LED 灯等。

（1）白炽灯　白炽灯具有结构简单、使用灵活、能瞬时点燃、适应电压范围宽、无频闪、光强可调、造价低等优点，但发光效率较低。船用白炽灯为提高机械强度和耐振性，制造时灯丝稍粗。白炽灯多为充气泡，单丝泡常用于普通照明，而双丝泡则常用于航行灯。其寿命一般在 1000h 以上。白炽灯用作船舶普通照明灯、船舶航行灯、信号灯、应急照明灯等。灯头形式有螺口和插口两类。前者防振性较好，后者用于双丝灯泡的安装。

（2）日光灯　日光灯的光线接近自然光，光效高、寿命长，主要用于干燥的舱室内的照明，应用较为广泛。按灯管类别来分，主要有直管形、圆管形、U 字管形等。它由灯管、镇流器、启辉器和电容器等组成。电容器的作用是提高功率因数。

按照镇流器的线圈特点来分，日光灯可分为单线圈镇流器、双线圈镇流器和电子镇流器。单线圈镇流器适用于电压波动较小的情况，如图 8-30 所示。双线圈镇流器适用于电压波动较大的情况，能提高启动性能。主线圈的直流电阻较大，启动线圈的直流电阻较小，要注意两者同名端的接法，如图 8-31 所示。电子镇流器具有效率高、启动快、光线好、无频闪、寿命长、重量轻等优点，如图 8-32 所示。

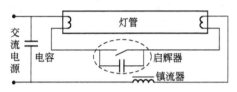

图 8-30　单线圈镇流器日光灯

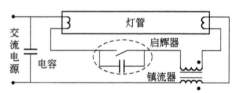

图 8-31　双线圈镇流器日光灯

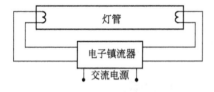

图 8-32　电子镇流器日光灯

日光灯是一种预热式低压汞蒸气放电灯。灯管抽空后充入少量的氩气和汞，灯管内壁涂有荧光物质，管内两端灯丝上涂有发射电子的阴极物质。启辉器在开关接通时产生辉光放电，并接通灯丝电路，灯丝发射电子，2～3s 后启辉器双金属片冷却断开，镇流器产生自感电压，使灯在高压下点燃。此后镇流器起降压限流作用。

（3）卤钨灯　卤钨灯是一种发光效率较高的照明灯具，体积较小，光色近似日光，寿命较长，可达 1600～2000h。它是在钨丝灯中充入气体和适量的碘，并利用碘和钨的化合及分解作用来工作的，能有效抑制灯发黑。适用于船舶露天甲板等对照度要求较高的场所。

卤钨灯在安装时要避免接近易燃易爆品，且灯管与水平线夹角不能大于 5°，否则会影响灯管内碘的循环，从而降低使用寿命。其结构如图 8-33 所示。

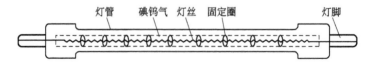

图 8-33　卤钨灯结构图

（4）高压汞灯　高压汞灯的特点是光效高、成本低、寿命长、耐震等，但启动较慢。一般用于舱面装卸作业照明和机舱照明。它是利用灯泡内高压汞蒸气的电弧放电激发荧光粉涂层而发光的。使用时需和镇流器配套使用。从启动到工作需 4~8s。这种灯光效高、成本低、寿命长、耐振,不受外恶劣气候环境影响。

如图 8-34 所示,高压汞灯通电后,主极 1 与辅助极首先放电,灯泡内温度升高,汞蒸发压力增高至一定程度,主极 1、主极 2 之间的等效电阻大大降低,形成电弧放电,使汞蒸气电离发出大量紫外线,激发内壁荧光粉而发出强烈的白光,此时辅助极停止放电。值得注意的是灯熄灭后须等 5~10min 后才能再次通电,以防损坏灯泡。

(5) 高压钠灯 高压钠灯在结构上与高压汞灯相类似,无辅助电极,外泡内有启动器和一个加热线圈,管内充以汞、氙气体和较多量的钠。钠比汞更容易激发,工作时以钠蒸气放电为主,光色为金黄。高压钠灯的启动电压通常在 2000~2500V。高压钠灯光效高、紫外线辐射小、透雾性好、光通维持性好、耐振性好,适合工作场所与汞灯高压相同。

如图 8-35 所示,接通电路时,电流通过启动器和加热线圈,启动器加热后膨胀断开,镇流器产生高压使内管放电工作,启动器因高温不再接通。

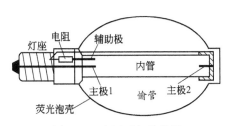

图 8-34 高压汞灯结构图

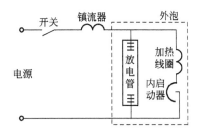

图 8-35 高压钠灯结构图

(6) 超高压汞氙灯 超高压汞氙灯是利用灯泡内充入高压氙气,并加入适量的水银,经高电压触发而发光的。其特点是光色好、发光效率高,更接近于太阳光色。一般用于船舶夜航等强光照明场合。其结构如图 8-36 所示。使用时必须要有一套专用的触发装置,并要注意灯泡应垂直点燃,正常工作时内部压力达十几个大气压,要有安全防护。

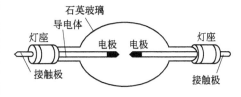

图 8-36 超高压汞氙灯结构图

工作原理 合上 QS,按下按钮 SA,则 T_1 次级得到近 4000V 的高压,使火花间隙被击穿放电,C_3 与 T_2 产生串联谐振,即形成阻尼振荡,在 T_2 次级得到 40~50kV 的高频电压,经 C_4 使灯泡产生弧光放电,持续一定时间,松开 SA,加到灯泡两端的 220V 交流电压维持其继续发光。原理图见图 8-37 所示。

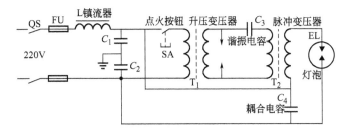

图 8-37 超高压汞氙灯工作原理图

(7) 金卤灯 金卤灯与高压汞灯的结构和原理相似,外玻璃壳内壁不是荧光层(有的无外泡),放电管内除汞、氙气外加入金属卤化物,如碘化钠、碘化铊等;易于激发,发光效率更高、显色性好、使用寿命长；不同比例、不同物质灯的光色不同；需要镇流器和启动器。金卤灯与高压汞灯不同之处在于弧光放电点灯时产生高热，金属卤化物升华成为蒸气，直接发出可见光，节能80%～90%。

（8）LED灯　自高亮度LED问世后，由于其具有光效高、无污染、节电效果好、响应迅速、体积小、耐冲击、工作电压低、寿命长的优点，光效可达到100lm/W，已经达到了所有电光源光效的最高值。LED电光源除用于通用照明外，因光色可选，还可广泛用于信号指示及装饰照明等。因其发光单元小，既可以制成毫瓦或瓦级的小体积功率光源，还可以制成几十瓦或几百瓦级的大功率光源，功率梯度可以自由设计和选择。LED灯工作原理框图如图8-38所示。

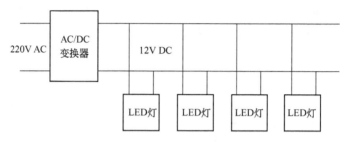

图8-38　LED灯工作原理图基本框图

它是一块电致发光的半导体材料上，分别掺杂成P型和N型并构成PN结。当施加正向电压时，注入的少数载流子与多数载流子开始复合，并把多余的能量以光的形式释放出来，从而把电能直接转换为光能。发光的颜色与半导体材料有关，发光的强弱与电流大小有关。

2. 照明器

船舶照明器由电光源、灯壳、灯罩及附件等组成。其作用如下。

① 使光源发出的光线按照需要的方向分配，充分发挥光源的效能，防止人眼直接受到光源的刺激。

② 对于专用的航行及信号识别灯照具，可使光线向一定的方向发射，产生识别信号。

③ 保护光源不受到外界各种因素影响而遭到损坏，如防水、防潮气、防爆炸等，保证安全。

④ 装饰、美化舱室的环境。

船舶上配备的照明器要根据光源种类、用途、使用环境、安装位置及配光要求的不同，进行相应合理的选择。

船舶照明器按光源的种类分有白炽灯、荧光灯、各种高压气体放电灯。按用途分有一般照明灯、大面积投光灯、移动式挂灯、手提灯、航行标志及信号灯等。按保护方式分有防护式、防水式和防爆式。

（1）防护式船舶照明器　防护式船舶照明器用于干燥的舱室内的照明。安装有透光灯罩，用于防尘和避免直接接触带电部分。如船舶上的居住休息舱室、餐厅、驾驶室、海图室、无线电室及内走道等处均可安装。

（2）防水式船舶照明器　防水式船舶照明器的光源被透光灯罩等密封，灯体与灯罩之间有密封垫圈，以达到防滴、防溅、防水气、防海浪冲击的目的。适用于机舱、炉舱、货舱、冷藏舱、厨房、浴室等有潮湿、水溅、蒸汽侵害的场所，露天甲板和外走道外也采用防水式，如图8-39所示。

图 8-39　有金属护栅的防水白炽灯

（3）防爆式船舶照明器　防爆式船舶照明器的透明灯罩与灯座间用法兰连接，法兰间有隔爆间隙，气体在灯内发生爆炸时，由间隙外泄的气体经法兰隔爆面的充分冷却，不会引起外部混合气体的爆炸。用于装有易燃性物体和有爆炸气体产生的舱室，如蓄电池室、煤舱、油柜舱、灯间、油漆间及油轮上的油泵舱、油舱上面空间等。

二、航行信号灯及其控制

船舶航行灯及信号灯是船舶照明系统中的一个独立部分，是保证船舶安全航行的重要设备之一。这些灯的光源均为白炽灯，有单丝的、双丝的，其功率依照明规定有 60W、40W、25W 等，不同类别的航行灯，其照明器的数量、安装位置、安装高度、颜色、可见的光弧角度和可见距离等都有一定的要求。

1. 航行灯及其控制

（1）航行灯　航行灯是关系到船舶夜间航行安全的灯具，用来表明船舶所在的位置、航向、类型及有无拖带等状态。一切海船，无论其航区及用途如何，都必须设置航行信号灯，以便能识别船舶的位置、状态、类型、动态及有无拖船等。航行灯包括桅灯、舷灯和尾灯。不同用途的航行灯均限定了其水平不间断光的水平光角，如图 8-40 所示。对国际航行的船舶要求桅灯、舷灯、尾灯配备双层灯具。

① 桅灯　包括主桅灯和前桅灯，发白色光。安装在船的首尾中心线上，在 225°水平弧内显示不间断的灯光，从正前至每舷正横后 22.5°。船的长度小于 50m 的只需配置一只桅灯，长度小于 20m 的配备一套左红右绿的舷灯。

② 舷灯　包括左舷灯和右舷灯。左、右舷灯一般安装在驾驶台的左右两侧，左舷灯发红色光，右舷为发绿色光。从正前方至各舷正横后 22.5°水平弧内显示不间断的灯光。

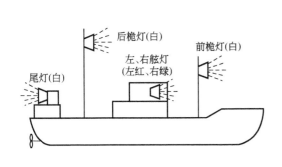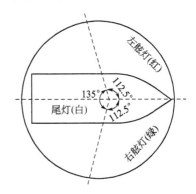

图 8-40　航行灯配置示意图

③ 尾灯 安置在接近船尾处，发白色光。从正后方至每舷 67.5°水平弧内显示不间断的灯光。

(2) 航行灯的控制 它是由驾驶室内的航行灯控制器来控制的，应采用两路电源供电。各路航行灯要有故障报警和指示装置，并要采用双丝灯泡，以便在故障时能迅速地做出判断，并能及时地进行切换。

晶闸管控制航行灯控制器电路如图 8-41 所示。

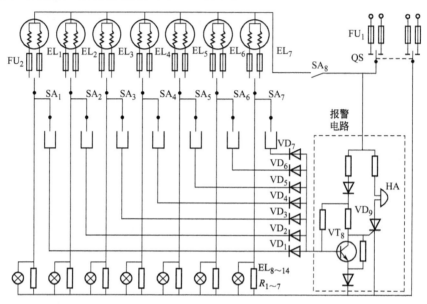

图 8-41 航行灯控制器电路

工作原理 合上电源开关 QS、SA_8 及各路航行灯开关 $SA_1 \sim SA_7$，则在正常情况下航行灯 $EL_1 \sim EL_7$ 及工作指示灯 $EL_8 \sim EL_{14}$ 发光；报警电路中的三极管饱和导通，晶闸管关断，报警器 HA 不报警。当某一组灯丝断路后，相应的指示灯熄灭，加到三极管 VT_8 基极的为低电位，三极管截止集电极为高电位，使得晶闸管 VD_9 被触发导通，报警器 HA 报警，值机人员将其控制开关扳到另一位置，航行灯的另一灯丝继续工作。

2. 信号灯及其控制

(1) 信号灯 信号灯是指由若干不同颜色的灯泡组成的以显示船舶的特殊状态及进行通信联络的装置。船舶信号灯包括表明锚泊状态的前/后锚灯、表明船舶失控或操纵受限不能采取避让措施的失控灯、在航行中或经狭水道时向可见船舶表明要转弯/后退的闪光灯等。

信号灯是用不同数量和颜色的环照灯来实现信号传达的。所谓环照灯，是指可照射到船舶四周的灯。远洋船舶的信号灯设置比较复杂，以适应某些国家有港口通道的特别要求。这些信号灯通常是安装在驾驶台顶上专设的信号桅上或雷达桅上，将 8~12 盏红、白、绿、蓝等颜色的环照灯分两行或三行安装其上，按照规定使用不同数量和不同颜色的信号灯。

对船舶航行灯及主要信号灯的参数要求如表 8-2 所示。

(2) 信号灯的控制 信号灯控制箱一般是设在驾驶室进行集中控制，也要求有两路供电。但锚灯是由附近照明分电箱供电，不在驾驶室控制。失控灯要求能由应急电源供电或直接由电池供电，每一信号灯均由信号控制箱引出一个独立分路。灯语灯及闪光信号灯由驾驶员用电键控制，而船舶转弯的闪光灯则由定时控制电路控制，这种电路有继电器式的，也有电子式的。

表 8-2　船舶航行灯及主要信号灯参数要求

名称		灯光颜色	能见距/n mile	水平光角	灯泡规格
桅杆		白	6	225°	
左舷杆		红	3	112.5°	
右舷杆		绿	3	112.5°	220V/65W
尾灯		白	3	135°	110V/60W
环照灯	闪光灯	白	3	360°	24V/60W
	前/后锚灯	白	3	360°	
	失控灯	白	3	360°	

FXU-10 型 10 路信号灯开关箱原理图如图 8-42 所示。$EL_1 \sim EL_{10}$ 是信号灯泡；$HL_1 \sim HL_{10}$ 是指示灯泡；$R_1 \sim R_{10}$ 是分流电阻，保护指示灯泡不致因过流而烧坏；$SA_1 \sim SA_{10}$ 是控制开关。当信号灯灯丝断路时，对应的指示灯会发光提示。

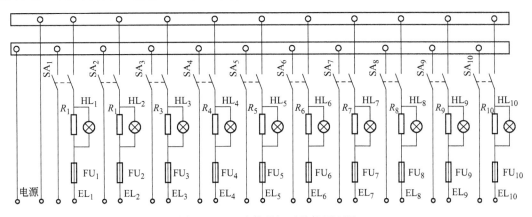

图 8-42　10 路信号灯开关箱原理图

三、照明配电系统

照明配电系统包括配电开关、保护监测装置和照明配电线路。照明配电线路是指从照明分配电板至照明器或插座的线路。照明器一般由分配电板（箱）引出的单相支路供电。

1. 正常照明配电系统

正常照明系统是由主电源来供电的。要求如下。

① 每一独立分路的电源负荷不超过 10～15A。

② 每一支路的灯点数也不宜过多，按电压等级 50/110/220V 对应的最多点数为 10/14/24。

③ 每一居住舱室由两路供电。

④ 公共场所、通道等至少两路供电。

⑤ 每一防火区至少两路为独立照明馈电线路，一路为应急照明线路。

⑥ 机炉舱内不同相各路灯点交错布置，也有利于消除日光灯的闪烁效应。

⑦ 风扇和插座除个别外，应设独立馈电线路。

⑧ 货舱内固定照明由舱外专用控制箱控制，每一货舱设独立照明分路。

⑨ 有易燃易爆危险或防火要求的舱室内，照明控制应在处所外设置开关。

⑩ 不同电压等级插头、插座结构尺寸应不同。
⑪ 超过50V的插头、插座均有保护接地极。
⑫ 超过16A的插座应有联锁开关，即仅当电源开关断开时插头才能拔出或进行操作。
⑬ 各种工作场所可携照明插座防护等级与该场所相符。
⑭ 可携照明器在结构上应有防触电措施，灯泡外应有坚固的防机械碰撞的保护栅。

2. 应急照明系统

应急照明系统一般由蓄电池供电。要求如下。

① 有应急发电机的船舶还应设有独立的蓄电池供电的临时应急照明网络。
② 应急照明一般用15W的白炽灯，不允许用气体放电灯作应急照明。
③ 应急照明的电源线路及分支线路均不装设开关。
④ 由蓄电池供电的应急照明器上应有永久性明显标志，或在结构上与一般照明器不同。
⑤ 临时应急照明系统设有联锁装置，一旦主电网失电，临时应急照明系统立即自动接通，直到主发电机或应急发电机恢复供电时，临时应急电源将自动断开。
⑥ 救生、安全等重要部位等应设应急灯。

3. 照明线路的保护

照明线路采用熔断器或低压断路器来完成过载和短路保护，用于防止供电线路因电流过大、温升过高而导致电缆绝缘损坏或引起火灾。要求如下。

① 16A以下的分支电路多采用熔断器。
② 对多级保护装置的动作整定值 I_F 应具有选择性。
③ 熔断器或低压断路器的额定电流等级是根据照明支路的计算电流选配的。
④ 熔断器熔体的额定电流 I_F 或自动开关热脱扣器整定电流 I_F 与保护支路的计算电流 I 的关系如表8-3所示。
⑤ 对于船舶照明线路，实际负荷电流不应超过保护电器整定值的80%。

表8-3　保护电流的整定

保护器件	白炽灯、卤钨灯、荧光灯、金卤灯 I_F/I	高压汞灯 I_F/I	高压钠灯 I_F/I
熔断器保护	1.0	1.3～1.7	1.5
热脱扣器保护	1.0	1.1	1.0

第七节　船舶通信系统

船舶通信系统分为内部通信系统和外部通信系统。内部通信系统主要通过有线通信手段来完成，外部通信系统主要通过无线电通信手段来完成。

一、内部通信系统

船员在船上工作时需要互相联络，传达上级的命令和了解各部分的情况，为此，船上装有通信联络或信号传递的装置。内部通信系统一般分为两类：一是船内语言通信装置，如船上的各种电话机、对讲机、广播系统等均属于语言通信设备；二是船内信号通信装置，如各类呼叫装置、传令钟、火灾报警器、通用报警铃等。对船内通信系统要求如下。

① 依据指挥命令、对讲要求等选择通信设备，总机容量根据用户数而定。

② 电话布置必须考虑不易损坏，便于使用和维修，便于观察，防热防潮。

③ 噪声区电话可考虑装有隔音设施的电话间或罩，呼叫信号除有电铃、氖灯外，还必须有闪光信号，但应不妨碍驾驶人员的视线。

④ 上甲板和上层建筑露天地方的电话设备应考虑用水密式保护装置。

⑤ 蓄电池供电容量能连续使用6h以上，且安装在总机附近。

⑥ 不同用途的通信和信号装置，其声响信号应有不同的音色，以利于区别。

1. 内部电话通信系统

（1）航行电话通信系统　航行电话通信系统用于驾驶室与航行有关部位间进行指挥通话，以保证船舶的安全航行。一般总机安装在驾驶室内，分机电话安装在主机舱、辅机舱、应急发电机舱、广播室、报务室、船长室、轮机长室等，如图8-43所示。

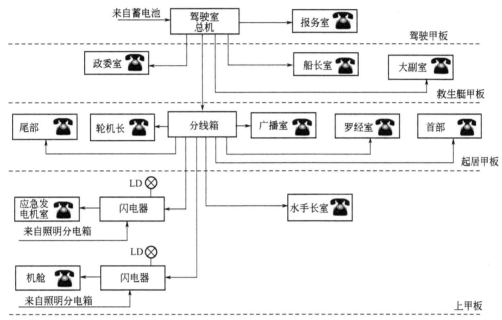

图8-43　航行电话通信系统图

（2）日用电话通信系统　日用电话系统是为了舱室日常工作和生活联络通话而设置的。一般采用自动电话系统，用户可与任何一个用户通话。通常电话总机安装在总机室或通道内，分机电话安装在各工作舱室和生活居住室。船长室、政委室必须保证优先通话。

（3）对讲电话通信系统　对讲电话通信系统是用于两个重要工作部位之间快速建立通话联络的专用电话。通常在驾驶室—机舱、驾驶室—舵机舱、驾驶室或海图室—二氧化碳站、机舱—轮机长室等装设对讲电话通信系统。

船舶上有的装设无电源的声力电话，发话时仅靠声压的变化使穿过振动片的磁通发生变化，从而在线圈上感应一个随声音而交变的电信号，电信号沿线路传输构成双方通信。由于无声音放大环节，在噪声区不利于通话。声力电话机的送、受话器原理图如图8-44所示。

（4）对岸电话通信系统　对岸电话通信系统是为了船舶停靠码头时，能与岸上用户进行联络通话而设置的。对岸电话安装在值班室或理货员办公室，与岸上接线用的插座安装在上甲板左右舷。

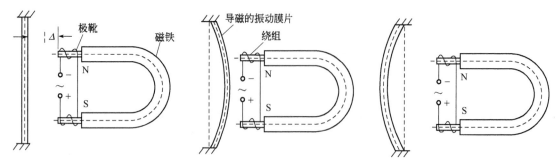

图 8-44　声力电话机的送、受话器原理图

2. 船舶操纵信号设备

船舶操纵信号设备是供船舶驾驶员了解各种航行机械的运行情况，得以正确指挥并进行操纵，提高船舶操纵性能，实现船舶安全航行的重要设备。它包括电气传令钟、电动舵角传令钟和舵角指示器及电动转速表等。

(1) 电气传令钟　电气传令钟是用于指挥部位（驾驶室）与机舱操纵部位之间传送改变主机运转状态的命令。电气传令钟工作原理框图如图 8-45 所示。按其传信原理可分为四种。

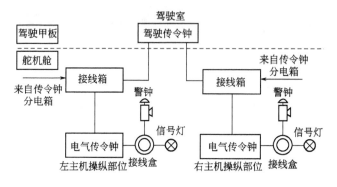

图 8-45　电气传令钟工作原理框图

① 利用指示灯系统传输信号的灯光传令钟，由安装在驾驶室指挥部位的发送器（电源转换开关）扳到不同位置上，使接收器（指示灯组）相应的灯电路接通，利用灯光强弱、不同颜色、音响信号器，显示前进、停止、后退。图 8-46 所示为灯光车钟原理图。发送器 ZK 为转换开关，接收器 ZD 是指示灯组。

② 利用直流自动同步传信原理的直流电动传令钟。

③ 利用自整角机同步传信原理的交流电动传令钟。

④ 采用微处理器技术的传令钟。

(2) 电动舵角传令钟和舵角指示器　在船上用来传送操舵命令和检测舵叶转向和转角的设备称为舵角传令钟。只用来检测舵叶转向和转角的设备称为舵角指示器。

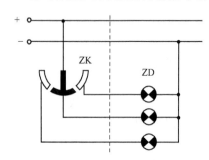

图 8-46　灯光传令钟原理图

舵角指示器分为两部分，发送器安装在舵机上，其转子与舵杆机械相连；接收部分安装在驾驶室内、桥楼两翼、机舱集控室、舵机舱等处也有安装的，其转子与舵角刻度盘上的指针机械相连，从而指示了舵角的实际位置。电动舵角传令钟和舵角指示器都是采用自整角机同步传信原理制作的。电动舵角指示器原理示意图如图 8-47 所示。

(3) 电动转速表　电动转速表用于指挥部位、机舱和其他有关舱室检查主机或其他辅机的转速。电动转速表是通过转换装置远距离测量主机转速的一种仪表，一般由测速发电机、转速指示表和接线箱组成。电动转速表原理线路如图 8-48 所示。

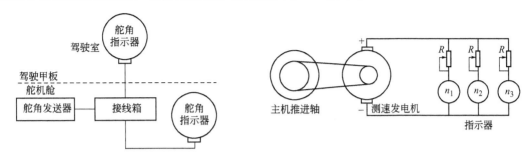

图 8-47　电动舵角指示器原理示意图　　　　图 8-48　电动转速表原理线路

3．电气信号装置

船舶内部电气信号装置用于向旅客、船员传送与安全有关的声光信号和指示。电气信号装置包括警钟装置、铃组装置、火警报警装置、主辅机自动报警装置等。

(1) 警钟装置　警钟装置用来对全船船员和旅客发出紧急动员信号。警钟装置由关闭器、警钟、警灯、接线盒等组成。关闭器是警钟系统的控制器，安装在驾驶室。警钟、警灯是警钟系统的信号器，安装在全船有人到过而又能听清楚音响信号的地点，警灯安装在需免除音响干扰的无线电室和广播室。在噪声大的舱室如主机舱等，除安装警钟外，须装警灯作为辅助信号。警钟系统的电源由应急电源或蓄电池供电。

(2) 铃组装置　铃组装置是船上有关部位之间专用的通信联络信号。铃组系统的发送器采用按钮或关闭器，信号器采用具有较强音响的电铃或带信号灯的电铃。分为单向和双向两种联系方式。铃组装置包括机舱铃组、系缆铃组、起抛锚铃组、供水铃组、冷藏库报警铃组、二氧化碳施放预告铃组等。铃组电源由应急电源或蓄电池供电。

(3) 火警报警装置　火警报警装置是指能够自动检测火灾及可燃性气体泄漏并进行报警的装置，是保障船舶安全航行的重要设备。火警报警系统由测温器、测烟器、信号放大与处理、声光报警器等组成。在火灾发生前或发生时根据温度大小、烟雾大小进行报警，使值班人员迅速检查和处理。它主要安装在航行客船、油船、干化物船上。火警报警装置的电源必须是不间断供电，并且应有明显的标志或涂以红色漆。

(4) 主辅机自动报警装置　主辅机自动报警装置包括主机滑油低压报警、主机滑油高温报警、主机冷却水高温报警、辅机滑油低压报警、辅机滑油高温报警、辅机冷却水高温报警、燃油高温报警、锅炉水高低水位报警等。报警装置由信号发送器、自动报警器、警铃等组成。报警电源采用专用蓄电池或应急电源，必须是不间断地供电。

4．船用广播系统

船用广播系统主要用来收放电台节目、进行播音、发送指挥命令等。船用广播系统包括扩音机、收音机、VCD/DVD 机、遥控装置、扬声器等。船用广播系统可由广播站内直接进行控制，也可由遥控站进行控制。船用指挥扩音机是船舶上进行无线电转播和有线指挥广播的专用设备，可以选择收音、拾音或送话三种方式之一进行工作。

广播室通常装设在单独的舱室内，在进行播音或发送指挥命令时，送话到各工作舱室、住舱、走廊、公共场所及露天甲板等处，要求有足够的响度和良好的音质。遥控站通常装设在驾驶室、值班室、首部、尾部等处。扬声器功率大小的分配要按照安装地点的要求而定。

二、外部通信系统

船舶外部通信系统主要通过无线电通信手段来完成,是船舶在海上航行时与陆地联系的唯一工具,是海上航行安全的重要保证。船舶外部通信系统按接力站是否在地面,可分为地面无线电通信系统和卫星通信系统。

1. 地面无线电通信系统

地面无线电通信系统由发送端的发射机和发射天线、无线传输信道、接收端的接收天线和接收机组成。发射机完成调制功能,发射天线将已调波以无线波形式辐射出去。接收天线将无线电波转换为电信号,接收机完成解调功能。发射机一般由振荡器、放大器、调制器、变频器和功率放大器等组成,如图8-49所示。发射天线必须与发射机的输出阻抗相匹配,使无线电波能以最高的效率辐射到空间。接收机一般由前置放大器、变频器、本地振荡器、中频放大器、解调器和低频放大器等组成,如图8-50所示。

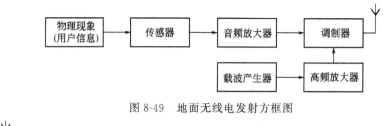

图8-49 地面无线电发射方框图

图8-50 地面无线电接收方框图

工作原理 发送端将用户信息加载到快速振荡的电信号上(调制),生成载有用户信息的可以辐射的电磁波(已调波),利用电磁波以光速传播的特性,将用户信息快速传送到远方。接收端将收到的电磁波(已调波)变换成电信号,并将所载的用户信息取出(解调)送给受信者。其中,加载的过程称为调制,调制后的无线电波称为已调波。从已调波中提取还原信息的过程称为反调制或解调。无线电波传播的媒质称为信道。

2. 卫星通信系统

(1) 卫星通信系统基本原理 随着通信卫星技术的发展,卫星通信系统也广泛应用于船舶通信。当陆地和船舶上都装有卫星通信终端时,可通过通信卫星把不同地方的通信信号联系起来,包括抛物面天线、低噪声放大器、跟踪装置及稳定平台、操纵台、接收机、电传机等。图8-51所

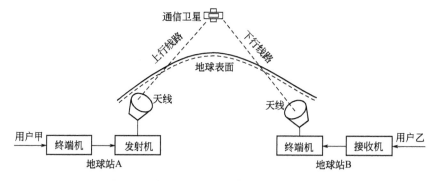

图8-51 卫星通信示意图

示是卫星通信系统示意图,表示了信号由用户甲端到乙端的传输过程。

(2) 海事通信内容与设备　国际电讯联盟(ITU)《国际无线电规则》规定,凡江或海岸电台与船舶电台间、船舶电台与船舶电台间的通信称为海事通信。海事通信包括以下内容。

① 国际国内公众通信。是指船上旅客和船员通过船舶电台和岸台与国内外人员进行电话联络的通信。

② 船舶调度通信。指上级部门下达命令和指示的通信,包括一般业务通信。

③ 港口作业通信。

④ 港口交通管制通信。

⑤ 船舶遇险、紧急和安全通信。

《国际无线电规则》对通信方法作了具体规定。岸台和船舶电台都有自己的特定的呼号。常用业务方式有电报、电话两种,对其使用的频率和频段做出了严格的限定。常用的通信设备如下。

① 中、短波发射机和接收机,气象传真接收机等。

② 甚高频无线电设备。

③ 选择呼叫设备。

④ 自动直接印字终端机。

⑤ 卫星通信系统。可开展自动电话、传真电报、数据传输、遇险呼叫等多种业务。

⑥ 遇险、安全和应急通信设备。包括应急发射机、应急接收机、报警和遇险信号自动拍发器、无线电报警设备、遇险频率值班接收机、救生艇收发报机等。

思考与练习

【问答题】

8-1　说明配电装置的作用。它有哪些种类?

8-2　根据供电电源、负载的性质和用途的不同,船舶电网可分为哪些类别?各起什么作用?

8-3　说明船舶电力系统保护的作用。船舶电力系统保护包括哪些方面的保护?

8-4　说明甲板机械电力拖动的特点。

8-5　甲板机械电力拖动系统由哪些部分组成?分别起什么作用?

8-6　船舶起货机对电力拖动有哪些基本要求?

8-7　船舶电力拖动中的直流电机的励磁方式有哪几种?

8-8　船舶电力拖动中的三相异步电动机的调速方式有哪几种?说明其特点。

8-9　舵机对电力拖动有哪些基本要求?

8-10　船舶的操舵方式有哪些?简要说明其工作过程和特点。

8-11　说明船舶电力推进的组成和应用。

8-12　船舶照明系统中的电光源有哪些类别?各有何特点?

8-13　简要说明船舶电光源日光灯的工作原理。

8-14　简要说明船舶电光源高压汞灯的工作原理。

8-15　船舶航行灯包含哪些类别?说明各起什么作用。

8-16　说明船舶信号灯包含哪些类别。说明各起什么作用。

8-17　对船舶应急照明系统有哪些基本要求?

8-18　船舶内部通信包含哪些类别?各起什么作用?

8-19　电气信号装置包含哪些类别?各起什么作用?

8-20　外部通信系统包含哪些类别?各起什么作用?

【填空题】

8-21 船舶电力系统中的电源装置是将_____、_____、_____等其他形式的能量转换成电能的装置。

8-22 船舶上的电源主要包括_____、_____、_____等。

8-23 电力拖动系统一般由_____、_____、_____、_____、_____五部分组成。

8-24 三相异步电动机启动方式有_____启动和_____启动两种。对电动机的启动性能要求是____，启动转矩能满足需要。

8-25 改变三相异步电动机转速的方式有_____、_____、_____。

8-26 船舶电力推进分类方法很多，按原动机类型可分为_____电力推进、_____电力推进、_____电力推进和_____电力推进。

8-27 船舶上的桅灯包括_____和_____，发_____光。安装在船的首尾中心线上，在_____水平弧内显示不间断的灯光。

8-28 船舶上的舷灯包括左舷灯和右舷灯，左舷灯发_____光，右舷为发_____光。

8-29 船舶上的尾灯安置在接近船尾处，发_____光。

8-30 在船上用来传送操舵命令和检测舵叶转向和转角的设备称为_____，只用来检测舵叶转向和转角的设备称为_____。

8-31 无线电通信系统由发送端的_____和_____、_____、接收端的接收天线和接收机组成。

【选择题】

8-32 船舶电力推进装置一般由_____及控制设备组成。
A. 螺旋桨、柴油机、推力轴 B. 辅机、电动机、螺旋桨
C. 螺旋桨、柴油机、冷却系统 D. 螺旋桨、电动机、发电机

8-33 气体放电光源包括_____等，气体放电光源需高压点燃装置和限制放电电流装置。
A. 白炽灯、卤钨灯、LED灯 B. 白炽灯、高压汞灯、高压钠灯
C. 荧光灯、高压汞灯、卤钨灯 D. 荧光灯、高压汞灯、高压钠灯

【判断题】

8-34 船舶电站是产生并连续供应全船电能的设备，是船舶电力系统的核心部分。船舶电站主要完成所需电源电压的建立、稳定、调整、监测、保护等任务。（　　）

8-35 船舶电站是由水泵、发电机及附属设备、配电装置组成的，是船舶的主要动力设备。（　　）

8-36 电气制动的方法有能耗制动、电源反接制动、倒拉反接制动、机械制动等。（　　）

8-37 自动舵按其调节规律可分为比例舵、比例-微分舵和比例-微分-积分舵。（　　）

8-38 船舶电力推进是指采用电动机械带动螺旋桨来推动船舶运动的推进方式。（　　）

8-39 航行灯是关系到船舶夜间航行安全的灯具，用来表明船舶所在的位置、航向、类型及有无拖带等状态。（　　）

8-40 航行灯包括货舱照明灯、桅灯、舷灯和尾灯。不同用途的航行灯均限定了其水平不间断光的水平光角。（　　）

8-41 船舶信号灯是指由若干不同颜色的灯泡组成的以显示船舶的特殊状态及进行通信联络的装置。（　　）

第九章
船舶设计与建造工艺

第一节 船 舶 设 计

船舶设计决定着船舶的先进与否，同时也受造船企业现代化生产和管理水平的制约。它要求造船企业能够充分依靠现有的装备条件和最新的生产工艺，建造出高质量、低成本、短周期的船舶产品。

一、船舶设计阶段的划分

自 1983 年以来，我国的船舶设计被划分为初步设计、详细设计和生产设计三个阶段。为适应国际造船市场的需要，从 2007 年起修订为合同设计、详细设计、生产设计三个阶段。具体细分为制定产品设计技术任务书、报价设计、初步设计、详细设计、生产设计、编制完工文件 6 个阶段。

1. 制定产品设计技术任务书

制定产品设计技术任务书是船舶设计的依据，对船舶类型、用途、吨位、航速、航距、机电设备等主要技术要素做出具体规定，它能够全面地反映对设计船舶的技术性能要求。产品设计技术任务书包括航区航线、船舶用途和船型、船级、动力装置、航速、续航力、自持力、结构、设备、性能、船员、尺度限制等的选择和计算。在制定产品设计技术任务书前需要进行如下论证。

（1）运输类型的论证　对采取水运、铁路、公路、航空、管道等方式进行效益评估和对比。

（2）船型论证　从技术和经济的角度选择适合大小和航速的船型。

2. 报价设计

报价设计是根据船东提出的技术要求或招标说明书所进行的设计，包括初步确定新船的技术条件和形状，提供总布置简图、主要设备清单、简要说明书、估算造价。目的是设计方为中标向船东提出报价，并使船东了解新船概貌及船价，最终确定中标单位。报价设计是商谈定船合同之前的一项设计环节，它不作为最终签订造船合同的技术附件。

3. 初步设计

初步设计依据设计技术任务书和造船合同，对造船的总体方案做出规划，对船舶的总体性能和主要技术指标进行计算，对动力装置和各种系统原理图进行设计。通过理论计算和必要的试验，确定产品的主要参数、结构、设备选型等。船体方面要完成的主要技术文件有船体设计说明书，总布置图，型线图，航速、稳性、干舷、舱容等计算书，船中横剖面结构图和总纵强度计算书，钢料预估单，主要设备明细表等。

4. 详细设计

详细设计是依据造船合同及其技术文件或经审查修改后的初步设计方案进行的。要在总体设计的基础上，深入分析局部问题，并进行各个项目的详细设计计算和绘图，最终确定船舶的全部技术性能和船体结构，对重要材料及设备提出订货选型要求。详细设计所提出的技术文件和图纸，应能满足验船部门审查、船东认可、造船单位订购原材料和设备的需要，同时也是进行生产设计的依据。

5. 生产设计

在详细设计的基础上，根据承造厂的工艺装备条件、工艺水平、施工区域和组装单元，绘制有工艺要求和生产管理指标的工作图和表，为建造船舶提供建造方案、施工要求、施工图纸和生产管理图表。生产设计阶段包括船体生产设计阶段和舾装生产设计阶段。

（1）船体生产设计阶段　是以建造方针为指导，根据工艺阶段和施工区域的生产和管理需要，绘制和编写部件图及零件表、分段图及零件表、船台工作图等技术文件的工作阶段。

（2）舾装生产设计阶段　是以决定舾装工艺方案、方法和工艺装备，并将其绘制成指导舾装施工信息等为主的工作阶段。可分为船装、机装和电装生产设计阶段。而船装生产设计阶段可分为内装、外装、管装和涂装四个生产设计阶段。

6. 编制完工文件

船舶在建造施工中，特别是首制船，难免要对原设计做一些修改。在船舶竣工后，应按实际情况修改图纸及技术参数，为用船部门提供竣工图纸和技术资料，即制定完工文件。

二、计算机辅助船舶设计

随着船舶不断向大型化、复杂化方向发展，利用先进的计算机技术，提高设计水平，缩短设计周期，设计出经济、高附加值的船舶已相当普及。计算机辅助船舶设计是指船舶 CAD/CAM 设计。CAD（Computer Aided Design，计算机辅助设计）是指用计算机系统协助产生、修改、分析和优化设计的技术；CAM（Computer Aided Manufacturing，计算机辅助制造）是指利用计算机进行生产设备管理控制和操作的过程，它的输入信息是零件的工艺路线和工序内容，输出信息是刀具加工时的运动轨迹（刀位文件）和数控程序。

1. 计算机辅助船舶设计的优点

① 整船设计周期大大缩短。电脑出图取代手工描图，不但图面美观，而且出图速度快、精度高、无误差。一张复杂的 A0 图纸，手工描图至少需要两天，而电脑出图最多不超过 10min。

② 船舶线型的光顺使船体建造质量提高。传统做法是靠人工处理，周期长、精度低、劳动强度大；采用 CAD/CAM 技术处理，能减轻人员的劳动强度、提高线型精度、缩短生产周期、放样台占用时间短。

③ 提高了钢板的利用率。船体的生产建造采用 CAD/CAM 技术，实现了由计算机自动生成零件的线型，自动套料，然后通过数控切割机完成船体零件的复杂曲线切割，不仅加快了切割速度，而且节省了钢料。

④ 大大缩短船舶建造周期。一艘万吨级船舶的建造周期能够缩短 3~4 个月。

⑤ 大大提高了生产效率，显著降低了生产成本。

2. 计算机辅助船舶设计基本原理

自 1990 以来，船舶 CAD/CAM 有了进一步的发展，如瑞典 KCS 公司集各国之经验，成功地开发了 STEERBEAR 造船交互设计集成系统，其功能极强，覆盖了船舶详细设计和生产设计中的大部分内容，包含实用性很强的三维图形系统、船体系统、结构系统、电力系统、报表生成系统和数据管理系统等 20 多个分类数据库。该系统已由大连船舶重工集团有限公司等大厂全套引进。

计算机应用于船舶工程，使船舶设计方法发生了巨大的变化。船型论证中已由单船论证发展为系统论证，并相继出现了系统分析法、复合预测与决策技术、仿真技术、不确定性和风险分析方法等新的科学论证方法。在船舶主尺度方案分析中，从广泛采用网洛法（亦称变值法）发展为最优化方法、正交设计法等对各方案的最终评判与选优。除设计人员凭经验评定外，还可借助计算机采用多目标加权处理、模糊综合评判和多目标分层序列法等进行评定。船舶生产过程中的 CAD/CAM 应用如图 9-1 所示。

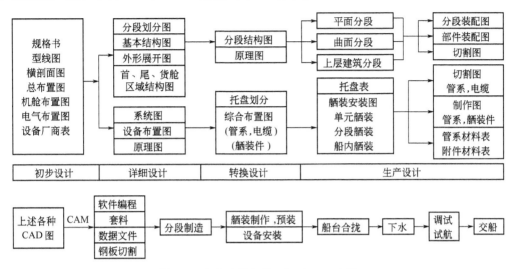

图 9-1　生产过程中的 CAD/CAM 应用

3. 常用的船舶设计软件

目前，国际上常用的船舶设计软件有如下几种。

（1）Tribon　Tribon 系统是由瑞典 KCS（Kockums Computer SystemAB）公司设计开发的一套用于辅助船舶设计与建造计算机软件集成系统。Tribon 集 CAD/CAM 与 MIS（信息集成）于一体，并覆盖了船体、管子、电缆、舱室、涂装等各个专业的一个专家系统。总体上，Tribon 系统可分为船体设计、舾装设计、系统管理及维护三大部分。该软件是一个出色的集成系统，也是一个庞大的系统，它具有许多其他系统所不具备的优点。Tribon 推出的新版本较过去添加了很多新的功能，如在设备选择、合同设计等方面的功能。

该软件存在的缺点是数据开放性不够，数据库系统自成一套，与常用的数据库缺少接口等。

（2）NAPA　NAPA 公司首次在船舶设计软件中采用 3D 技术，并在船舶初步设计和基本设计阶段提出了 3D NAPA 船舶模型的概念，这一概念已得到广泛认同。利用 NAPA Steel，设计师们可以在较短时间内迅速完成结构初步设计和重量、成本计算，生成可供送审的技术文件和图样，并根据需要生成结构有限元计算所需的网格模型。提供了许多软件与 NAPA Steel 之间的接口，其中与 Tribon 之间的接口可以实现曲线、表面、图的转换等。

（3）CADDS 5i　CADDS 5i 是 PTC 公司针对船舶、航空、航天行业推出的产品。这个软件主要包括船体、管系、舾装、电力、空调通风系统等几大模块。船体模块主要进行船体结构辅助设计，可输入输出全部船体制造所需的数据。管系施装模块则提供了管系设计和制造所需的所有工具，包括 3D 管系布置。空调通风模块所提供的工具可支持开发大型 HVAC（热力、通风与空调）系统及其结构的能力，并生成制造输出数据。电气系统模块提供的功能可支持船舶电气系统的开发，其中包括布线示意图、3D 电缆通道网络、3D 布线以及电缆通道支撑结构。通过从可用于船舶系统的设备和电缆库中进行选择，用户可以创建示意图。

国内有部分船厂在使用 NAPA 软件进行详细设计,使用 Tribon 做生产设计,而 CADDS 5i 可以很好地与之进行互通。

第二节　现代造船模式与生产准备

一、现代造船模式内涵

造船模式是指组织造船生产的基本原则和方式,是设计思想、建造策略和管理思想在船舶建造中的系统结合。造船技术的发展经历了系统导向型造船模式,系统和区域导向型造船模式,区域、类型和阶段型造船模式,中间产品导向型造船模式,产品导向型造船模式,共 5 个发展阶段,如图 9-2 所示。

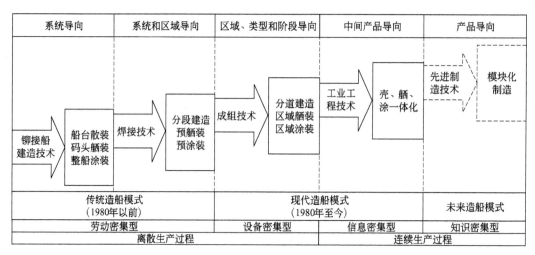

图 9-2　造船模式演变示意图

现代造船模式是指以统筹优化理论为指导,应用成组技术原理,以中间产品为导向,按区域组织生产,壳、舾、涂作业,在空间上分道、时间上有序,实现设计、生产、管理一体化,均衡、连续、优质、高效地总装造船。现代造船模式也称区域造船法。目前,国内正在大力推行壳、舾、涂一体化区域造船法,来替代传统的造船模式。

未来造船模式就是造船计算机集成制造系统。未来造船技术创新是集成一体化机制的更进一步发展,依靠信息高速公路、信息数字化和网络化,把分散在异地的各家模块工厂、材料和设备制造厂、船厂等相互链接起来,及时地、可视化地异地联合生产,实时监控全部生产过程,形成一个动态的、以产品为导向的无缝整合的建造系统。

二、先进船舶建造技术的应用

1. 成组技术

成组技术的内涵是利用零件间的相似性原则对多品种小批量生产进行分类成组,同组产品采用同一生产方法,以获得少品种、大批量的生产效率。造船工程应用成组技术,导致了中间产品分类成组加工和管件族加工方法的产生,形成了船体分道建造生产线;成组技术中短间隔期、小批量的生产管理方法形成了船舶建造作业的托盘管理。

中间产品是最终产品的组成部分。舾装单元和舾装模块是典型的中间产品。舾装单元是对特定区域内（如机舱）的设备进行合理布置，单独地、高效率地制作。舾装模块是将组成一定功能的相关设备、支架、仪表、管路和电缆等进行组装，在适当时机整体吊入船体进行安装。

船体分道建造的内涵是以分类成组的中间产品为导向，组成若干个相对独立、最大限度平行推进的生产单元，按工期要求，保持合理的生产作业节拍的工艺流程。现代造船模式中的区域舾装技术、区域涂装技术、高效焊接技术、信息控制技术、精度造船技术等都离不开船体分道建造技术。

托盘管理就是以托盘为单位进行生产设计、组织生产、物资采购及工程进度安排，以致生产成本的核算也可以以托盘为单位进行的一种科学生产管理方法。

2．工业工程技术

工业工程技术的内涵是以人、物料、设备、能源和信息组成的集成系统为主要研究对象，综合应用工程技术、管理科学和社会科学的理论与方法等知识，对其进行规划、设计、管理、改进和创新等活动，使其达到降低成本、提高质量和效益的目的。其内容包括成组技术、系统分析、物料搬运、计划和目标管理等，追求造船的高效率和短周期。

3．先进制造技术

先进制造技术（AMT）是集机械工程技术、电子技术、自动化技术、信息技术等多种技术为一体所产生的技术、设备和系统的总称，主要包括计算机辅助设计、计算机辅助制造、集成制造系统等。AMT是制造业企业取得竞争优势的必要条件之一。

4．系统工程技术

系统工程技术是指用定量和定性相结合的系统思想和方法处理大型复杂系统的问题，无论是系统的设计或组织建立，还是系统的经营管理，都可以统一地看成是一类工程实践。把船舶建造作为一个大系统，分解为壳、舾、涂三种作业系统，再按区域/阶段/类型逐一分类成组，并以"中间产品"为纽带，建立各类作业子系统以及作业系统的相互联系。

5．精度造船技术

精度造船技术是现代造船方法中的一项重要内容。所谓精度造船控制管理，就是通过运用先进的工艺技术手段和严密的科学管理方法，对造船的全过程实施尺寸的精度分析和控制，从而达到最大限度地减少施工过程中的修整工作量，这对于提高造船生产效率和建造质量具有十分重要的意义。

6．高效焊接技术

焊接技术是造船业的主导技术，它的先进性在很大程度上决定了船舶建造的质量和效率。高效焊接方法有单面焊、两面成型自动焊（FCB）、埋弧自动焊、垂直自动焊、二氧化碳焊和机器人焊接等，这些焊接方法已经在先进造船企业普遍采用。

7．造船虚拟企业和虚拟造船技术

造船虚拟企业是把某国家或某地区有关造船业的船厂、供应商、设计研究单位、舰船检验机构和舰船使用部门等的职能，集成为一个一体化的造船实体，开展船舶产品的投标、设计和制造。一旦所承接的产品完成，虚拟企业立即解体。

虚拟造船技术是以舰船及其建造系统的全局最优化为目标，以计算机支持的仿真技术为前提，对船舶产品及其建造过程进行统一的建模，对舰船性能、造船成本、可制造性及建造过程进行模拟仿真，从而更敏捷地组织造船生产，使船厂和车间的资源得到更合理的配置，以达到舰船产品的研制周期和成本最小化，舰船性能最优化和建造效率最高化。

8. 舰船柔性制造系统

舰船柔性制造系统是由数控加工设备、物料运储装置和计算机控制系统等组成的舰船组件的自动化制造系统，它能根据制造任务和生产环境的变化迅速调整，适用于多型舰船的单艘或批量生产。柔性制造系统自动地生产某一零件族的任何零件，它的物料运输、储存也应是自动的，能实现多机联动。

9. 绿色制造技术

绿色制造技术是力求产品制作对环境影响最小、对资源利用效率最高的生产技术。其目标是使产品从设计、制造、包装运输、使用到报废处理的全寿命期中，废弃物和有害排放物最少，以减少环境污染。绿色制造要求使用绿色材料，采用水能、风能和太阳能。

三、现代造船模式的船舶设计

1. 船舶设计阶段的划分

（1）初步设计　按船东技术任务书要求进行船舶总体方案设计。

（2）详细设计　在初步设计基础上，按功能/系统/专业进行详细性能设计，以确保船舶总体技术性能，并完成由船级社和法定部门的审查和认可。

（3）转换设计　在详细设计基础上，将各项目、系统在船舶各个区域进行布置和安装，充分考虑中间产品的要求和特点。

（4）生产设计　在详细设计基础上，按区域、类型、阶段进行产品作业任务的分解和组合，并提供指导现场施工的工作图表。

2. 生产设计的基本原则

（1）中间产品为导向原则　各类零部件、分段、托盘、单元、模块和区域等不同的中间产品，连同其所需的全部生产资源，以生产任务包的形式进行设计。

（2）壳、舾、涂一体化原则　即通过壳、舾、涂生产设计之间的协调，最大限度地实现各作业均衡、连续的总装造船。

（3）设计、工艺、管理一体化原则　即经各部门相互协调，最终把"怎样造船"具体化地体现在工作图表和管理图表上，作为指导现场施工的依据。

（4）标准化、系列化原则　必须尽可能地贯彻标准化和系列化原则。

四、造船生产的机械化与自动化

1. 钢材预处理自动化

采用钢材预处理工艺是使材料表面处理技术实现机械化与自动化，以提高生产效率和改善生产条件。它把钢材的矫平、预热、抛丸除锈、喷漆和烘干等预处理工序的机械设备，用传送滚道连接起来，组建成钢材预处理流水线，实现了生产过程自动化。

2. 船体零件加工自动化

船体零件加工的发展，除了已有的机械剪切和成形加工设备以外，新的切割技术和装备也正开始在世界各地应用。

① 具有自动号料功能的数控切割装置，组建了直接与CAD/CAM系统连接的，包括上料、切割、号料、零件分类、运出等工位的型钢切割与号料自动流水线，流水线中采用了工业机器人和数控等离子切割技术，实现了号料的高切割质量和高效率。

② 目前已有一些先进船厂开始尝试使用数控激光切割机切割船用钢板，而美国西海岸的普吉特海峡军船厂则用数控水射流切割装置来切割舰艇零件。

③ 国内外造船界对数控水火弯板的基础研究近年来也取得了较大的进展。

3. 舾装自制件的加工自动化

舾装自制件的加工自动化主要体现在开发管子的加工自动化，应用成组技术原理，相继组建管子成组加工自动或半自动流水线。

4. 焊接技术的自动化

在中间产品组装和船舶总装工作中，焊接是一项关键性作业。采用轻便型或多头 CO_2 焊机，且广泛使用各种气体保护自动焊，提高了造船焊接作业的生产效率和机械化、自动化程度。而高速旋转电弧焊接和焊接机器人等新技术的开发与应用，更是具有高效率、高质量的优点。

5. 中间产品制造自动化

应用成组技术原理，按分道建造原则组建各类中间产品成组制造生产线，使中间产品稳定在相应的成组生产线上制造，实现了中间产品制造过程机械化与自动化。

五、造船生产准备

造船生产准备是指产品开工前的各项准备工作。实际上是对所需要建造的船舶，从全厂性、全船性和综合性的角度，对设计、施工、供应和管理等工作进行技术上和计划上的统筹协调。其任务是通过对生产要素进行充分的准备，以保证产品按时开工和开工后能连续有效地进行造船生产。生产设计前的准备工作内容如下。

（1）生产技术准备　在合同签订前后开始，从生产设计和施工工艺合理性的要求出发，必须向设计部门对初步设计和详细设计的工艺性、施工经济性和布置合理性等方面提出各项意见；同时要按照合同所规定的交货日期，制定出按期交船所必需的指导性技术文件，作为设计、施工的依据。例如建造方法、建造方针、分段和舾装单元的划分、区域舾装的方法、船台吊装程序、新工艺新技术的应用、机电设备安装原则、下水前的完整性和涂装要求等。

（2）生产计划准备　计划方面为了确保交货期，需要编制建造计划线表，编制大、中、小日程计划表等，以便在各部门的共同努力下按期完成任务。

（3）工程控制准备　在管理上要核算工厂劳动力资源、资金、材料、设施与设备能力，并作为厂长决策和有关职能部门工作的依据。

第三节　船舶建造工艺

船舶建造工艺是造船施工方法和过程的统称。它是在综合采用各种先进技术和现代科学管理为前提的指导下的施工过程，即是把钢材及其他材料经过加工、装配、焊接成主船体，并把各项机械、设备、仪表安装到船体的指定部位的过程，同时要满足船舶在正常技术指标的控制下确保其使用性能。

一、船体放样

1. 船体放样的含义与内容

船体放样是把设计型线图按 1:1、1:5 或 1:10 等比例绘在放样间地板上，或运用数学方法编成程序输入电子计算机进行数学放样，运用投影几何原理做出其平面形状，然后订制各种样板、样棒、样箱和绘制各类草图，作为船体构件的号料、加工、装配、检验等工作的依据。主要内容有光顺船体型线、绘制肋骨型线图、船体构件的展开、绘制草图及钉制样板或样箱、确定加放余量等。

进行船体放样是因为船舶设计阶段所绘制的船体型线图通常采用的比例为1∶50或1∶100，绘制时型线很光顺，但一经放大就会有一定误差，并会影响船体外形的光顺性，进而影响船体建造质量。通过放样不仅可以光顺船体表面形状，而且还能放大并完善图纸上细节的不足。

2．船体放样的工艺流程

船体放样的工艺流程：型线放样──→结构放样──→展开──→绘制下料草图──→制作各类样板、样箱。

3．型线的放样方法

（1）实尺放样　根据设计型线图上的型值表，按1∶1的比例，在放样台上绘出船体的型线。

（2）纵向缩尺放样　对于大型船舶，限于放样台上的长度，纵向按1∶2、1∶4或1∶8等比例缩小进行放样，而宽度与高度方向则仍按1∶1实尺放样。

（3）比例放样　即按1∶5或1∶10的比例进行型线放样。

（4）数学放样　通过电子计算机来校验设计船体的型线与型值。用计算机指令完成型线修顺、型值计算、板缝计算、外板展开直至数控切割，可以大大节省人力，缩短放样时间。数学放样是一种较先进的船体放样工艺。

二、钢材预处理及号料

1．钢材预处理

钢材预处理是对钢材表面进行预处理，即钢材矫正、清锈及涂防锈涂料。钢材矫正一般采用多辊矫夹机、液压机、型钢矫直机等，以达到消除应力的作用。有些薄钢板可用木榔头进行手工矫正。钢材除锈是将其表面的氧化皮和锈斑清除干净，使油漆能与其表面紧密结合，保证钢材不被锈蚀。

为提高生产率，可以把矫正、除锈、涂漆和烘干等机械装置组成钢材预处理自动生产线：钢板──→矫平──→除锈──→涂防锈涂料──→烘干──→号料。

2．号料

号料是指钢材预处理结束后，应用样板、样箱、草图或数据磁盘等放样资料，将船体构件精确地划在平直的钢板或型钢上，并标上相应的船名、构件名称及加工符号等的工艺过程。

在船体建造中，有以样板为依据的样板号料；有以草图为依据的草图号料；还有利用光学投影原理的光学号料。

如果采用了船舶CAD/CAM，则只需将号料尺寸程序输出给计算机，则通过数控切割机可以直接将工件外形切割完毕，实际上取消了号料工序。

三、构件加工

船体构件加工是将号料后的钢材用机械设备或手工工具加工成设计所要求的规格和形状的过程。船体构件加工按是否加热，有冷加工和热加工方式。

号料后的钢材上有各种船体零件，需要进行切割分离，称为船体构件的边缘加工。它是通过剪、冲、刨、铣等机械剪切或火焰切割等工艺方法来完成的。边缘的形状分为直线边缘和曲线边缘，边缘均含有焊接坡口。经过边缘加工后的各个零件的表面都是平直的。

如果需要把零件弯曲成曲面或曲线形状，其弯制过程称为船体构件的成型加工。它是通过辊弯机、压力机、折边机、撑床、肋骨冷弯机等机械设备在常温下进行冷弯成型加工的。辊弯机原理示意图如图 9-3 所示。对少数曲型复杂的构件，则在高温下进行热弯成型加工，也可采用水火弯板工艺来实现。经过加工后的船体零件就是船体结构构件。水火弯板是指沿着预定的加热路线，用氧-乙炔烘炬对板材进行局部线状加热，在加热的同时用水进行跟踪冷却，使受热金属的膨胀受到周围冷却金属的限制，而产生压缩塑性变形，从而达到弯曲成型的目的。水火弯板具有生产率较高、成型质量好和设备简单等优点。水火弯板示意图如图 9-4 所示。

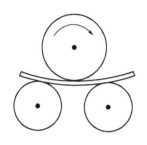

图 9-3 辊弯机原理示意图

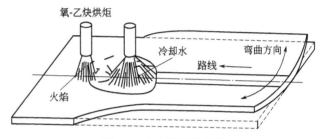

图 9-4 水火弯板示意图

四、船体装配与焊接

焊接船体的建造通常用分段建造法或总段建造法进行，即将整个船体结构划分成若干块局部分段或总段后分别制造，然后在船台上将各块局部结构合拢成整个船体。

1. 船体装配与焊接的主要内容

船体装配工艺随着造船材料和连接技术的发展而变化，目前的钢质船体装配与焊接的主要工作内容有以下两个部分。

（1）船体结构预装配与焊接　船体部件、分段和总段的装配焊接称为船体结构预装配与焊接。它们通常是在平台或胎架上进行的。根据部件、分段和总段在平台或胎架上所形成的装配作业面，制造方法可分为正装法、倒装法和侧装法三种。装配焊接工艺过程是根据船体构件在部件、分段和总段上所处的位置，由下而上、从中间向前后、左右对称进行的。

将各个船体零件装配焊接成船体部件，称为小合拢；由船体零件和部件装配焊接成各种船体分段或总段，称为中合拢。

（2）船台装配与焊接　船台就是把制作好的零部件、分段或总段最终安装焊接成整艘船体的工作场所。常见的船台装配方法有整体建造法和分段建造法。将分段或总段装配焊接成整个船体，称为大合拢。

2. 船体预装配的工艺装备

为了保证船体预装配的质量，便于进行画线、装配定位、焊接和检验，需要配备有平台和胎架等专用工艺装备。

（1）平台的用途和种类　平台是一个大而平坦的工作台，一般由型钢和钢板组成，并固定在专门的水泥基础上。它主要用于装配焊接船体部件、平面分段和带有平面基面的立体分段等，也可作为设置胎架的基础。为了保证船体部件和分段的制造质量，要求平台的基础牢固，具有足够的结构刚性，平台的四角水平偏差不得超过±5mm，平面不平度每米内不得超过±3mm。用于船体装配的平台通常有钢板平台、型钢平台、水泥平台等。钢板平台如图 9-5 所示。

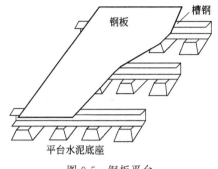

图 9-5　钢板平台　　　　　　　图 9-6　平切基准面支点角钢式胎架

（2）胎架的用途和种类　胎架是装配焊接曲面分段和带曲面的立体分段及总段的工作台。它的曲型工作面应与分段和总段外形曲面相符合，其作用是保证分段或总段的型线和尺度，并使分段和总段装配焊接时具有良好的工作条件。为了防止胎架在使用过程中产生变形而影响施工质量，胎架的制作除应保证其工作曲面的型线正确外，还应保证有足够的结构刚性。

平切基准面支点角钢式胎架如图 9-6 所示，结构上包括以下几个方面。

① 胎板　是由垂直布置的多根角钢组成。

② 胎架基准面　是用来确定胎架工作曲面的基准面，由胎板底线组成。

③ 胎架工作曲面　由胎板上缘工作曲线组成，曲型工作面应与分段和总段外形曲面相符合，其作用是保证分段或总段的型线和尺度。

④ 纵（横）向连接构件　有纵（横）向牵条、边缘角钢等，其作用是使胎板连成一个整体。

五、密性试验与船舶舾装

1. 密性试验

密性试验的目的是检查船舶外板、舱壁等的焊缝有无渗漏现象，以保证船舶的航行安全。船上各类舱室按其用途不同，可分为水密、油密和气密。对普通舱室，通常要求达到水密的要求；对储油、可燃性气体、化学品等舱室，则要求油密；对军舰上层建筑中粮食库等舱室，为避免串味，则要求气密。船舶密性试验可在船体装配焊接和火工矫正工作结束后进行，也可以在分段制造完工后进行总体或分段的密性试验。在进行密性试验时，因为煤油具有良好的渗透性能，通常用煤油作为介质。

2. 船舶舾装

船舶舾装的主要内容包括主机和辅机的安装、船舶设备及系统的安装、电气安装、木作绝缘的安装、油漆作业、房舱设备的安装与装饰等。

（1）船舶舾装作业的分工　船舶舾装按专业类别不同分为船装、机舱舾装和电气舾装三大类。船装包括船体舾装和船舶涂装两类作业，指除机舱设备和全船电气以外所有的安装和处理工作。为了便于船装作业的组织和管理，通常将其进一步划分为内舾装、外舾装和涂装三类。

内舾装作业范围主要是在上层建筑舱室内部，包括绝缘、敷料等的敷设，舱室非钢质围壁、天花板、门、窗、家具、卫生设备等的安装以及厨房、冷库、空调设备的安装等。

外舾装作业范围分布在上层建筑以外各层甲板上，包括舵设备、锚设备、系泊设备、拖曳设备、救生设备、起货设备、舱口盖和滚装设备、消防杂件、自然通风部件以及各种管路的安装。

(2) 舾装作业的工艺阶段　舾装工程相当复杂，往往与其他工种互相交叉，因此在生产上必须合理安排，并要注意各工种间的密切配合。舾装工程应与船体建造成平行作业的方式进行。

现代造船已普遍采用分段建造法建造船体，可采用区域舾装法进行船舶舾装。典型的舾装工艺阶段：舾装件采办──→单元组装──→分段舾装──→船上舾装──→动车和试验。

六、船舶下水

船舶下水是将在船台（坞）总装完毕的船舶从陆地移入水域的过程。船舶下水的方法有重力式下水、机械化下水、漂浮式下水和气囊式下水等形式。船舶下水时的移行方向与船长平行时，称为纵向下水；与船长垂直，则称为横向下水。

1. 重力式下水

重力式下水是指船舶依靠自身的重力在倾斜滑道上产生的下滑力，而向下滑入水中的下水方法。它适用于在倾斜船台上建造的船舶下水。按照船舶下水时滑行的方向，重力式下水可分为纵向重力式下水和横向重力式下水两种方法。

(1) 纵向重力式下水　纵向重力式下水如图9-7所示。其下水设备主要有滑道、滑板、控制设备和墩架等。下水前，在滑道与滑板之间涂以润滑剂。下水时先拆除船底全部墩架和支撑，再松开制动装置，船舶便同滑板、下水支架一起自行滑入水中。该下水方法适用于大、中、小型船舶的下水，具有下水设备简单、建造投资少等优点。

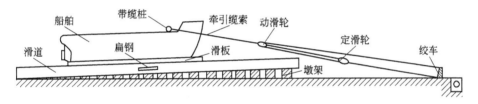

图9-7　纵向重力式下水

(2) 横向重力式下水　横向重力式下水采用舷侧下水的方式，沿船宽方向滑移，没有很大的前支架压力，适合于纵向强度较弱的内河船舶的下水，如图9-8所示。船舶的坠落高度一般为1~3m。这种方法所用的滑道数量多，滑板的下滑速度可能不一致，容易使船身偏移，甚至产生滑板脱出滑道的事故，下水安全性较差；存在着船舶受力很大、横摇剧烈、对船体强度和稳性要求较高等缺点。

2. 机械化下水

机械化下水的种类很多，均是利用曳引滑道与小车、浮船坞、升船机等机械设备的组合来实现船舶下水的。机械化下水具有船台和下水滑道的机械化程度高、移船下水工艺简便、安全等优点，目前已被中、小型船厂广泛采用。

如利用浮船坞做下水作业，首先使浮船坞就位，坞底板上的轨道和岸上水平船台的轨道对准，将用船台小车承载的船舶移入浮坞，然后将浮坞脱离与岸壁的连接，如果坞下水深足够浮坞就地下沉，船舶即可自浮出坞；如果坞下水深不足，就要将浮坞拖带到专门建造的沉坞坑处下沉，如图9-9所示。

3. 漂浮式下水

漂浮式下水是指在船坞内总装的船。船舶建造完成后，通过进排水系统将坞外水域的水

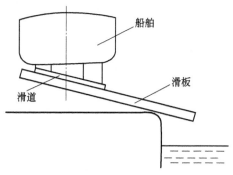
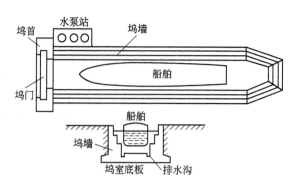

图 9-8 横向重力式下水　　　　　图 9-9 浮船坞下水

引入坞内，船舶依靠浮力起浮，待坞内水面和坞外一致时，就可以排出坞门内的压载水，起浮并脱开坞门，然后将船舶用拖船拖出船坞，坞门复位进入下一轮造船。

船坞是用来建造船舶和船舶下水的水工建筑物，有单门、双门和母子坞等多种形式，基本结构是由坞底板、坞墙、坞门和泵房等组成。

漂浮式下水是一种简便易行的下水方式，其安全性、工艺简单性比较好。造船坞造船方式初始投资较大，但仍是建造 VLCC（超级油轮）的唯一手段。

4. 气囊式下水

气囊式下水是在船舶船体结构合拢完工后，把船台清理干净，铺上黄沙，放入气囊，充气后撤出船底部铁墩，再用牵引绞车控制船舶下水。

气囊式下水适合于中小型船舶，具有经济、便利等优点。根据现有船舶建造实践经验，在建造船长小于 180m 的钢质普通船舶时，采用气囊式下水方式基本上还是可行的。

七、船舶试验

船舶试验是在船体建造和安装工作结束后，为保证船舶建造的完善性和各种设备工作的可靠性，必须进行全面而严格的试验，以考核产品的质量是否符合设计要求和有关规范的规定。船舶试验通常分为系泊试验和航行试验。整个试验工作由承造厂、业主和验船机构三方代表参加，共同领导并全面负责船舶的试验与验收工作。

1. 系泊试验

系泊试验是在系泊状态下对船舶的主机、辅机和机电设备进行的一系列实效试验，用以检验其安装质量和运转情况。系泊试验以主机试验为核心，检查发电机组和配电设备的工作情况，以便为主机和其他设备的试验创造条件。对应急、遥测、遥控和自动控制等各有关系统，还需要进行可靠性和安全性试验。系泊试验时，船舶基本上处于静止状态，主机、轴系和有关设备系统不能显示全负荷运转的性能，所以系泊试验后还需要进行航行试验。

系泊试验在船体建造工作完全结束、各项设备安装完毕、船体密闭性试验结束以及试验的准备工作已经就绪的条件下进行。系泊试验中发现的缺陷应及时消除，使检查项目符合原设计要求，为船舶的航行试验做好准备。

系泊试验的主要内容包括以下几方面。

① 根据设计图纸、说明书及建造技术规程，检验船体主要尺度是否符合设计要求。
② 通过倾斜试验确定船舶的实际重量重心位置，核算船舶的稳性、抗沉性等性能参数。
③ 检查船舶装置的安装质量及布置和固定是否符合设计要求。
④ 检查舱室外设备、舱面属具等的安装质量及布置和固定情况。

⑤ 检查管路系统的布置、管系附件的安装和紧密性是否符合设计要求。
⑥ 检查所有机械装置、电气及观通导航等设备安装质量，并启动运行，检查其工作可靠性。
⑦ 按图纸的概述检查武器装备系统和特种装置的安装质量及其联动机构工作情况。
⑧ 做主、辅机的动车试验，以检查主、辅机的运转性能及其系统工作的可靠性。

2. 航行试验

航行试验是全面地检查船舶在航行状态下主机、辅机以及各种机电设备和系统的使用性能。船舶航行试验又称试航，是船舶试验的最后一项试验，也是船舶试验中最重要一项。首制船通常还要请设计单位参加试航。试航一般在指定航区内进行。

在试航前，对主要机械设备再做一次检查，并带足燃料、润滑油和淡水及生活给养和救生器具，掌握气象预报情况。试验期间，风速尽可能小，海面尽可能平静，水下部分的船体和螺旋桨尽可能清洁，准备好测试仪器和专用工具，测速前应交验计程仪。

在航行试验中测定船舶的航速、主机功率、操纵性、回转性、航向稳定性、惯性和指定航区的适航性等。船厂对试航全过程做详细记录，为编写产品说明书提供实际数据。试验结果经验船机构和用户验收合格后，由船厂正式交付订货方使用。

航行试验主要试验项目有以下几项。

（1）主机试验　试验主机及相关辅助动力装置的工作可靠性。
（2）航速试验　在规定的测速区进行测定航速。
（3）操舵试验　试验其灵活性和可靠性。
（4）回转试验　在足够水深的水域内测定船舶的回转直径。
（5）惯性试验　测定船舶依靠惯性而自由滑行的距离。
（6）抛锚试验　在足够深的水域试验起锚速度和起锚能力。
（7）导航设备试验　校正各类导航设备如磁罗经、电罗经、测向仪、测深仪及计程仪等的设备误差。

在船舶系泊或航行试验结束后，还要对部分船用设备进行检查性拆检，目的在于进一步了解其内部状况和有无隐患，应尽快消除检查中发现的所有缺陷。完成上述工作任务后，再进行检查性航行试验，目的是检查拆检后的设备运转情况。检查性航行试验为交接试验的阶段，它的完成标志着船舶建造过程的结束。

八、船舶检验与交船验收

1. 船舶检验

船舶检验是指验船机构对船舶进行的技术监督检验。其目的是促使船舶具备安全航行的技术条件。在船舶建造过程中，必须有验船单位的检验，一切合格后，造船厂方可将船交给用船单位，船主还需派人进行验收。船舶在运输生产中，经受外界的各种因素影响，致使船体和设备腐蚀、磨损、变形、扭曲甚至断裂，危及航行安全。经常、定期地检查船体和设备的技术状况显得尤为重要。

（1）船级社　船级社是从事船舶检验的机构，是对船舶在建造时和建造后进行定期检验的组织，目的是设定和维持船舶及其设备的建造和维修标准，其任务是确保船舶的安全航行。

现在世界上已有二十多个国家和地区建立了这个机构。如中国船级社（CCS）、英国劳氏船级社（LR）、法国船级社（BV）、意大利船级社（RINA）、美国船级社（ABS）、挪威船级社（DNV）、德国劳氏船级社（GL）、日本海事协会（NK）、俄罗斯船舶登记局（RS）、韩国船级社（KR）、印度船级社（IRS）等。

船舶入级是评定船舶技术状态的重要手段，海上营运船舶必须入级。船舶是否具有船级、船级等级以及所入船级的船级社声誉，都会直接影响到船舶的运费和保险费，即货主和保险公司对船舶的信任程度，同时也会影响到船舶在买卖和租赁时的船价及租金。船舶经检验符合船级社入级条件，则船级社授予该船入级符号。每个船级社有一套规则规定检验要求，对船舶来说，要保持其级别就必须遵守这些规则。船级社的主要业务有以下几方面。

① 制定和发行有关船舶建造的技术规范和检验、入级的规则章程，包括对船体、轮机、电气、设备、材料等全面而具体的技术标准，作为船舶设计、建造、检验、入级的准则。

② 办理船舶入级和进行船级检验。对新建船舶申请入级，必须在建造前将图纸送审，批准后方能施工。对旧船需进行每年一次的年度检验和每4年一次的定期检验。海损船舶则及时检验，修复签证后方可继续营运。

③ 发行船名录。每年发行一次船名录。这种船舶花名册内记载着船舶登记号码、船名、船主姓名、船级社和检验情况以及该船按何种规范建造等。

（2）船舶入级条件 以中国船级社（CCS）及《钢质海船入级与建筑规范》（简称《规范》）来说明。

① 船舶的船体、船舶机械及所有设备应符合《规范》或等效要求。

② 国际航行新船的完整稳性应符合主管机关的要求，或不低于国际海事组织（IMO）的有关规定。

③ 国际航行新船分舱和破舱的稳性应符合主管机关的要求，或不低于国际海事组织（IMO）的有关规定。

④ 如船体船级证书和轮机船级证书之一失效，则另一证书也同时失效。

（3）入级证书 入级证书分为船体（包括设备）入级证书、轮机（包括电气设备）入级证书和货物冷藏装置入级证书。证书中记载着入级的符合、附加标志或说明，以此可大致了解船舶种类和技术状态，船舶入级时存在的问题和船级社的要求、建议等有关的内容，并详细地记载在入级证书和相关的报告中。有的船级社将船体入级和轮机入级合二为一，称为船级入级证书。凡航行在国际航线船舶所签发的证书标"船级证书"，而国内航线的则称"船舶检验证书"。

（4）船舶检验的内容 船舶检验的内容包括船舶制造检验、初次检验、特别检验、定期检验、年度检验、临时检验、船舶入级检验、船用产品检验以及其他公证检验等。各种检验的范围和内容在验船机构的有关规定、规则和规程中均有具体规定。

2. 交船验收

交船验收是当船舶航行试验结束返航后，船厂应立即对航行试验中出现的一些问题进行返修和拆验工作。要按照图纸、说明书和技术文件对船舶本体及船上的一切装备进行移交，如房舱的移交、备品的清点移交、主机及辅机进行动车移交、所有通信与导航设备逐台动车移交等。用船单位需派人接船，对船厂移交的文件、设备、物品等逐项、逐舱、逐件进行一一验收。待全部移交验收完毕后，验船单位发给入级证与合格证。

当上述工作全部结束后，即可签署交船验收文件，把船正式移交给使用单位。

船舶建造主要工艺流程图如图9-10所示。

第九章 船舶设计与建造工艺

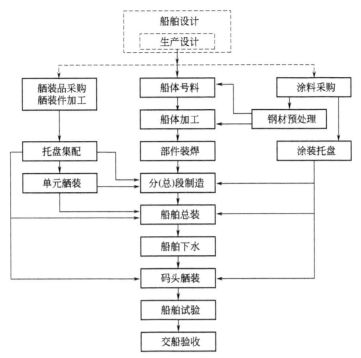

图 9-10 船舶建造主要工艺流程图

思考与练习

【问答题】

9-1 船舶设计阶段具体划分为哪几个阶段？每个阶段主要完成什么工作？

9-2 计算机辅助设计应用到船舶设计中具有哪些优点？

9-3 说明现代造船模式内涵。具有什么特点？

9-4 进行船舶建造经历了哪些阶段？每个阶段主要内容是什么？

9-5 从事海上营运的船舶为什么必须入级？如何入级？

【填空题】

9-6 生产设计前的准备工作内容包括_____、_____、_____。

9-7 船体型线的放样方法包括_____、_____、_____、_____。

9-8 将各个船体零件装配焊接成船体部件，称为_____；由船体零件和部件装配焊接成各种船体分段或总段，称为_____。将分段或总段装配焊接成整个船体，称为_____。

9-9 密性试验的目的是检查船舶外板、舱壁等的焊缝有无渗漏现象，以保证船舶的航行安全。船上各类舱室按其用途不同，可分为_____、_____和_____。

9-10 在进行密性试验时，因为_____具有良好的渗透性能，通常用作密性试验的介质。

9-11 船舶下水的方法有_____下水、_____下水、_____下水、_____下水等形式。船舶下水时的移行方向与船长平行时，称为_____；与船长垂直，则称为_____。

9-12 入级证书分为_____入级证书、_____入级证书和_____入级证书。

【判断题】

9-13 船体放样的工艺流程是：型线放样——→结构放样——→展开——→绘制下料草图——→制作各类样板、样箱。（　　）

9-14 对普通舱室通常要求达到气密的要求；对储油、可燃性气体、化学品等舱室则要求油密；对军舰上层建筑中粮食库等舱室，为避免串味，则要求水密。（　　）

思考与练习解答

第 一 章

【问答题】

1-1 在世界范围内，至少在7000～8000年前就出现了舟船，埃及、希腊、罗马和中国是世界造船与航海的发源地。

1-2 唐代的造船技术在当时称得上居于世界领先地位。最突出的是在造船工艺上已广泛使用了榫接钉合的木工艺和水密隔舱等先进技术。榫接钉合法比起用铁钉的造船法，船舶要坚固得多，水密隔舱增强了船的抗沉力。

1-3 1807年8月17日，在美国纽约港，美国人富尔顿·罗伯特制造的世界上第一艘木壳蒸汽明轮船——"克莱蒙特"号试航。船长38.1m，宽7.87m，船的动力是由72马力的瓦特蒸汽机带动车轮拨水，航速7.74km/h。

1-4 1839年，英国人史密斯设计制造了世界上第一艘用螺旋桨推进的蒸汽机船"阿基米德"号。这条船长38m，蒸汽机功率58.8kW。

1-5 1903年，俄国建造的柴油机船"万达尔"号下水，船上装有三台200马力的柴油机，从而开辟了柴油机在船舶上应用的先河。

1-6 1954年，美国建造的核潜艇"鹦鹉螺"号下水，功率为11025kW，航速33km/h。原子能的发现和利用又为船舶动力开辟了一个新的途径。

1-7 1959年，中国建国后第一艘完全自行设计建造的万吨级远洋货轮"东风"号下水，这在中国船舶制造史上是一个重要的里程碑。由708研究所设计、江南造船厂建造。

1-8 2002年，中国第一艘30万吨超大型油轮"伊朗·德尔瓦"号，是由大连新船重工有限责任公司为伊朗国家油轮公司（NITC）建造的。

1-9 由于地球的自转，海岸上同一地点一日内向着月球和太阳与背着月球和太阳各一次，所以一日之内应发生两次涨落潮，高低潮相隔的时间应为6小时。但因月球引潮力比太阳引潮力大，而地球上的一个太阳日，即月球随着地球绕太阳公转的一日是24时50分，所以实际上高低潮的间隔约为6小时13分，或者说一天中相邻两次高潮推迟约50min。

1-10 海水受月球和太阳的引力而发生潮位升降的同时，还发生周期性的流动，这就是潮流。大型船舶可趁涨潮进出河流和港口。

海水沿着一定方向有规律地水平流动，就是洋流。洋流对海洋航行和作业安全有着重大的影响。

【填空题】

1-11 麦哲伦，18

1-12 风浪，涌浪，近岸波

【选择题】

1-13	A	1-17	D
1-14	B	1-18	C
1-15	C	1-19	D
1-16	D	1-20	C

【判断题】

1-21 正确

1-22 错误

1-23 错误

第 二 章

【问答题】

2-1 按船舶的用途分
(1) 民用船舶：用于运输、渔业、工程船、港务工作船、特种场合的船舶。
(2) 军用船舶：用于军事目的船舶。
按船舶的航行区域分
(1) 海洋船舶：航行于大洋中的船舶。
(2) 内河船舶：航行于江、河、湖泊中的船舶。
(3) 港湾船舶：航行于港湾区域的船舶。

2-2 根据《国际海上人命安全公约》，凡载客12人以上的船舶即为客船，无论是否同时载有货物。但船上工作人员、在海难救助中被救起的人员不能算作乘客。客船分为远洋客船、近洋客船、沿海客船、内河客船。

远洋客船是指航行于大洋之间的运送旅客的大型客船。它的满载排水量一般都在10000t以上。每小时的航速约在20～30n mile之间。

近洋客船是指航行我国沿海至日本、韩国、泰国、越南、新加坡等国家海港的船舶。它的满载排水量一般都在5000t以上。每小时的航速约在15～25n mile之间。

沿海客船是航行于沿海各港口之间的客船，多为客货兼载，航线距离海岸较近。

内河客船是指航行于江河湖泊上的客船。也包括往返于江河渡口之间从事短途旅客运输的旅客渡船。其排水在几十至数千吨。

2-3 货船是以载运货物为主的专用船舶。按其所载运货物的状态可分为干货船、液货船、冷藏船、集装箱船、滚装船、驳船、载驳船、拖船、顶推船等。

2-4 (1) 天然气液化的临界温度在一个大气压时为－162℃。把天然气"压"成液态，体积可缩小到六百分之一。冷却技术难度大。
(2) 因船用碳素钢低温时呈脆性，液货舱只能用镍合金钢或铝合金制造。制造难度大，需要技术水平高。
(3) 液化天然气船设备复杂，技术含量高，体积较大，造价很高。
综上可知，液化气船被国际公认为高技术、高难度、高附加值的"三高"船舶。

2-5 集装箱船是一种专门运输集装箱的货船。集装箱是用来装运件杂货物的箱子，是装卸运输单元，具有货舱开口大、尺寸规格化、货损少、装卸效率高、便于海陆空联运的特点。集装箱堆放在船舱、甲板或舱盖上。集装箱船停港时间短，主机功率大，航速快。

滚装船是依靠载货车辆或以滚动方式在水平方向进行装卸的货船，最初叫滚上滚下船。一般在船侧、船首或船尾有开口，并构建成斜坡装卸跳板连接码头。以载有货物的挂车或带轮托盘作为货运单位，由牵引车或叉车直接进出货舱进行装卸。优点是：装卸效率高、船舶周转快、货物适应性强。

2-6 驳船本身无动力或只设简单的推进装置，依靠拖船或推船带动或由载驳船运输的平底船。适宜于内河、港口、浅海区域等的短途运输以及水上工程作业。

载驳船是一种专运货驳的船，即由一大型机动母船上装载一批尺度相同的驳船。其运输过程是：将货物先装载于统一规格的方形货驳（子船）上，再将货驳装在载驳船（母船）上，载驳船将货驳运抵目的港后，将货驳卸至水面，再由拖船分送到各自目的地。

2-7 拖船是专门用来拖带载货驳船、进出港船舶、遇险船舶或海（河）上浮动建筑物的。内河航运广泛采用拖驳运输。拖船具有船身尺寸小、功率较大、舵尺寸较大、螺旋桨叶片较大等特点。

顶推船专门用于顶推非自航货船的船舶。与拖船相比，顶推船运输时机动性好，阻力小，航速高，成本降低。顶推船与驳船连接后可进可退且可自由回转或停止；拖船与驳船连接后则只能进不能退且不能自由回转或随意停航。

2-8 渔业船是指从事渔业生产或渔业辅助的船舶。渔业生产船舶包括拖网渔船、围网渔船、流网渔船、钓鱼渔船、捕鲸船等。渔业辅助船舶包括渔业加工船、渔政船、渔业救助船等。

拖网渔船是指从事拖网作业，捕捞中、下层水域鱼虾类的专用渔船。围网渔船是指从事围网作业，主要围捕中、上层水域鱼类的专用渔船。流网渔船是指从事流网作业，主要捕捉上、中、下各层水域鱼类的专用渔船。钓鱼船是指使用钓具进行捕捞鱼类的专用渔船。捕鲸船是一种追猎式渔船，是捕杀鲸鱼的专用渔船。渔业加工船是指在海上将捕获物加工成成品或半成品的船。渔政船是在渔业水域执行国家渔业法规和国际渔业协定，对渔船实行监督和管理等渔政任务的船舶。渔业救助船是指备有一定的医疗设施和救助装备，在渔场上担负人员医疗急救和船只、人员救助工作的船舶。

2-9 海洋工程船舶是指安装有成套工程机械，在港口、航道、船厂等水域专门从事工程作业的船舶。按其工作范围可分为海洋开发船、航道工程船和专业工程船。

海洋开发船是指从事海洋资源开发、海洋调查实践、海洋环境保护等工程的船舶。航道工程船主要是用于疏浚和管理航道水域、保障航道畅通、协助水利建设的工程船。专业工程船是指从事起重、修理、打桩、敷管、打捞及救助等专业性较强的工程船。

2-10 钻井平台可分为固定式和移动式两种。固定式钻井平台因平台不能移动，故钻井的成本较高。采用移动式钻井平台，因可随需要移动，故可以降低成本。主要包括半潜式钻井平台、自升式钻井平台、浮式钻井船、坐底式钻井平台等。

（1）半潜式钻井平台钻井作业时，向下船体中注水，使其在海水下的 20～30m 深度处于半潜状态，受大海风浪的影响小，所以平台的稳定性比钻井浮要好。

（2）自升式钻井平台有 3～4 个桩腿插入海底，是可自行升降的移动式钻井平台。我国海上钻井多使用自升式钻井平台。

（3）浮式钻井船漂浮于海面上，通常采用锚泊来实现固定，易受波浪影响。该方法一般只适用于 200m 以内的水深，水再深时需用一种新的自动化定位方法。

（4）坐底式钻井平台下部是由若干个浮筒或浮箱组成的桁架结构。浮筒充水后，使钻井平台下沉坐于海底并开始工作；浮筒排水后，使钻井平台上浮，可进行拖航和移位。坐底式钻井平台多用于水浅、浪小、海底较平坦的海区。

2-11 海洋调查船是指用于海洋科学考察研究的船海洋工程船。进行海洋调查的内容包括海洋水文、海洋气象、海洋化学、海洋地质、海洋生物和海洋物理等，其目的在于为海军作战与训练、海洋资源研究与开发、海洋工程技术与环境保护等提供各种情报和数据。

海洋调查船按功能的不同，可分为综合海洋调查、专业海洋调查船和特种海洋调查船。

2-12 航道工程船主要是用于疏浚和管理航道水域、保障航道畅通、协助水利建设的工程船。按用途分为各种挖泥船、助航船、破冰船及打捞船等。

（1）挖泥船是指用于疏浚航道和港口的船舶，是应用最多的一种工程船。

（2）助航船是指在航道上勘测水深和水底地形，敷设航标的船舶。

（3）破冰船是指在冬季专门用来破碎冰层，为船舶航行开辟航道的船舶。

（4）打捞船是指清除航道中的沉船或其他物体，以保证航道的畅通及航行安全的船舶。

2-13 专业工程船是指从事起重、修理、打桩、敷管、打捞及救助等专业性较强的工程船。

（1）起重船是指专门用于水域作业起吊重物的工程船，亦称浮式起重机。

（2）浮船坞是指能在一定水域中沉浮和移动，用于修、造船的工程船舶，亦称浮坞。

（3）修理船是指专门为各种舰船及其装备进行维护和修理的工程船舶，实际上就是水上修船厂。

（4）打桩船是指用于水上打桩作业的工程船。

（5）海底敷管船是指专门用于敷设海底管道的船舶。

（6）海底布缆船是指专门用于敷设海底电缆及光缆的工程船。

（7）打捞船是用来打捞水下沉船、沉物及水面漂浮物的船。

（8）救助拖船是指用于救助、拖带因触礁搁浅、战斗损伤或失去机动能力等遇险船舶的专业工程船。

2-14 港务工作船是指为港口业务服务的专业工作船，包括引航船、交通船、供应船、消防船、港作拖船等。

（1）引航船是指接送港口引航员上下入港船舶并引导其安全进出港口的工作船，一般为小型交通艇，装有特殊的灯光信号，以引起来船的注意。

（2）交通船是指用于港口水域内接送港务人员等登陆或登船的小型工作船。

（3）供应船是指为到港船舶、海上平台、海岛、灯塔等提供物资器材补给的工作船。

（4）消防船是用来对港内船舶、营运船舶、码头、油田和水上建筑物等提供灭火救助的专业工作船。

（5）港作拖船是指用于在港湾内拖带其他船只或浮动建筑物的工作船。

2-15 特种船舶是指相对于通用船舶而言在船型、航速、材料、结构、动力、航行方式等方面有显著不同的船舶。特种船舶包括水翼船、气垫船、地效翼船、双体船、潜水器、超导电磁推进船、绿色能源船等。

（1）水翼船是一种高速船，具有航速高、耐波性好的特点。

（2）气垫船的航速较高，一般为30～80kn，军用的可达90～100kn。

（3）地效翼船（亦称地效飞机）是利用机翼型船身的表面效应所产生的气动升力来支持船重并贴近水面高速航行的船舶。

（4）双体船是指把两个尺度相同的船体并列连成一体的船舶。双体船具有水动力性能指标高、兴波阻力小、易于加速、稳性和操纵性好、甲板面积宽敞等优点，通常内河船使用较多，双体船渡轮都可达到40kn以上的高速。

（5）潜水器是指具有水下观察和作业能力的潜水装置。潜水器的最大航速通常为2～4kn，最深下潜深度超过10000m。潜水器分载人潜水器和无人潜水器。

（6）超导电磁推进船是指利用电磁线圈作用于海水形成喷射推进的船舶。其动力装置采用了超导技术，亦称超导动力船。

（7）绿色能源船是指以太阳能、风能等可再生能源作动力的船舶，因此能够节省大量燃料，大大降低船舶运营成本，并保护环境。

2-16 军用船舶是指执行军事战斗任务和军事辅助任务的各类船舶。通常分为战斗舰艇和辅助舰船两大类。

战斗舰艇有武器装备，可以直接执行战斗任务，主要用于海上机动作战，进行战略核突袭，保护己方或破坏敌方的海上交通线，进行封锁或反封锁，参加登陆或抗登陆作战，是海军的主要装备，包括航空母舰、巡洋舰、驱逐舰、护卫舰、猎潜艇、炮艇、鱼雷艇、导弹艇、登陆作战舰艇、布/扫雷舰艇、猎雷舰艇、潜艇等。

辅助舰船担负海上补给、运输、修理、救生、医疗、侦察、调查、测量、工程和试验等保障勤务。辅助舰船包括补给舰、电子侦察船（舰）、航天测量船、消磁船、潜艇救生船等。

【填空题】

2-17　浮行船，潜水船，滑行船，腾空船

2-18　28℃，28～60℃，60℃

2-19　成包、成捆、成桶

2-20　自动居中，左右窜动

2-21　装卸效率高，船舶周转快，货物适应性强

2-22　渔业生产，渔业辅助

2-23　海洋开发船、航道工程船、专业工程船

2-24　固定式，接地式，浮动式，可拆移式，浅水，深水

【选择题】

2-25　D

2-26　C

【判断题】

2-27	错误	2-30	正确
2-28	错误	2-31	错误
2-29	错误		

第 三 章

【问答题】

3-1 为使得船舶在航行时所受到的阻力最小,船体的水下部分的表面都做成流线型的光滑曲面。为表示船体外形的真实形状和大小,通常用船体型线图来表示。船体型线图所表示的形状是外板内表面和甲板下表面的形状,即船体型表面的形状。

3-2 中线面是通过船宽中央的纵向垂直平面。中线面上的船体剖面称为中纵剖面。中线面与船体型表面的交线称为中纵剖线。

3-3 设计水线平面是通过船舶设计水线(满载水线)的一个水平面,它把船舶分为水上与水下两部分,设计水线平面同中站面垂直。设计水线平面上的船体剖面为设计水线面。设计水线平面与船体型表面的交线称为设计水线。

3-4 中站面是通过船设计水线长中点处的一个横向垂直平面。中站面剖切船体后所得剖面称中横剖面。中站面与船体型表面的交线称为中横剖线。

3-5 船型系数包括方形系数、棱形系数、水线面系数、中横剖面系数等。

方形系数 C_B 的大小反映了船体水下部分的肥瘦程度。C_B 大,表示船的水下型线较为饱满;C_B 小,则船的水下型线就较瘦削。通常货船的 C_B 较大,高速船的 C_B 较小。

棱形系数 C_P 的大小反映了船体水下部分的体积沿船长方向的分布情况。C_P 大,表示体积沿船长分布比较均匀;C_P 小,则表示体船体水下形状中部比较丰满而两端较瘦削。C_P 值与船舶快速性有密切关系,通常低速货船的 C_P 较大,高速船的 C_P 较小。

水线面系数 C_{WP} 的大小反映了设计水线面两端的瘦削情况。通常低速货船 C_{WP} 值较大,高速舰船 C_{WP} 值较小。

中横剖面系数 C_M 的大小反映了中横剖面的饱满程度,通常低速货船 C_M 值较大(几乎接近于1),高速舰船 C_M 值较小。

3-6 船舶上层建筑是指船体最上一层连续甲板以上的船体结构,是船舶外形的主体部分。主要用于布置各种用途的舱室,如工作舱室、生活舱室、贮藏舱室、仪器设备舱室等。上层建筑部分有首楼、桥楼、尾楼及各种围壁建筑。船舶上层建筑能减少甲板上浪,增加船舶储备浮力,并可保护机舱开口免受波浪侵袭。

3-7 空载排水量是指船舶在全部建成后交船时的排水量,即空船重量。此时船上无货物、人员、水、燃料及各种消耗品。

满载排水量是指船舶根据载重线标记规定所能装载到最大限度时的排水量。

3-8 船舶注册吨是表示船舶容积的单位,是各海运国家为船舶注册而规定的一种单位。1 注册吨 $= 2.832 \text{m}^3$。

3-9 载重线是指示船舶在不同航区不同季节的最大吃水标志。船舶航行时的实际吃水不能超过规定的载重线,以此规定船舶安全航行所需的最小储备浮力。

3-10 船舶稳性是指船舶受到风、浪等外力的作用而偏离原平衡位置,当外力去除后仍能回到原来平衡位置的能力。稳性是船舶的一项重要性能,稳性不好会导致船舶倾覆的严重事故,船舶设计时必须认真对待。根据稳性理论,把船舶稳性分为两类:初稳性和大倾角稳性。提高船舶稳性的措施:

(1) 降低船舶重心是改善稳性的根本措施;

(2) 提高横稳心的高度;

(3) 尽量减小上层建筑的受风面积。

3-11 船舶抗沉性是指船舶在一个舱或几个舱进水的情况下,仍能保持不至于沉没和倾覆的能力。为了保证抗沉性,一是要保证船舶具备足够的储备浮力,二是要设置双层底和一定数量的水密舱壁。

3-12 船舶总阻力＝裸船体阻力＋附加阻力

＝裸船体阻力＋(附体阻力＋空气阻力＋汹涛阻力)

＝(摩擦阻力＋兴波阻力＋旋涡阻力)＋(附体阻力＋空气阻力＋汹涛阻力)

主要是由摩擦阻力、兴波阻力和旋涡阻力这三者组成的。

欲降低船舶摩擦阻力,可以采取减小船体湿表面积、提高船舶表面光滑度、适当降低船舶航速的方法。为了减小兴波阻力,在进行船舶结构设计时,首先要选择好船长,还可以采用球鼻首。为减少旋涡阻力,应注意考虑船舶后体的形状,特别对低速丰满船型的设计更应充分注意。

3-13 船舶操纵性是指船舶能够根据驾驶者的操纵意图保持或改变航速、航向和位置的性能。主要包括航向稳定性、回转性和转首性。

改善船舶的耐波性措施:
(1) 尽可能增大横摇固有周期;
(2) 增设减摇舭龙骨;
(3) 增设减摇水舱;
(4) 增设减摇鳍。

【填空题】

3-14 中纵剖面,中纵剖线,设计水线面,设计水线,中横剖面,中横剖线

3-15 纵剖线图,半宽水线图,横剖线图,左,右

【选择题】

3-16 D

3-17 D

【判断题】

3-18 错误   **3-21** 错误
3-19 正确   **3-22** 正确
3-20 错误

第 四 章

【问答题】

4-1 船体的板架结构,按主向梁布置的方向可分为三种形式。
(1) 横骨架式。这种骨架形式横向构件布置得较密、间距小,而纵向构件的间距大。这种形式的骨架横向强度较好,施工方便,但在同样受力下外板和甲板的厚度比纵骨架式大,结构重量也大。
(2) 纵骨架式。这种骨架形式纵向构件布置得较密、间距小,而横向骨架的间距大。纵向强度较好,可相应减少板厚,减轻结构重量,但施工麻烦。一般在船舶的中部采用的纵骨架式。
(3) 混合骨架式。船上结构有的部分采用横骨架式,有的部分采用纵骨架式,能够综合横、纵骨架式的优点。

4-2 船体强度包括总纵强度、横向强度和局部强度。
(1) 总纵强度是指船体结构抵抗总纵弯曲,不使其整体遭受破坏或严重变形的能力。
(2) 横向强度是指横向构件抵抗横向载荷,不使其整体遭受破坏或严重变形的能力。
(3) 局部强度是指个别构件对局部载荷的抵抗能力。

4-3 舷侧结构有纵骨架式和横骨架式两种。
横骨架式舷侧结构适合于内河船及民船等。按其结构可分为单一肋骨形式,由强肋骨、舷侧纵桁和肋骨组成的形式,和双层舷侧结构的形式。
纵骨架式舷侧结构适合于油船及大型运输船等。按其结构分为纵骨和强肋骨结构形式,纵骨、舷侧纵桁和强肋骨结构形式,和双层舷侧结构的形式。

4-4 船底结构可分为单层底结构和双层底结构,按骨架形式又可分为横骨架式和纵骨架式。
(1) 横骨架式单层底结构适用于拖船、渔船和一些小型船舶。这种单层底结构由肋板、中内龙骨和旁内龙骨组成。
(2) 纵骨架式单底结构一般用于小型舰艇。同横骨架式单层底结构相比,它多了许多船底纵骨。
(3) 横骨架式双层底结构比较简单,纵向设有纵桁,而没有纵骨,但肋板设置得较密,在机舱、锅炉舱及装重货部位都采用实肋板。
(4) 纵骨式双层底的内底和外底之间设有肋板、纵桁和纵骨。肋板和旁底桁上都有人孔或减轻孔,水密肋板上无任何开口。纵骨在水密肋板处断开,用肘板与肋板连接。

4-5 船舶的主体部分设有一层或几层全通甲板，按自上而下的顺序分别称为上甲板、第二甲板、第三甲板等。上甲板以上的上层建筑部分还设有起居甲板、救生甲板、驾驶甲板等。

甲板板是由许多钢板拼合焊接而成的，钢板的长边通常沿船长方向布置。为了减少上浪和迅速排除积水，船的上甲板沿纵向和横向都作成曲线或折线的形状。

上甲板的厚度较下层甲板厚。甲板结构包括横梁、甲板纵桁和纵骨。甲板上的人孔、梯口和货舱口等开口处一般都采用局部加强措施。上甲板参与总纵弯曲，故采用纵骨架式结构，下甲板采用横骨架式结构。

4-6 船上有许多横向和纵向布置的舱壁，并将船体内部空间分隔成若干用途不同的舱室。根据船舶抗沉性要求设置水密舱壁，将船体分隔成若干个水密舱室，一旦发生海损事故，船舶不致因破舱进水而沉没。横舱壁对保证船体横向强度和刚性有很大作用。较长的纵向舱壁能增加船的总纵强度，液舱或水舱用纵舱壁分隔，还可以限制液体摇荡，减少自由液面对船舶稳性的影响。舱壁也起到防火、防毒气蔓延的作用。

4-7 船舶产生总纵弯曲的原因通常有以下两种情形：
（1）船舶货物等载荷分布不均衡；
（2）风浪作用于船体，使得船体位于波峰或波谷上，当发生中拱弯曲时，甲板受拉伸，底部受压缩，而中垂弯曲时情况正相反。

【填空题】

4-8 首部，中部，尾部，首楼，桥楼，尾楼

4-9 横向

4-10 A，B，S

4-11 甲板边板

4-12 舷弧，脊弧，梁拱

【选择题】

4-13 C

4-14 D

【判断题】

4-15 错误　　　　　　　　　　　　　　　**4-18** 错误

4-16 错误　　　　　　　　　　　　　　　**4-19** 错误

4-17 错误

第 五 章

【问答题】

5-1 船舶动力装置主要由推进装置、辅助设备、管路系统、船舶设备、机舱自动化设备几部分组成。
（1）推进装置是保证船舶以一定航速航行的设备。它是船舶动力装置中最重要的部分，影响到整个船舶动力装置的性能，其工作的好坏又直接涉及到船舶的正常航行和安全。推进装置包括主机、船舶推进器、船舶轴系、传动装置。
（2）船舶辅助设备是指为船舶提供除推进装置以外的各种能量，以保证船舶航行、作业和生活需要的各种设备。包括辅助机械、船舶电站、船舶辅助锅炉、制冷装置和空调装置。
（3）船舶管路系统是指能够保证船舶生命力及全船乘员正常生活的系统。船舶管路系统按其功能分为动力管路和船舶系统。
（4）船舶设备主要指甲板机械，是指保证船舶航行、停泊及装卸货物所需的设备。包括锚及系泊设备、舵设备、吊艇设备、敷设设备、施放设备等。
（5）机舱自动化设备能够保证实现动力装置远距离操纵与集中控制，以改善工作条件、提高工作效率、减少维修工作量等。主要包括自动控制与调节系统、自动操纵系统及集中监测系统。

5-2 任何柴油机的每个工作循环都有进气、压缩、燃烧膨胀、排气四个工作过程。四冲程柴油机是由四个冲程来完成一个工作循环的。
（1）第一冲程：进气过程。在这一冲程活塞从上止点移动到下止点，完成主要的进气过程。汽缸内的

负压使新鲜空气经空气滤清器、进气管道、进气阀进入汽缸。由于进气时的受热，温度为 300～340K。

(2) 第二冲程：压缩冲程。主要完成对空气的压缩，汽缸内压力达到 3～5MPa，温度约为 800～950K。

(3) 第三冲程：燃烧膨胀冲程。主要完成燃烧膨胀过程，燃气推动活塞做功，最高压力可达 6～9MPa 以上，温度可达 1800～2200K。

(4) 第四冲程：排气冲程。将汽缸中的废气强制排出，完成主要排气过程，为下一循环进气做好准备。

5-3 二冲程柴油机与四冲程柴油机的比较如下。

(1) 在柴油机结构和运转参数基本相同的情况下，理论上二冲程的做功能力为四冲程的 2 倍。

(2) 二冲程的换气质量不如四冲程完善，耗气量较大。

(3) 在功率相同情况下，二冲程柴油机燃烧室周围部件的热负荷比较高，给高增压带来困难。

(4) 四冲程柴油机的高压喷油系统工作条件比二冲程好，在同样转速下，四冲程柴油机每两转供油一次，喷嘴热负荷较低，可减少喷孔堵塞。

(5) 二冲程柴油机由于省去了进气阀、排气阀或传动机构，维护保养简单。

(6) 二冲程柴油机回转比四冲程柴油机均匀并可减少飞轮尺寸，因其曲轴转一转就有一个工作冲程。

(7) 二冲程柴油机在低负荷、低转速情况下，增压器满足不了扫气要求，使燃烧恶化、性能和经济性下降。

5-4 蒸汽轮机是一种将高压水蒸气之动能转换为涡轮转动的动能的机械。它的优点是功率大、效率高，结构简单，易损件少，运行安全可靠，调速方便，振动小、噪声小，防爆等。在现代大型军舰上依然有广泛应用。

5-5 蒸汽锅炉从结构上可分为烟管式锅炉和水管式锅炉。烟管式锅炉是由燃烧室出来的烟气流经烟管处，而水包围在烟管外边以吸收热量。水管式锅炉是烟气围水包并供给热量，烟气扫过水包及管束后，经烟道、烟囱排出。烟管锅炉与水管锅炉相比，存在着许多缺点，首先烟管锅炉盛水量多，蒸发效率低，而水管锅炉则由于盛水量少，循环好，蒸发效率高，从生火到供应蒸汽的时间可大为缩短。

5-6 燃气轮机动力装置的基本工作原理与蒸汽轮机相似，只是在做功的工质方面有所不同。蒸汽轮机动力装置是燃料在锅炉内燃烧，使锅炉中的水受热产生蒸汽，推动叶轮做功；而燃气轮机动力装置则利用燃料在燃烧室内燃烧，产生燃气推动叶轮做功。

目前燃气轮机动力装置主要用在军用舰艇上，近年来在气垫船上也得到应用。

5-7 核动力装置是以原子核的裂变反应所产生的巨大热能，通过工质推动汽轮机或燃气轮机工作的一种装置。目前，核动力装置主要用在军舰或破冰船上，在民用船舶上的应用进展不大。

5-8 船舶推进器按照原理不同，分为螺旋桨推进器和特种推进器。

(1) 螺旋桨推进器，应用普遍。采用铜合金螺旋桨，具有强度高、加工制造方便、抗海水腐蚀性能好、表面光滑等优点。这种材料的螺旋桨效率高，应用较广。铸铁螺旋桨价格便宜，但强度较低，多用于小船上。

(2) 喷水推进器与螺旋桨推进相比，运行平稳，水下噪声小，有更好的抗空泡性能、更高的推进效率，更适用于重载荷以及限制直径的场合。喷水推进器适应变工况的能力强，在工况多变的载体上能充分利用主机功率，具有优异的操纵性和动力定位性能。推进泵叶片在管道中不易损坏，可靠性好。

(3) 导管螺旋桨是在普通螺旋桨的外面套上一个截面为机翼形状的圆形套筒，导管的外径一头较大，另一头较小，其最小内径比螺旋桨的直径稍大。一般说来，导管螺旋桨的效率比普通螺旋桨要高，故广泛应用于拖船、拖网渔船及大型油船上。安装导管的主要缺点是使船舶的倒车性能变差。

(4) 串列螺旋桨是将两只普通螺旋桨安装在同一根尾轴上，工作时，两只螺旋桨的旋转方向和旋转速度皆相同，对吃水浅、螺旋桨直径受限制的船舶，采用串列桨有其明显的优点，适宜于吃水浅而功率大的船舶。串列螺旋桨的缺点是尾轴较长，重量较大，造价也比普通螺旋桨高。

(5) 可调螺距螺旋桨是指通过装在桨毂内的操纵机构，可以使桨叶转动而调节螺距的特种螺旋桨。主要优点是在各种装载和风浪下航行时，都能充分利用主机功率，船舶的操纵性也能得到改善。其缺点是操纵机构复杂，造价较高，效率常较普通螺旋桨稍低。

(6) 对转螺旋桨是在两根同心轴上安装两个转向相反的普通螺旋桨。效率较普通螺旋桨为高。对转螺旋桨的主要缺点是机构复杂，造价较高，多年来仅用作鱼雷的推进器。

(7) 平旋推进器一般由4～8片叶片组成，叶片垂直装在船尾底部并可旋转的圆底盘上。这种推进器的最大优点是转向操纵灵活，不必用舵，效率也较高，因此常用于港口工作船或对操纵性有特殊要求的船舶上。其缺点是机构复杂，造价较高，叶片易损坏。

(8) 全回转式螺旋桨的桨叶外面有导管，具有推力较大、同时通过蜗轮蜗杆机构可作360°的水平旋转的特点，所以取消了舵设备，改进了船舶的操纵性能。

(9) 超导电磁推进器是指利用电磁线圈作用于海水形成喷射实施推进的。电离后的海水在强磁场产生的洛仑兹力的作用下，从导管的一端向另一端喷射而出，其反作用力便能驱动船舶前进。

5-9 (1) 直接传动适合于低速柴油机。

(2) 齿轮传动在内河及沿海中小型船舶上广泛采用，而大型远洋货船采用齿轮传动的也日益增多。

(3) 可调螺距螺旋桨传动适用于航行工况复杂多变以及对机动性、操纵性要求高的船舶。

(4) 电力传动适用于拖船、渡船、挖泥船、破冰船等操纵性要求高的船舶。

(5) 液力传动适合于工程船舶应用。

(6) 挂机适应小型快艇的需要。

(7) 全回转式螺旋桨传动的突出特点是推进器沿水平方向可作360°回转，轴系和舵叶维修非常方便，可大大缩短修船时间。

【填空题】

5-10 蒸汽机，汽轮机，柴油机，燃气轮机，核动力装置

5-11 运动部件，固定部件，系统

5-12 上止点，下止点

5-13 四冲程，二冲程

5-14 单级冲动，多级

【选择题】

5-15 B

5-16 A

【判断题】

5-17 正确   **5-20** 正确

5-18 正确   **5-21** 正确

5-19 错误

第 六 章

【问答题】

6-1 船舶辅助机械中的水利机械的主要型式和作用如下。

(1) 活塞泵。自吸能力强，通常用于舱底泵和总用泵。

(2) 齿轮泵。在机舱中常用作泵送燃油与滑油。

(3) 离心泵。在机舱中常被用来作为冷却水泵、消防泵、压载水泵和生活水泵等。

(4) 喷射泵。常用作舱底水泵，但它需要有离心式舱底泵供应高压水为能源。

(5) 离心净油机。船上烧重油的燃油系统及滑油系统一般均分别设有净油机。

6-2 燃料油和润滑油中常含有固体杂质和水分，虽然用滤清器也能滤去一部分较粗的杂质，但对于水分和较细的固体杂质，就必须利用净油机来清除。

离心净油机是依靠油、水与固体微粒物的离心力之差而将其进行分离的。燃油、水分和机械杂质的密度是不同的，纯油的密度最小，水分的密度居中，机械杂质的密度最大。如果把污油置于高速回转的分离筒中，让污油与分离筒一起高速回转，也就是说把污油置于一个离心力场中，由于油、水和杂质所产生的离心惯性力各不相同，它们就会沿转动轴的径向重新分布。离心惯性力最大的杂质被甩到最外圈。纯油的离心惯性力最小，汇聚在转轴附近。水分则位于两者之间。由于杂质和水分所产生的离心惯性力要比本身

的重力大几千倍，因此用分油机分油能缩短燃油净化时间和提高净化效果。

6-3 船舶辅助机械中气体压送机械和型式和作用如下。

（1）压缩机。在船舶上主要用于泵送空气或制冷剂。

（2）通风机。主要用于船舶上客舱、货舱、燃料舱、机炉舱、弹药舱等的强制通风，以驱除有害气体，降低舱内温度，保证人员及货物的安全。

6-4 船舶辅助锅炉主要用于柴油机动力装置中燃油、滑油的加热，船上日常生活供热等。

船舶辅助锅炉按其结构不同，也可分为火管锅炉、水管锅炉和水火管联合锅炉。

水管锅炉管内是水，水加热快。火管锅炉管内是烟气，管四周是水箱，水加热慢。水火管联合锅炉兼顾水管和火管锅炉的优点。

6-5 船舶制冷装置主要用于为船舶某一舱室提供低温，以满足储备食物等的要求。制冷装置按其工作原理的不同，有压缩式制冷装置、吸收式制冷装置、蒸汽喷射式制冷装置和热电式制冷装置。

6-6 制淡装置的主要任务是分离海水中的各种盐类和杂质，制造出一定数量和规定纯度的淡水，以满足不同的需要。海水淡化的方法有蒸馏法、电渗析法和冷冻法等。船用海水淡化装置绝大多数采用真空蒸馏法。真空蒸馏法还可分为沸腾式和闪发式两种，前者因经济性好，在船舶上应用广泛。

6-7 动力管路主要服务于船舶动力装置中的主、辅机，主要有燃油管路、润滑管路、冷却水管路、压缩空气管路等。

6-8 船舶系统主要用于保证船舶航行安全和船上人员生活等需要，主要有舱底水系统、压载水系统、消防系统、生活水系统、通风系统、制冷与空调系统、货油系统等。

6-9 说明船舶压载水系统的作用？

答：压载水系统的作用是能够根据船舶的需要，对全船压载舱进行注入或排出，以达到调整吃水、避免船体倾斜、防止推进器和舵露出水面、提高推进效率和转舵效率的目的。

6-10 货油系统是指油船上专用的装卸、清洗等管路系统，包括货油输送系统、货油扫舱系统、货油洗舱系统、货油透气和回收系统等。

【填空题】

6-11 水泵，油泵，净油机

6-12 燃油，废热，混合式

6-13 压缩式、吸收式、蒸汽喷射式、热电式

6-14 蒸发器，压缩机，冷凝器，膨胀阀

【选择题】

6-15 D

6-16 D

【判断题】

6-17 正确

6-18 错误

第 七 章

【问答题】

7-1 舵设备是保障船舶操纵性的一种主要设备。船舶在航行中保持航向、改变航向、进行回转运动，主要依靠舵来实现。舵设备由舵、转舵装置、舵机、传动装置、控制装置等组成。进行舵设计时，要满足：

（1）在满足船体几何形状等条件下，应尽量使得舵上的转船力矩为最大，而转动舵时所需要的力矩为最小，这样可提高船舶的操纵性能，并可减小舵机的功率；

（2）舵应布置在远离船舶转动中心的尾部螺旋桨的后面，以增大转船力矩，舵在船尾部能够受到尾型的保护。

7-2 （1）不平衡舵支撑点多，强度易于保证，但因舵的水压力中心离转动轴较远，转舵时，需要较大的转舵力矩。

（2）平衡舵的特点是舵离舵的转动轴线较近，转舵力矩小，可节省舵机功率。

(3) 导流管舵可以改善船舶在低速和惯性航行时的船舶操纵性。

(4) 襟翼舵能产生更大的流体动力，从而改善船舶的操纵性能。能够减小船舶的回转半径。

7-3 (1) 手动舵机由于机械损耗大，舵角指示不够准确，只适用于技术要求不高的小船。

(2) 蒸汽舵机启动迅速、工作可靠、使用检修容易，但其结构笨重、体积大、管路多、热效率低、振动大，现已逐渐淘汰。但蒸汽舵机不会产生火花，有利于防火、防爆，因此在油船上也有采用。

(3) 气动舵机响应较快，不会产生火花，有利于防水、防油、防火、防爆，能量的储藏和传输简单，易于做到体积小、重量轻、机构简单、性能可靠、比功率大，因此在油船上采用较多。

(4) 电动舵机多用于内燃机船。运行平衡、结构简单、占据空间小，但当舵机功率较大时，往往需要大功率的变流机组，较不方便。

(5) 液压舵机具有功率增益高、转动惯量小、输出力矩大、运行平稳、快速性好、体积小、灵敏度高、控制功率小及承受负载功率大等优点。液压舵机在船舶上应用广泛。

7-4 在进行舵机设计时，应满足以下要求。

(1) 能够产生足够的操纵力，克服作用在舵上的流体动力及各种摩擦力。

(2) 能使舵面产生足够的偏转角和偏转角速度。

(3) 具有较好的快速性。

(4) 体积小、重量轻。

(5) 死区小，保证航行品质。

7-5 锚泊设备由锚、锚链、锚链筒、制链器、起锚机械等组成。其作用如下。

锚是锚设备中产生抓驻力的重要设备。

锚链主要用来连接锚和船体，传递锚产生的抓驻力。

锚链筒是锚链进出以及收藏锚干的孔道，由甲板链孔、舷边链孔和筒体三部分组成。

掣链器用于夹住锚链，在锚泊时，承受锚链张力以保护锚机。

弃链器是在紧急情况必须弃锚时，能使末端锚链迅速脱离船体的一种专用装置。

起锚机作为抛锚、起锚的机械，也可作船舶绞缆用。

7-6 船舶的抛锚方式随水域情况、气象条件和船只锚设备的布置情况而异，通常有船首抛锚、舷侧抛锚、船尾抛锚、船首尾抛锚、多点锚泊等方式。

7-7 船舶的系泊方式是随船舶的大小、水域气候条件、港口情况以及作业要求而异的，船舶系泊方式通常有以下几种。

船舷系泊是将船舷侧靠于码头或其他目标物进行系结，是最常见的一种系泊方式。

船尾系泊是将船舶尾端系结于码头的一种系泊方式，一般在码头岸线长度受限制的情况下采用。

首尾系泊是利用首尾系缆方式将船舶系结于港内或江中的浮筒上的方式。

单点系泊码头通常由一个能够漂浮在海面上的浮筒和铺设在海底与陆地储藏系统连接的管道组成。

7-8 缆索是指用于把船系于码头、浮筒、船坞或相邻船舶的专用绳索。

挽缆装置主要用于固定系船索的自由端。船舶首尾楼和船中部左右舷甲板等部位设有挽缆用的带缆桩，用以系牢缆绳的一端。

导缆装置一般设在船首尾及两舷，能使缆绳按一定方向从舷内通向舷外引至码头或其他系缆地点，限制其位置偏移，并减少了缆绳与舷边的磨损，避免因急剧弯折而增大所受应力。

绞缆机主要用于收绞缆绳。船首绞缆机械一般由锚机的卷筒进行；船中部的缆绳一般由起货机副卷筒收绞，在船尾甲板则另设绞缆机。有些大型船舶在船首和中部专设绞缆机。

7-9 起货设备是指船舶在营运过程中装卸货物的专用设备。利用起货设备来装卸货物，可以加速装卸过程、缩短船舶停泊时间、减轻工人劳动强度、提高船舶运转率、降低货物运输成本。一般用途的干货船等，通常都在船上安装有起货设备。

起货设备按其结构不同可分为吊杆式起货设备和船用起重机。按其驱动能源的不同可分为蒸汽起货设备、电动起货设备、液压起货设备。目前电动起货设备和液压起货设备在船舶上应用较为广泛。

7-10 救生设备是船上人员在水域救助落水人员或在本船遇难时，供船员和乘客自救而设置在船上的专门设备及其附属件的总称。救生设备包括救生艇、救生筏、救生浮、救生圈、救生衣等。

7-11 船舶导航仪器和设备主要有磁罗经、陀螺罗经、航海雷达、测深设备、船用计程仪、无线电测向系统、双曲线导航系统、卫星导航系统及自动化导航系统等。其作用如下。

磁罗经是利用地磁场对磁针具有吸引力的现象而制成的一种航海指向仪器，可为船舶指示航向、定位和导航。

陀螺罗经，亦称电罗经，是船舶一种重要的导航仪器，是陀螺仪在导航上的一种应用。

航海雷达主要用于航行避让、船舶定位、狭水道引航等。航海雷达在能见度不良时为航海人员提供了必需的观察手段。

测深设备是为了确保船舶的安全，用来测量船舶所在的水域是否有足够的安全水深的装置。

船用计程仪是用来测量船舶运动速度和累计船舶航程的仪器，是现代船舶上重要航海仪器之一。

无线电测向系统是采用中频、近程、时分制、振幅测向的无线电导航系统。

双曲线导航系统是利用双曲线位置线实现导航定位的无线电导航系统。

卫星导航系统即"全球卫星导航系统"，简称 GPS。卫星导航系统在海洋开发与运输上能够完成远洋船最佳航程航线测定、船只实时调度与导航、海洋救援、海洋平台定位、海平面升降监测等。

自动化导航系统是通过计算机将各种导航方式综合起来，使各种导航系统能互相取长补短，形成精度高、功能全、可靠性高的导航系统。

【填空题】

7-12 舵设备，锚泊设备，系缆设备，起货设备，救生设备

7-13 舵角，舵叶面积，舵速和舵叶断面形状

7-14 转船力矩

7-15 起锚，抛锚

7-16 锚泊，系泊

7-17 转动惯量小，输出力矩大，运行平稳

7-18 船首抛锚，舷侧抛锚，船尾抛锚，船首尾抛锚，多点锚泊

7-19 铸钢锚链，焊接锚链，锻造锚链，焊接锚链

7-20 缆索，挽缆装置，导缆装置，绞缆机

7-21 船舷系泊，船尾系泊、首尾系泊、单点系泊

7-22 蒸汽起货设备，电动起货设备，液压起货设备

【选择题】

7-23 D

7-24 B

【判断题】

7-25 错误　　　　　　　　　　　　　　7-29 正确
7-26 正确　　　　　　　　　　　　　　7-30 正确
7-27 正确　　　　　　　　　　　　　　7-31 正确
7-28 错误

第 八 章

【问答题】

8-1 配电装置主要用于控制、保护、监测和分配船舶电源产生的电力，并对船舶正常航行或应急状况下使用的电力和照明负载进行配电。可分为主配电板、应急配电板、区域配电板、分配电板、充放电板和岸电箱等。

8-2 根据供电电源、负载的性质和用途的不同，船舶电力网可分为以下几种。

(1) 主电网。是指由主发电机通过主配电板完成电能配送的网络。

(2) 应急电网。是指由应急发电机通过应急配电板完成电能配送的网络或由蓄电池通过蓄电池充放电板完成电能配送的网络。

（3）小应急电网。是由24V蓄电池提供的直流电，供给小应急照明、主机操纵台、主配电板前后、信号灯、通信和导航设备等。

（4）一次网络。由主配电板直接向区配电板、分配电板和负载供电的网络。

（5）二次网络。由区配电板或分配电板向负载供电的网络。

（6）动力电网。指供电给三相异步电动机负载及三相电热负载的供电网络。该网络输送的电能约占全部电能的70％左右。

（7）照明电网。是指向照明设备、电风扇及小容量电热设备供电的网络。

（8）弱电网络。是向全船无线电通信设备、各种助航设备、信号报警系统等设备供电的低电压直流电网或中频电网。

8-3 为保证船舶正常安全地航行，船舶电力系统必须要充分保证能连续可靠地供电。要求船舶电力系统出现故障时保护装置的动作要迅速、准确、可靠并发出警报，且保证不影响其他设备的运行。船舶电力系统的保护有以下几个方面：发电机过载保护、发电机外部短路保护、发电机的欠压保护、发电机的逆功率保护、对电网的保护。

8-4 甲板机械电力拖动特点如下。

（1）电动机的启动容易，投入运行快速。

（2）与液压拖动相比，无需管道，连接方便，振动和噪声小。

（3）便于能量分配，可用多台电动机来拖动，能灵活地满足各种机械转速特性要求。

（4）操作控制方便灵活，可远距离操作。

（5）有利于实现自动化控制。

（6）甲板机械中的电动机单机功率占船舶电站容量的权重较大，拖动电机的启动、制动、运行状态都会直接影响到船舶电网参数的变化。

（7）甲板机械一般要求调速范围在1∶8～1∶10左右，目前多用PLC控制交流变频调速，调速可靠。

8-5 甲板机械电力拖动系统一般由电动机、传动机构、工作机构、电气控制设备、电源五部分组成。传动机构的任务是把电动机的动力传递给工作机构，传动机构通常有轴直接连接、齿轮连接、油泵或油缸连接三种方式。电源提供能量，电动机为工作机构提供动力，电气控制设备对电动机进行启动、停止、调速、反转等控制，电气控制设备也可对电液元件等进行控制。

8-6 船舶起货机对电力拖动的基本要求如下。

（1）一般直流起货机调速范围为10∶1，交流起货机的调速范围为7∶1。

（2）电动起货机必须选用防水式、重复短期工作制的电动机以适应甲板工作条件。

（3）对直流起货机，一般采用启动力矩大而机械特性软的复励电动机以承受冲击负载。

（4）对交流起货机，宜选用启动力矩大、转差率高而启动电流较小的深槽式变极调速笼式异步电动机或绕线式异步电动机。

（5）对发电机-电动机系统的起货机，宜选用具有差复励绕组的发电机，使电动机获得适用于起货机的下坠特性。

（6）选用转动惯量小的专用电动机，使启动和制动过程中的能耗降低。

8-7 按励磁方式的不同，直流电机可分为以下几类：他励直流电机、并励直流电机、串励直流电机、复励直流电机。

8-8 调速方式有：改变电动磁极对数 p、改变电源频率 f 和改变电动机转差率 s。

笼式异步电动机常采用改变磁极对数方式来调速，由于结构限制，因此只作简单2或4倍调速。绕线式异步电动机常采用电枢绕组串入电阻改变转差率 s 进行调速，可应用于船舶甲板机械进行2～4级的调速。改变电源频率 f 调速，一般应用在调速要求较高的场合，在船舶机械电力拖动中应用较少。

8-9 基本技术要求如下。

（1）每艘船舶均应设置主、辅助操舵装置各一套，且满足当其中一套发生故障时不致引起另一套也失效。

（2）主操舵装置和舵杆要具有足够的强度，并能在最大吃水和最大营运航速前进时进行操舵，使舵自任一舷的 35°转至另一舷的 35°，且于相同条件下自一舷的 35°转至另一舷的 30°所需时间不超过 28s。

(3) 任一台操舵装置动力设备的动力源发生故障时，应在驾驶室发出声、光警报。

(4) 辅助操舵装置应具有足够的强度和操纵性，并能在应急情况下迅速投入工作。

(5) 辅助操舵装置应能在船舶最大航海吃水和以最大营运前进航速的一半不小于 7kn 时进行操舵，使舵自一舷 15°转至另一舷的 15°，且所需时间不超过 60s。

(6) 对辅助操舵装置的动力设备应满足：当动力源发生故障失效后又恢复输送时能自动再启动；能从驾驶室控制使其投入工作；驾驶室与舵机室之间应设有通信设施；操舵装置应设有有效的舵角限位器；舵装置应有保持舵位不动的制动装置。

8-10 船舶的操舵方式、工作过程及特点如下。

(1) 单动舵。是在自动舵及随动操舵都不能用的情况下，作为应急操舵。单动舵操作方式为左右扳动操作手柄或左右按钮，使得舵叶向左或向右偏转。在操舵的同时观察舵角指示器来确定操作的方向和程度。在操舵控制信号较弱时，不足以直接推动执行机构工作，或即使能推动工作，但其灵敏度太低，必须加放大环节。单动舵操作困难，左右摆幅大，需要有熟练的操舵经验。

(2) 随动舵。只要操作人员给出某一操舵指令，控制系统就能自动地按指令把舵叶转到所要求的舵角上，并且自动使舵叶停转。它是按偏差原则进行调节的。随动舵是一个闭环操作系统，系统的停舵指令是在舵叶偏转过程中，由它本身通过反馈机构发出的。只有当舵角反馈信号和操舵信号相等时，即偏差为 0 时，舵叶才会停止偏转。舵轮从 β 角回到零位，舵叶也从 β 角回到首尾线上。随动舵操舵简单，降低了劳动强度，减小了船舶航行时的摆幅。

(3) 自动舵。是根据电罗经送来的船舶实际航向与给定航向信号的偏差进行控制的。在舵机投入自动工作时，如果船舶偏离了航向，不用人的干预，自动舵就能自动投入运行，转动舵叶，使船舶回到给定航向上来。自动舵是一个闭环系统，它包括给定航向环节、航向检测环节、给定航向与实际航向比较环节、航向偏差与舵角反馈比较环节、执行机构、传动机构、舵叶、舵角反馈机构等。在自动舵中，陀螺罗经被用作航向的检测元件。

8-11 船舶的电力推进是指采用电动机械带动螺旋桨来推动船舶运动的推进方式。船舶电力推进装置一般由螺旋桨、电动机、发电机及控制设备组成。

船舶电力推进的应用如下。

(1) 一般运输船舶，电站容量不大，对操纵性能要求不高，采用电力推进的优点不突出。

(2) 对于拖网渔船，吨位小，因有冷藏加工，船舶电站容量大，采用电力推进可改善操纵性，利于作业。

(3) 破冰船在工作时，负载是随时变化的，采用电力推进可适应不同的负载，以保护机组。

(4) 挖泥船采用电力推进，可减少原动机组数量，功率分配合理，经济性好，效率高。

(5) 布缆船、航标工作船、消防船等采用电力推进，可实现船舶在较宽的转速范围下航行。

(6) 潜艇水下作业采用电力推进，可降低噪声，提高生存能力。一般采用蓄电池-电动机电力推进。

(7) 水下各种潜水测量装置大多采用电力推进装置。

8-12 船舶照明电光源分为热辐射光源和气体放电光源。热辐射光源包括白炽灯、卤钨灯等。气体放电光源包括荧光灯、高压汞灯、高压钠灯、超高压汞氙灯、金卤灯等，气体放电光源需高压点燃装置和限制放电电流装置。除上述灯具外，一些新的光源也将应用到船舶上，如 LED 灯等。

白炽灯具有结构简单、造价低等优点，但发光效率较低。

日光灯接近自然光，光效高，寿命长，应用较为广泛。

卤钨灯发光效率较高，体积较小，光色近似日光，寿命较长。

高压汞灯光效高、成本低、寿命长、耐震，但启动慢，用于舱面装卸作业照明等。

高压钠灯在结构上与高压汞灯相类似，应用场合也相近。

超高压汞氙灯光色好，发光效率高，更接近于太阳光色，用于船上作业和舱室等照明。

金卤灯发光效率更高，显色性好，使用寿命长，用于舱面装卸作业照明等。

LED 灯光效高，无污染，节电效果好，响应迅速，体积小，耐冲击，寿命长。

8-13　日光灯是一种预热式低压汞蒸气放电灯。灯管抽空后充入少量的氩气和汞，灯管内壁涂有荧光物质，管内两端灯丝上涂有发射电子的阴极物质。启辉器在开关接通时产生辉光放电，并接通灯丝电路，灯丝发射电子，2~3s后启辉器双金属片冷却断开，镇流器产生自感电压使灯在高压下点燃。此后镇流器起降压限流作用。

8-14　高压汞灯通电后，主极与辅助极首先放电，灯泡内温度升高，汞蒸发压力增高，至一定程度，两个主极之间的等效电阻大大降低形成电弧放电，使汞蒸气电离发出大量紫外线，激发内壁荧光粉而发出强烈的白光。此时辅助极停止放电。值得注意的是灯熄灭后须等5~10min后才能再次通电，以防损坏灯泡。

8-15　航行灯是关系到船舶夜间航行安全的灯具，用来表明船舶所在的位置、航向、类型及有无拖带等状态。航行灯包括桅灯、舷灯和尾灯。

8-16　船舶信号灯包括表明锚泊状态的前/后锚灯、表明船舶失控或操纵受限不能采取避让措施的失控灯、在航行中或经狭水道时向可见船舶表明要转弯或后退的闪光灯等。

信号灯是用不同数量和颜色的环照灯来实现信号传达的。所谓环照灯是指可照射到船舶四周的灯。这些信号灯通常是安装在驾驶台顶上专设的信号桅或雷达桅上，将8~12盏红、白、绿、蓝等颜色的环照灯分两行或三行安装其上，按照规定使用不同数量和不同颜色的信号灯。

8-17　应急照明系统一般由蓄电池供电。要求如下：
（1）有应急发电机的船舶，还应设有独立的蓄电池供电的临时应急照明网络。
（2）应急照明一般用15W的白炽灯，不允许用气体放电灯作应急照明。
（3）应急照明的电源线路及分支线路均不装设开关。
（4）由蓄电池供电的应急照明器上应有永久性的明显标志，或在结构上与一般照明器不同。
（5）临时应急照明系统设有联锁装置，一旦主电网失电，临时应急照明系统立即自动接通，直到主发电机或应急发电机恢复供电时，临时应急电源将自动断开。
（6）救生、安全等重要部位等应设应急灯。

8-18　船舶内部通信系统一般分为船内语言通信装置和船内信号通信装置。船舶内部通信系统用语音电话的形式进行指令和信号的传递。船内信号通信装置是用信号灯、报警器、仪表等来传达指令和信号。

8-19　电气信号装置包括警钟装置、铃组装置、火警报警装置、主辅机自动报警装置等。

警钟装置用来对全船船员和旅客发出紧急动员信号。

铃组装置是船上有关部位之间专用的通信联络信号。

火警报警装置是指能够自动检测火灾及可燃性气体泄漏并进行报警的装置，是保障船舶安全航行的重要设备。

主辅机自动报警装置用于主辅机的故障报警。报警电源采用专用蓄电池或应急电源，必须不间断地供电。

8-20　船舶外部通信系统可分为地面无线电通信系统和卫星通信系统。

无线电通信系统和海事通信设备均是用来实现船舶与海洋中的其他船舶、陆地、飞机等进行信息传递。

【填空题】

8-21　机械能，化学能，核能

8-22　主发电站，应急发电站，应急蓄电池

8-23　电动机，传动机构，工作机构，电气控制设备，电源

8-24　全压直接，降压，启动电流小

8-25　改变电动磁极对数 p，改变电源频率 f，改变电动机转差率 s

8-26　柴油机电力推进，汽轮机电力推进，燃汽轮机电力推进，原子能电力推进

8-27　主桅灯，前桅灯，白色光，225°

8-28　红色，绿色

8-29　白色

8-30　舵角传令钟，舵角指示器

8-31 发射机，发射天线，无线传输信道

【选择题】

8-32　D

8-33　D

【判断题】

8-34	正确	8-38	正确
8-35	错误	8-39	正确
8-36	错误	8-40	错误
8-37	正确	8-41	正确

第 九 章

【问答题】

9-1　（1）制定产品设计技术任务书。制定产品设计技术任务书是船舶设计的依据，对船舶类型、用途、吨位、航速、航距、机电设备等主要技术要素做出具体规定，它能够全面地反映对设计船舶的技术性能要求。

（2）报价设计。报价设计是根据船东提出的技术要求或招标说明书所进行的设计，包括初步确定新船的技术条件和形状、提供总布置简图、主要设备清单、简要说明书、估算造价。

（3）初步设计。依据设计技术任务书和造船合同，对造船的总体方案作出规划，对船舶的总体性能和主要技术指标进行计算，对动力装置和各种系统原理图进行设计。

（4）详细设计。是依据造船合同及其技术文件或经审查修改后的初步设计方案进行的。要在总体设计的基础上，深入分析局部问题，并进行各个项目的详细设计计算和绘图，最终确定船舶的全部技术性能和船体结构。

（5）生产设计。在详细设计的基础上，根据承造厂的工艺装备条件、工艺水平、施工区域和组装单元，绘制有工艺要求和生产管理指标的工作图和表，为建造船舶提供建造方案、施工要求、施工图纸和生产管理图表。

（6）编制完工文件。在船舶竣工后，应按实际情况修改图纸及技术参数，为用船部门提供竣工图纸和技术资料，即制定完工文件。

9-2　计算机辅助船舶设计的优点：

（1）整船设计周期大大缩短；

（2）船舶线型光顺，使船体建造质量提高；

（3）提高了钢板的利用率；

（4）大大缩短船舶建造周期；

（5）大大提高了生产效率，显著降低了生产成本。

9-3　现代造船模式是指以统筹优化理论为指导，应用成组技术原理，以中间产品为导向，按区域组织生产，壳、舾、涂作业在空间上分道、时间上有序，实现设计、生产、管理一体化，均衡、连续、优质、高效地总装造船。现代造船模式也称区域造船法。目前，国内正在大力推行壳、舾、涂一体化区域造船法来替代传统的造船模式，具有设备密集型和信息密集型的特点。

9-4　（1）船体放样是把设计型线图按 1∶1、1∶5 或 1∶10 等比例绘在放样间地板上，或运用数学方法编成程序输入电子计算机进行数学放样。船体放样的工艺流程是：型线放样→结构放样→展开→绘制下料草图→制作各类样板、样箱。

（2）钢材预处理及号料。钢材预处理是对钢材表面进行预处理，即钢材矫正、清锈及涂防锈涂料。号料是指钢材预处理结束后，应用样板、样箱、草图或数据磁盘等放样资料，将船体构件精确地划在平直的钢板或型钢上，并标上相应的船名、构件名称及加工符号等的工艺过程。

（3）船体构件加工是将号料后的钢材，用机械设备或手工工具加工成设计所要求的规格和形状的过程。船体构件加工按是否加热有冷加工和热加工方式。

（4）船体装配与焊接。焊接船体的建造，通常用分段建造法或总段建造法进行，即将整个船体结构划

分成若干块局部分段或总段后分别制造,然后在船台上将各块局部结构合拢成整个船体。

(5) 密性试验与船舶舾装。密性试验的目的是检查船舶外板、舱壁等的焊缝有无渗漏现象,以保证船舶的航行安全。船舶舾装的主要内容包括主机和辅机的安装、船舶设备及系统的安装、电气安装、木作绝缘的安装、油漆作业、房舱设备的安装与装饰等。

(6) 船舶下水是将在船台(坞)总装完毕的船舶从陆地移入水域的过程。船舶下水的方法有重力式下水、机械化下水、漂浮式下水和气囊式下水等形式。船舶下水时的移行方向与船长平行时,称为纵向下水;与船长垂直,则称为横向下水。

(7) 船舶试验是在船体建造和安装工作结束后,为保证船舶建造的完善性和各种设备工作的可靠性,必须进行全面而严格的试验,以考核产品的质量是否符合设计要求和有关规范的规定。

(8) 船舶检验与交船验收。船舶检验是指验船机构对船舶进行的技术监督检验。其目的是促使船舶具备安全航行的技术条件。交船验收是当船舶航行试验结束返航后,船厂应立即对航行试验中出现的一些问题进行返修和拆验工作。要按照图纸、说明书和技术文件对船舶本体及船上的一切装备进行移交。

9-5　船舶入级是评定船舶技术状态的重要手段,海上营运船舶必须入级。船舶是否具有船级、船级等级以及所入船级的船级社声誉,都会直接影响到船舶的运费和保险费,即货主和保险公司对船舶的信任程度。同时也会影响到船舶在买卖和租赁时的船价及租金。船舶经检验符合船级社入级条件,则船级社授予该船入级符号。

船级社的主要业务有:
(1) 制定和发行有关船舶建造的技术规范和检验、入级的规则章程;
(2) 办理船舶入级和进行船级检验;
(3) 发行船名录。

【填空题】

9-6　生产技术准备,生产计划准备,工程控制准备

9-7　实尺放样,纵向缩尺放样,比例放样,数学放样

9-8　小合拢,中合拢,大合拢

9-9　水密,油密,气密

9-10　煤油

9-11　重力式,机械化,漂浮式,气囊式,纵向下水,横向下水

9-12　船体(包括设备),轮机(包括电气设备),货物冷藏装置

【判断题】

9-13　正确

9-14　错误

参 考 文 献

[1] 张存有主编. 船舶辅机. 大连：大连海事大学出版社，2000.
[2] 张骜主编. 船舶动力装置. 哈尔滨：哈尔滨工程大学出版社，2006.
[3] 魏丽洁主编. 船舶结构与制图. 北京：人民交通出版社，2006.
[4] 黄胜主编. 船舶推进节能技术与特种推进器. 哈尔滨：哈尔滨工程大学出版社，2007.
[5] 高秀华，郭建华主编. 内燃机. 北京：化学工业出版社，2006.
[6] 陆伟东，危行三，王笃其主编. 船体建造工艺. 上海：上海交通大学出版社，1991.
[7] 中国船级社. 钢质海船入级与建筑规范，钢质内河船舶入级与建造规范. 北京：人民交通出版社，1996.
[8] 杨和庭主编. 船舶机械检验. 北京：人民交通出版社，2009.
[9] 华乃导主编. 船体修造与工艺. 大连：大连海事大学出版社，2000.
[10] 冯海涛. 关于区域设计与区域造船的设想. 造船技术，1996.
[11] 叶家玮主编. 现代造船技术概论. 广州：华南理工大学出版社，2001.
[12] 施亿生，谢绍惠主编. 船舶电站. 北京：国防工业出版社，1981.
[13] 黄伦坤. 朱正鹏，刘宗德主编. 船舶电站及其自动装置. 北京：人民交通出版社，1994.
[14] 王焕文主编. 舰船电力系统及自动装置. 北京：国防工业出版社，2004.
[15] 郑华耀主编. 船舶电气设备及系统. 大连：大连海事大学出版社，2005.
[16] 陆俊岫主编. 船舶建造质量检验. 哈尔滨：哈尔滨工程大学出版社，1996.